陆海统筹与临港产业优化布局

——临沂临港产业发展规划研究

主 编◎殷克东 李雪梅

中国财经出版传媒集团

经济科学出版社

Economic Science Press

图书在版编目（CIP）数据

陆海统筹与临港产业优化布局：临沂临港产业发展
规划研究/殷克东，李雪梅主编．－－北京：经济科学
出版社，2022.12
ISBN 978 - 7 - 5218 - 4400 - 9

Ⅰ.①陆… Ⅱ.①殷…②李… Ⅲ.①港口经济－产
业发展－研究－临沂 Ⅳ.①F552.752.3

中国版本图书馆 CIP 数据核字（2022）第 240268 号

责任编辑：于 源 李 林
责任校对：齐 杰
责任印制：范 艳

陆海统筹与临港产业优化布局
——临沂临港产业发展规划研究
Luhai Tongchou Yu Lingang Chanye Youhua Bujü
——Linyi Lingang Chanye Fazhan Guihua Yanjiu

主 编 殷克东 李雪梅
副主编 卢晓光 徐 胜 孟昭苏 金 雪
经济科学出版社出版、发行 新华书店经销
社址：北京市海淀区阜成路甲 28 号 邮编：100142
总编部电话：010 - 88191217 发行部电话：010 - 88191522
网址：www. esp. com. cn
电子邮箱：esp@ esp. com. cn
天猫网店：经济科学出版社旗舰店
网址：http://jjkxcbs. tmall. com
北京季蜂印刷有限公司印装
710 × 1000 16 开 22.5 印张 357000 字
2022 年 12 月第 1 版 2022 年 12 月第 1 次印刷
ISBN 978 - 7 - 5218 - 4400 - 9 定价：91.00 元
（图书出现印装问题，本社负责调换。电话：010 - 88191545）
（版权所有 侵权必究 打击盗版 举报热线：010 - 88191661
QQ：2242791300 营销中心电话：010 - 88191537
电子邮箱：dbts@ esp. com. cn）

编 委 会

CONTENTS ▷

目　　录

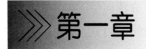

第一章

国外陆海统筹发展经验启示

第一节　国外陆海统筹发展现状

一、国外陆海统筹发展脉络

（一）陆海统筹的概念界定

1. 陆海统筹的内涵

陆海统筹是指在区域经济社会发展过程中，系统考虑陆域系统和海域系统的经济、生态和文化的功能，利用二者之间的物质流、信息流、能量流、要素流等关联关系，整体规划区域的协调可持续发展，制定具有针对性的发展政策，从而达到陆海资源相互融合、顺畅流动，增强优势互补与陆海互动的良性循环，增加陆海系统区域发展的关联度，促进区域陆海系统整体高质量发展。

更深层地，陆海统筹是以陆海国土空间的战略地位平等为前提，以倚陆向海、经略海洋为导向，以建立陆海协同发展机制、推动陆海一体化耦合发展为路径，通过陆域系统和海洋系统的资源共同开发、产业整体布局、陆海空间优化、交通通道交叉建设、生态环境保护的统筹协调，推进海洋强国建设，强化大陆文明与海洋文明的兼收并蓄，实现伟大的中国梦。

2. 陆海统筹的外延

首先，陆海统筹属于一个发展区域的概念，重点是将海域与陆域的经济综合起来看，从中发现两者的关联互补性，并对其进行统筹安排。由于历史各种因素影响，人类的大陆意识较强，重点集中在大陆经济发展，对海洋经济发展不够重视，甚至只把海洋作为大陆经济发展的辅助，比如将工业污水、生活垃圾排放到海洋之中等。随着经济社会发展，国家海洋意识和海洋权益越来越得到重视，人们将关注点开始放在发展海洋经济方面。但是只发展海洋经济却忽视了其本身的优势和潜力，海洋资源不能得到充分的利用。"陆海统筹"这一概念的提出，打破了传统的发展理念，将原来两个单独发展的系统结合起来，进行综合协调发展，这样就达到了资源共享、优势互补，从而充分将陆域与海域的经济价值体现出来。

其次，陆海统筹重点为规划统一、设计整体性。它是将发展范围扩大，将两个发展独立的系统规划在一个发展区域内，并且陆海统筹的发展范围不仅仅只局限在小范围的海岸带，而是更大的发展区域。对于大陆经济而言，它不仅包括沿海地带的陆地，还应包含向内陆伸展的陆地资源，并且海洋资源的范围也应扩展，甚至扩大为可以运用的全世界资源。以陆域与海域之间的关联性为起点，辐射整个陆地与海洋，根据它们的内在性质与联系，利用系统论和协同论的思想，通过统一规划、联动开发、产业组接和综合管理，把陆海经济、社会、特技、生态、文化整合为一个统一整体，实现二者的全面发展、协调发展、均衡发展和科学发展。

再次，陆海统筹坚持以可持续发展观为指导。因为陆地和海洋两个经济体在产业基础、资源禀赋和区位条件等方面的不同，导致它们二者的进一步发展受到限制。在对它们进行规划时，须意识到它们的承载能力，特别是联系陆海系统且敏感的海岸带。因此，要以可持续发展观为指导，因地制宜地进行资源合理配置，充分根据地理条件，最大限度地发挥海岸带在连接两个系统中的纽带作用，将资源分配达到最优。

最后，陆海统筹是一种战略思维，是指导陆地经济与海洋经济发展的重大战略转变，是适应现代化发展的重要举措。陆域系统与海洋系统统筹发展，是区域经济协调发展的需要，也是维护国家安全和权益的需要。因此，只有将这两个系统很好地整合在一起，采取相应政策共同发展经济，保护环境，资源共享，才能真正正确地表达国家的地缘政治概念，也才能因地制宜推出相应的方针政策实现两区域完美结合、共同发展。

3. 陆海统筹的分类

依照不同的发展领域，陆海统筹可以具体细分为经济领域、生态领域、文化领域的陆海统筹（如表1-1所示）。

表1-1　　　　　　　　　　**陆海统筹的类型及其重要性**

类型	重要性
经济领域的陆海统筹	陆域经济的发展基础雄厚，技术、资金、产业链条等均具有比较优势；而海洋经济发展基础薄弱，新兴产业比较集中，科技含量相对较高。海洋资源丰富但利用率低，从而为陆域经济发展提供新型能源和广袤空间；陆域经济发展的巨大需求形成了海洋经济发展的外部条件
生态领域的陆海统筹	80%的海洋污染物来源于陆地，且其基本集中于海岸带，环境污染严重，生态系统脆弱。陆域与海洋生态系统存在频繁的物质交换和能量交换。陆海之间通过能量势能形成规律性的气流；陆地自身消耗的物质与能量会归于海洋生态系统
文化领域的陆海统筹	作为陆海统筹发展的基本要素，陆海文化产业需要充分发挥区位特色优势，尤其重点挖掘产业化潜力大的陆海文化资源，优化陆海文化产业陆海统筹发展的软环境

4. 陆海统筹的特点

陆海统筹的特点包括陆海生态系统的一体化、陆海产业发展的关联性和陆海空间地位的趋同性（如表1-2所示）。

表1-2　　　　　　　　　　**陆海统筹的特点及其具体解释**

特点	具体解释
陆海生态系统一体化	陆海生态系统之间密切联系；陆海生态统筹联动，将污染源治理、生态修复、生物多样性保护统筹考虑，开展生态一体化治理

续表

特点	具体解释
陆海产业发展关联性	陆域产业与海洋产业之间存在着结构的对应性、区域的共存性、要素的互补性，同时陆海系统之间存在物质、信息、能量等复杂的产业链关系
陆海空间地位趋同性	海洋作为蓝色宝库，存在着海洋资源、海洋权益、海洋安全等关键问题；随着"蓝色圈地运动"的演化，世界各国十分重视海洋，陆海空间地位的差距逐渐缩小，为陆海统筹规划的实施奠定了坚实的基础

（二）陆海统筹的历史脉络

国际上虽然没有明确地提出"陆海统筹"这一概念，但国外学者着眼于陆海经济发展的交汇地——海岸带，并通过海岸带的综合管理来探索陆海经济协调发展中可能存在的问题和解决方案，因此国外提出的海岸综合管理与陆海经济统筹发展管理密切相关，与国内早期的陆海经济联动、一体化发展相对应。从国外这些国家的海岸带管理情况来看，主要的关注点就是统一发展陆地和海洋的经济，促进经济协调发展的同时注意自然环境的保护。欧美等发达国家寻求海岸带地区的循环持续发展，探索出来的适合本国的有利管理办法，在某种程度上这种循环持续发展与陆海统筹发展本质上是一样的，所以国外的一些发展经验很好地为我国实施统筹发展提供了参考框架。

在海岸带管理的发展过程中，欧美等发达国家的海岸带管理大多采取的是一种自上而下的演变形式。美国是最早提出海岸带管理思想的国家，在1972年出台的《海岸带管理法》中明确表明了其发展目标以及需要遵守的基础原则，其中就包括鼓励各州积极参与到项目发展中，并为其提供一些资金上的支持。正是这些优惠政策，即使进行海岸带管理不是强制要求，但各州也都纷纷启动了海岸带管理项目，并每隔一段时间向美国海洋和大气局汇报项目成果。1975年，"地中海行动计划"（MAP）横空出世，地中海17个国家参与了该项目，为政府间联合进行海岸带综合管理拉开序幕。接着，欧洲共合体推出了《欧共体的海岸带综合管理》，该条例的主要内容就是建立一个统一的管理机构，对欧共体各个国家的海岸带发展进行统一的规划管理。1992年，联合国环境与发展大会主张逐渐取消单一的海岸带管理，主张统一综合管理。1993年，全球90多个国家、19个国际组织和23个非政府组织，在"世界海岸大会（荷兰）"上达成协议，海岸带管理进一步引入了政府主导，其他部门协助开发的理念，这对海岸带的发展无疑起到了促进作用，使得开发顺利进行。

欧美国家已经积累了足够的经验来评估海岸带的管理工作。1996 年，欧盟的海岸带管理项目开始运行，也正是这次项目的进行为后期海岸带发展提供了宝贵经验，促进了评估体系的完成。就是在这个项目的基础上，欧盟为了欧盟国家海岸带经济的共同发展，建立了一套评估体系来分析海岸带的发展状况，其中含有 5 个大项 26 个小项。同时，针对可持续发展观念，在上个体系的基础上欧盟又提出了 27 项评估指标体系，为海岸带综合可持续发展提供了参考框架，有效地指导其经济健康发展。2001 年，美国的评估体系不完善，受到了各界对美国海岸带管理能力的质疑，并且美国国会也开始对海岸带的发展施加压力，为此美国国家海洋和大气管理局（NOAA）开始制定一套有效的发展评估体系，且在九个州的帮助下，不断将该体系进行完善。

随着体系的不断完善，2004 年，有 7 个州参加了海岸带管理项目评估体系实验。2005 年，依据评估体系对多个项目进行了有效数据指标修改完善。2006～2009 年，各州用该评估方法定期向 NOAA 提供相关有效数据，并对海岸管理评估体系进行了规范。

（三）陆海统筹的发展现状

各个沿海国家都十分重视挖掘海洋资源与空间的发展潜力，制定了大量海洋经济长期的发展战略，国际陆海统筹的发展状况可通过美国的发展情况略知一二，美国作为海洋强国之一，十分重视陆海统筹的发展，由于当地没有陆海统筹发展的概念，但其对海岸带和海洋经济发展的布局体现了"陆海统筹发展"的思想。美国海洋产业主要划分为六大海洋产业：交通运输业、滨海旅游娱乐业、船舶制造业、建筑业、生物资源业、矿业等，其中对海洋经济贡献最大的是滨海旅游业，这个部门的就业在海洋经济中所占的份额高达 73%（如图 1 - 1 所示），对国内生产总值的贡献达 41%（如图 1 - 2 所示）。

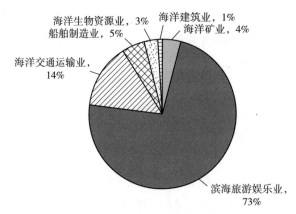

图 1 - 1　2016 年美国六大海洋产业就业占比情况

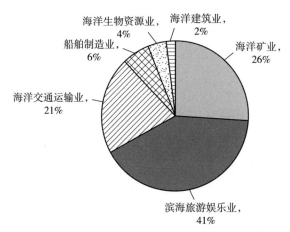

图 1 - 2　2016 年美国六大海洋产业 GDP 占比情况

资料来源：National Oceanic and Atmospheric Administration（NOAA），office for Coastal Management. 2019. NOAA Report on the U. S. Ocean and Great Lakes Economy ［EB/OL］. ［2019 - 03 - 18］. http：//coast. noaa. gov/digitalcoast/training/econreport. html.

2016 年，美国海洋经济依托 154000 家商业机构共提供就业岗位 330 万个，1290 亿美元的工资和 3040 亿美元的国内生产总值，贡献了全国 2.30% 的就业和 1.60% 的国内生产总值[①]。政府政策对美国海洋产业发展具有重要

_____

① 资料来源：National Oceanic and Atmospheric Administration（NOAA），office for Coastal Management. 2019. NOAA Report on the U. S. Ocean and Great Lakes Economy ［EB/OL］. ［2019 - 03 - 18］. http：//coast. noaa. gov/digitalcoast/training/econreport. html.

影响。奥巴马政府主张保护脆弱海洋，反对过度开发海洋。特朗普上台后，主张积极发展海洋经济，并在 2019 年设立专门委员会，负责协调制定绘制、探索和描述美国专属经济区的国家战略，将其变成经济发展动力之一。这个转变促进了海洋矿业和海洋生物资源业为代表的海洋产业的发展。

二、陆海统筹影响因素分析

（一）陆海统筹的影响因素

一般而言，陆海统筹发展的影响因素主要有四个方面：现代化港口、滨海产业、科技和人才以及协调生态环境。

1. 现代化港口是陆海经济发展的重要节点

当前，世界国际化港口由第三代以物流为中心的港口开始向新一代港口过渡，发展为综合服务的平台。跨国的一些公司在全球规划和组织各种商品生产和销售越来越多，港口成为越来越重要的物流中心。同时，跨国的一些大公司为了降低相关成本，为了方便公司开展业务，在世界各个地方的主要枢纽大港所在的城市建立自己的基地。也就是说，现代化的港口已不再是简单的运输中心，而且是一个集多种功能于一身的综合服务平台，将生产、销售与运输等资源有效的整合在一起。在发展陆海统筹的过程中，由于港口功能的地位越来越重要，港口则成为陆海经济互动发展的重要节点。

2. 滨海产业是陆海统筹发展的重要纽带

滨海产业主要有以下几种：海盐化工业等依托海水的产业、造船修船业等需要在海域进行的产业、海滩旅游业、海洋资源产业等。正是这些产业的多样化发展，将海域经济与大陆经济联系起来，资源共享，实现资源的互相转移与利用，将资源优势发挥到最大，使得大陆与海洋联系紧密，互相输送经济力量，推动海陆经济一体化。

3. 科技和人才是陆海统筹发展的重要保证

陆地和海洋产业在技术上有互相依赖性。现代科技的迅速发展强化了人类开发海洋的本领，高新技术成果应用于海洋领域，可以进一步推动海洋经济的发展。海洋开发技术领域包括深潜技术、深海勘探采矿技术、海洋遥感技术等主要高技术领域。海洋高新技术应用对海洋新兴产业及其相关产业的技术创新和发展具有重要的支撑作用，双方通过技术经济的互动连接，使得陆海经济协调快速发展。而高新技术的发展依托科技人才的培育，世界各个著名湾区重视科技人才的培育、引进与储备。

4. 协调生态环境是陆海统筹的重要基础

发展海洋产业，势必会对海洋环境造成压力，而且陆域经济的发展也会污染海洋环境，比如工业污水的排放，生活生产垃圾的排放等，这对海洋环境与海岸带人民生活等产生了严重的不良影响，甚至可能造成财产损失。因此，陆海生态环境，尤其是海岸带环境的生态环境是否良好，直接影响陆海经济的协调发展。

（二）陆海统筹存在的问题

随着需求的扩张，各国开始加大了对海岸带的开发力度。但是一味向海洋索取、补贴陆域的经济模式严重制约了陆海经济的可持续发展，不利于实现陆海统筹。国际陆海统筹发展的问题有以下三个方面：

1. 人口增长与城市化加重了海岸带的负担

目前，大部分人口都分布在沿海地区，占到世界总人口的2/3，美国沿海地区分布了全国人口的75%，澳大利亚近岸地区大概有80%的人口[①]。世界的大城市连绵带，如美国的波士顿、华盛顿等；英国的伦敦、伯明翰等；我国北部的京津冀地区、中部的长江三角洲地区、南部的珠江三角洲地区、粤港澳大湾区等，几乎都分布在海岸带地区。人口增长与城市化超过了海岸带环境承载能力，极大影响了海岸带的生态安全。

2. 人类的活动带来严重的水环境污染问题

经济快速发展的过程中会产生大量的生产生活垃圾、空气污染物，这些都会通过各种方式，比如降水等自然天气，最终流入海洋，给海洋环境造成压力。大量的石油勘探与开发，会产生各种废物，这无疑对海洋生态产生了不可修复的破坏，而海洋环境的危害在短期不被人们察觉也就不被人们重视，日积月累将会积重难返。

---

① 资料来源：戴民汉：《海洋综合管理》蓝皮书中文2020年版。

3. 海岸工程受各类挖掘和围垦活动的影响

世界社会、经济、人口的发展与陆域资源的枯竭，引发了全球对海洋资源的探索、开发、利用热潮，对海洋资源、生态、环境造成了严重影响。不仅改变了海岸的自然形态，而且改变了海岸的环境。海洋开发、利用带来了一系列问题，如对海岸带、海岸线、滨海湿地的生态、动植物群落、环境的破坏，可能造成无法恢复的长期灾难，会引起物种竞争的改变，严重影响当地生态平衡。

（三）陆海统筹的前景趋势

第一，陆海统筹的主要目的是对陆域和海洋资源、环境进行优化布局，保护陆域与海洋资源、生态环境，提高区域综合实力。尤其是西方发达国家制定了众多的陆海发展战略和政策。

近年来，美国发布了一系列海洋研究报告与发展规划，如《国家海洋政策执行计划草案》《海洋变化：2015～2025海洋科学10年计划》，系统地介绍了面对海岸带管理需要解决的问题，面临的挑战，以及重点突破海洋产业方面的科学问题，找到最优解决方案，为未来的海洋科学奠定良好的基础，并提供技术支撑。由此看出，美国的陆海统筹趋势集中在海洋科学方面，主要是利用科学技术，合理地规划陆海统筹发展。

第二，在进行陆海统筹的发展过程中，由于受到其他国家的威胁，从而引发国家海洋安全问题。所以在发展陆海经济的过程中，要协调好国家海洋安全与海洋发展的关系，世界各国也开始纷纷为了自身利益加强与调整海洋政策；随着《联合国海洋法公约》的颁布，该条约优势与弊端不断开始表现出来，各个国家为了海洋权利导致战略争夺不断增加；海洋领域安全的威胁日益显现，在这个背景下，中国也不例外，我国海洋安全与权益面临着重大的挑战。

澳大利亚的海军规模是海洋战略的重要力量，是海洋开发过程中的重要支撑，早期的《21世纪的澳大利亚海军》[①] 就明确指出，要加快推进海军

---

① 资料来源：Ocean Policy Science Advisory Group. Marine Nation 2025: Marine Science to Support Australia's Blue Economy [EB/OL]. [2018－09－04]. www. marinescience. net. au.

建设步伐，增强海上作战力量，提高作战能力，协调配合陆军、空军作战。而近年来澳大利亚更是在国防建设方面加大投入力度，2016～2026 这十年，国防总预算将突破 4500 亿澳元。单在 2026 年度将接近 600 亿澳元，届时，国防开支将在国民生产总值中占比提高 0.21%。此外，新版白皮书中还强调了要加强军事装备的建设，新式潜艇取代旧式装备，采购新型战机用于增强军队太空作战等。种种措施可以看出澳大利亚的海洋战略愈加主动。由此可以看出，澳大利亚战略主要关注海洋国防，通过加强海洋安全，更好地为陆域经济发展服务。

美国为了维护海上主导权的地位，更是加大了海上军事力量，为了与大国竞争，美国重点武装建设海军。首先就是扩充军备，努力实现全覆盖全方位的海域管理能力，同时重视海洋战略部署，通过全球舰队基地等新理念，并且借助盟国力量，加强自身海上力量。尤其是面对如今全球开展的海洋战略评估发生重大变化，美国为了巩固地位和面临他国威胁，核心理念发生转变，由冷战结束之初重点在陆地开始转移到海洋。2017 年美国国防部提出《水面部队战略：重返制海》①战略，反映了美国全球自由航行霸权的战略意图。因此，如何处理好陆海关系，国家安全、发展与海洋的关系成为陆海统筹的主要内容。

第三，保护陆域和海洋生态、环境是陆海统筹的重点目标之一。英国作为老牌海洋强国，其海洋战略目标明确，引领欧洲，乃至全球。英国政府于 2018 年发布了《预见未来海洋》②，阐述了英国关于保护海洋环境方面的战略，比如制定精确和有效的海洋环境评估体系等，对他国有一定的借鉴意义。比如美国依托海岸带健康可持续地发展海洋经济、澳大利亚将海洋经济作为支柱产业、欧盟也将海洋经济可持续发展作为海洋战略的重要内容之一。

从全球海洋发展来看，世界许多国家都制定了海洋发展前景战略。2016

---

① 资料来源：https：//media. defense. gov/2020/May/18/2002302052/ - 1/ - 1/1/SURFACEFOR CESTRATEGY - RETURNTOSEACONTROL. PDF#：～：text = Responding% 20to% 20the% 20call% 20to% 20% E2% 80% 9Cstrengthen% 20naval% 20power，for% 20achieving% 20and% 20sustaining% 20sea% 20co ntrol% 20at% 20will.

② 资料来源：Future of the sea. https：//www. gov. uk/government/uploads/system/uploads/attach- ment_data/file/693129/future - of - the - sea - report. pdf.

年，世界经合组织（OECD）发布了《2030 年世界海洋经济展望》①，预计 2030 年海洋经济将达到 3 万亿美元，对全球经济贡献相比于 2010 年将翻一番，尤其显著体现在海水养殖、鱼类加工等产业。此外，海洋经济的发展也将会给全球就业作出突出贡献，海洋经济将贡献 4000 万个全职岗位，缓解全球的就业压力。

三、陆海统筹系统架构分析

陆海统筹发展理念的提出是我国经济发展中一次重大的思想转变，它涵盖了陆地和海洋两大板块，涉及经济、资源、生态等多个方面的发展。陆海统筹系统架构主要是要兼顾陆地和海洋共同的可持续发展，实现两大板块的互补。

（一）陆海统筹的系统因素

对于陆海统筹产业来说，海域承载力是其制约因素。海域承载力是指海洋领域对人类生产活动的承载能力，也就是最大的承受能力。它不仅包括海洋自身的承载力，也包括科技和人才、经济发展等人类因素。

1. 海洋环境承载力

经济增长在某种意义上有利于对环境的保护。随着收入水平的提高，人们对环境的治理能力以及环保意识会有所增强，地方性的污染物会随着经济的进步而减少。但对于具有累积效应的污染物而言，它们往往随着经济发展而增加。从临海角度来看，环境承载力并不是无限的，随着污染物的排量不断增多，环境可能没有足够的能力继续承载。

发展实践证明，临海地区的发展越快，产生的污染物总量越多，对环境的压力也就越大。经济发展不仅造成了资源的耗损与环境的污染，也加剧了环境压力，最终会造成环境承载超负荷的现象。在陆海统筹产业发展过程中，我国应充分考虑环境的承载力问题，其水平直接关系到海洋发展的定位

---

① 资料来源：OECD（2016），*The Ocean Economy in* 2030，OECD Publishing. doi：10. 1787/9789264251724 – en.

与规模。因此，经济发展与环境承载力两者是相辅相成的。

2. 海洋资源承载力

海洋产业大多都是建立在对海洋资源利用的基础之上，因此海洋经济的发展水平会受到海洋资源的影响，即海洋资源承载力的限制。例如，在渔业方面，很多临海区域的渔业捕捞量已超限额，持续的超量捕捞将给海洋带来不可逆转的影响；在海上油气产业方面，海上油气的开发目前还处于发展阶段，但由于油气的不可再生性使得油气的开发规模很难超过其资源总量，这使得油气产业的发展严重受限。由此可见海洋资源承载力也是海洋产业发展的重要限制因素之一。

3. 陆海科技支撑力

科技发展程度是强国的主要标志。陆海统筹产业也属于是新兴产业，对技术的要求也要比传统的陆地产业高，因此陆海统筹产业的发展很大程度上取决于我国科学技术的发展水平。当下，世界各国将海洋发展的目标聚焦于海底探测、海底资源勘查等多个领域。在这样的背景下，高水平的海洋技术的需求也越来越大。我国想要发展陆海统筹经济就要提高对陆海技术的重视程度，获取关键的海洋领域技术。由此可见，技术水平也是陆海统筹产业发展的一个重要的限制因素。

4. 陆海经济支持力

陆海经济发展主要是指陆地经济和海洋经济发展的协调性。由于历史因素，我国陆地产业发展水平较快，在加快陆海统筹产业的过程中，产业结构衔接错位现象十分显著。目前陆海统筹产业主要是滨海旅游业和海上运输业这两个传统产业，说明了目前陆地经济和海洋经济的发展优势并没有更好地相互衔接，陆地经济的高质量发展没有极大地带动海洋产业的进步，而海洋产业的发展也没有很好地弥补陆地产业的不足。陆海统筹产业发展的协调性有待提高。目前临海地区的物流体系建设明显落后于港口建设，这就造成了相关设施无法有效匹配，资源浪费的问题。陆海统筹产业发展的不协调将会严重阻碍相关领域的发展。

（二）陆海统筹的组织结构

陆海统筹作为各国国家战略，都是国家自上而下统一部署。2000 年，美国国家海洋和大气管理局（NOAA）设置了海洋和海岸带经济研究的NOEP项目，设立海岸服务中心并依托数字海岸项目建立了国家海洋经济观察（ENOW）数据系统，定期发布NOEP研发的数据产品和评估产品，搜集、分析美国海洋与海岸带自然、经济、社会等数据，引导美国陆海统筹发展。日本的海洋行政管理体制比较完善，各相关政府部门则负责具体落实和执行法律规定以及上级制定的相关海洋计划和政策，处理相关综合事务，保证政策有序推进。

（三）陆海统筹的产业结构

在美国、日本等海洋强国陆海统筹产业发展过程中，一开始基于海洋水产业、海洋交通运输业、海洋船舶工业等传统海洋产业起步，现在这些产业基本已经发展成熟，产业结构开始实现转型升级，海洋生物技术、海洋信息技术、海洋资源开发技术等新兴产业发展迅速，带动了当地其他服务业的发展，比如对金融业服务的需求增加，金融业蓬勃发展。在陆海统筹发展地区，第三产业逐渐占据主体地位，产业结构逐渐升级。

美国海洋经济六大产业中占主导地位的是滨海旅游娱乐业，对海洋经济的贡献接近50%，其次是海洋矿业，对海洋经济的贡献接近25%，再次是海洋交通运输业，贡献占比约为20%，三者加总占比超过90%①。

日本海洋经济主要是以海洋重工业为主，沿海地区依托临海和大规模的集聚优势，石化、钢铁、物流产业发达，这些产业的发展以及又为海洋船舶制造、海洋工程装备制造等新兴海洋产业的发展提供了材料基础，加上东京湾雄厚的科教创新资源，使得日本在这些新兴海洋产业方面保持先进性。

（四）陆海统筹的评估模式

目前，要进行陆海统筹发展，就需要先解决多个难题，比如开发过程中的环境保护与灾害防治、作为交通枢纽的港口建设、旅游项目的开发等，而且在发展过程中，需要一种有用的方式去评估陆海区域的经济发展

---

① 资料来源：National Oceanic and Atmospheric Administration（NOAA），office for Coastal Management. 2019. NOAA Report on the U. S. Ocean and Great Lakes Economy［EB/OL］.［2019 - 03 - 18］. http：//coast. noaa. gov/digitalcoast/training/econreport. html.

效果，通过不断评估，发展中总结问题，从而不断在发展过程中完善海岸带管理模式。

通过比较早期实施海岸带管理的国家发现，这些国家主要分别采取两种评估模式，第一种是对管理进度进行评估，对发展过程中的完成度进行分析，并给出评价，通过分析得出接下来的进程中需要解决的主要问题。另一种是对管理成果进行评估，分析评价发展过程中的成果，以此发现问题；这种评估模式有两种形式：一是立法评估，根据相关法律规范评估管理成果；另一种是没有制定法律规范，单纯地对实施成果进行评估。

欧盟国家与美国的陆海统筹的评估方式是有区别的。前者是对发展进程和发展成果都进行评估；而美国则是对海岸带管理的项目进行评估，评估项目的可行性。但二者本质上评估的内容是类似的。我们总结概括为海岸带地区的经济发展、环境保护、行政管理等四个部分。

海岸带地区的经济发展的评估内容主要包括经济发展过程中的一些影响因素，保证发展过程中的可持续性，适当控制开发海岸带。需要统计发展区域的人口数量、住宅建设、船只、停泊设施，道路交通面积、农业用地、建设用地、绿化面积等项目数量。另外需要评估渔业资源，包括渔业捕捞量、海岸线长度、海岸线区域总面积等；海岸线区域港口数量、出入货物总量、旅游发展程度等内容。

海岸带地区的环境保护方面的评估内容包括海岸带区域的清洁、开发区域水资源不被污染，保护开发区域的自然与文化多样性，预防自然灾害；欧洲一些国家强调了气候环境的变化的好海岸带区域开发的影响，因此要特别重视评估气候所带来的一些潜在危机，防止对发展区域造成重大损失。

海岸带地区的行政管理主要评估的内容是政府方针政策的制定是否有效，是否促进了海岸带地区的发展，是否带动了利益相关者积极参与到陆海统筹的发展规划中，以及相关发展规划与设计是否最有利于统筹发展。

除以上三个部分外，其他事项评估内容包括海岸带地区的相关教育与培训的发展情况，主要有该区域的家庭收入，高学历人群的数量等，这些因素也促进了海岸带地区的发展与繁荣。

总之，这些评估内容对分析海岸带区域发展起到积极作用。虽然这个体系中包含了一些量化数据，但是欧美国家也没有一套标准数据，这就影响了评估的结果分析以及措施的可操作性。尽管这些评估体系存在缺点，但利大于弊，对于我国进行陆海统筹发展起到了重要作用，它帮助我们更快地认识到海岸带经济发展的关键问题所在，为我们提供了可供参考的框架体系。

第二节　国外陆海统筹典型园区分析

要想把握好陆海统筹发展产业发展趋势，促进这一新兴产业的健康发展，需要总结和借鉴一些先进国家和地区的方法和经验。因此，我们总结了国内外临港产业发展经验为临沂临港经济开发区陆海统筹良好布局铺路。

一、日本东京湾大湾区

（一）地理环境

东京湾大湾区位于日本岛南部，大湾区分布着东京港、川崎港、横滨港、横须贺港等多个大型港口，各港口都有自己的特点及优势，通过相互配合、优势互补成为一体。湾区面积为13562平方公里，不足日本总面积的4%，人口约占日本总人口1/3，呈半封闭形状，南北相距80公里，东西距离30公里，深约30米。

（二）产业分布

东京湾大湾区集有色冶金、钢铁、汽车、造船、机械、电子、石化、炼油、现代物流等众多产业于一体，通过京叶、京滨两大工业地带形成了很强的规模效应，同时通过能源进口使得临海火力发电厂和炼油厂等能源工业蓬勃发展。除了工业发达之外，东京湾区还在金融、娱乐、研发、消费等领域发力，在该领域成为著名的世界中心。

（三）经济发展

东京湾区凭借优良的港湾和合理的规划，发展成为日本经济发达的重要支点。2017 年 GDP 约为 1.81 万亿美元，名义 GDP 增长率约为 2.42%，人均 GDP 达 4.10 万美元，为日本创造了大量财富①。其中东京港为典型的输入型港口商品进出港，出口产品多为高附加值的电子机械类产品。横滨港一直是日本重要的国际贸易港，作为日本最大的集装箱码头，为国内制造企业中心提供原材料能源物资和产品出口服务。千叶港主要进口原油天然气等能源，出口汽车和钢铁化工产品等，是日本最大的工业港口。川崎港主要以企业进口为主，木更津港主要为钢铁厂进口原料和出口产品。横须贺港作为军港以内贸商品输入为主，兼有外贸的工业品输出。

（四）核心技术

湾区依托雄厚的科教创新资源，不仅拥有石化、钢铁、炼金等传统行业发展的成熟技术，新兴海洋产业相关技术例如海洋船舶制造技术、海洋工程装备制造技术发达是其经济发展的重要动力。湾区拥有石化、钢铁、船舶制造、海洋工程装备等多个行业部门，200 多家实力雄厚的大型企业驻于此地。钢铁、石化等产业的发展又为海洋船舶制造、海洋工程装备制造等海洋产业的发展提供了材料基础，东京湾在这些新兴海洋产业方面始终保持领先地位。

（五）政策分析

日本政府为了促进东京湾区的协调发展，颁布了《首都圈整备法》《多极分散型国土形成促进法》《海洋基本法》，以及《2020 年的东京》《东京都长期愿景》《东京湾港湾计划》等一系列法律法规政策，均显示出日本政府对东京湾区的重视。

二、美国纽约湾大湾区

纽约湾大湾区产业集群位于美国东北部地区，处于大西洋沿岸，该湾区

---

① 资料来源：Statistics Bureau Ministry of Internal Affairs and Communications, Japan. Statistical Handbook of Japan.

城市群以纽约为中心，其定位是"金融湾区"，是世界第一大经济中心、金融中心，超过 1/10 的世界五百强企业将其总部设在纽约。优势明显的地理位置、高效协调的区域规划、高端的人才支持、陆海经济的统筹发展等因素推动纽约湾区发展成为世界第一湾区，其中区域规划意义重大，这也为临沂临港产业调整过程中基于产业定位进行长远的、战略的区位规划具有重要的借鉴意义。

（一）地理位置

纽约湾大湾区面积达 2.15 万平方公里，北临波士顿，南到华盛顿，湾区中心有纽约、巴尔的摩、费城等大城市。至 2017 年有人口约 2340 万，城市化水平达到 90% 以上，是美国人口密度最高的地区[①]。

（二）产业分布

目前，纽约湾大湾区主要有两个产业集群系统，一个是以金融为核心的产业集群，衍生出众多高端生产性服务业，对实体经济的发展具有重要的支撑作用。金融业是纽约湾区产业结构金字塔的塔尖，也是曼哈顿作为纽约市 CBD 的核心产业，创造了最大的附加值，同时形成对全球和美国经济的巨大影响力。另一个集群则是包括娱乐业、传媒业、广告业等在内的文化创意产业，这个产业集群的发展也是由各种高端人才的集聚为基础的。同时在这两个集群的基础之上，还发展出旅游、商贸等其他产业集群，大约 1/10 的世界五百强企业将其总部设在纽约。

（三）经济发展

纽约湾大湾区是世界三大湾区之一，经济发展稳定，2017 年的 GDP 约达 1.81 万亿美元，有机会赶超东京湾区，其中来自金融业的 GDP 达 5473.71 亿美元，占纽约湾区 GDP 总量的 30% 左右，不仅创造了巨大价值，

---

① 资料来源：Census Reporter Profile page for New York – Newark – Jersey City，NY – NJ – PA Metro Area；Annual Estimates of the Resident Population：April 1，2010 toJuly 1，2018，U. S. Census Bureau（2019）．［OB/OL］．http：//censusreporter. org.

也为纽约湾区其他产业发展提供了金融支持①。

（四）核心技术

湾区目前的核心产业是为各种海洋产业服务的金融业，大数据、云计算、区块链、人工智能等高新技术成为金融业发展的核心技术，纽约湾区的金融发展一直是世界金融业发展的标杆。

（五）政策分析

重视区域规划政策的调整与升级，区域规划与时俱进，不断完善。纽约湾区的经济在发展过程中调整了四次规划以适应湾区发展。最新一次规划的重心是实现区域转型，主要从以下四方面着手转型：把握合适的经济机会、是否宜居、是否可持续、财政如何支持以及如何治理。正是纽约不断完善的、具有远见和战略意义的区域规划为纽约湾区的产业更新换代和不断发展扫清了障碍。

三、美国旧金山大湾区

旧金山湾区产业集群的定位是"科技湾区"，湾区产业主要是以硅谷为代表的高科技和研发产业，网罗全球高端人才打造良性活跃的科技生态系统。同时湾区城市各显所长：旧金山以旅游、商业和金融业见长；东湾发展核心为重工业、装备制造和船运服务；北湾重点发展葡萄酒产业；南湾致力于打造"硅谷"那样的世界一流的高技术产业和创新中心。这对临港新区引进人才、技术、资本，构建不锈钢现货、期货交易中心具有借鉴意义。

（一）地理位置

旧金山湾大湾区呈南北链型，位于美国加利福尼亚州中部、萨克拉门托河下游出海口处，是世界闻名的优良天然港湾之一。该湾主要由北湾、半岛、东湾以及南湾组成，分别形成了以旧金山、奥克兰、圣荷西等 3 个中心

---

① 资料来源：湾区经济研究所［DB/OL］. http://www.bayareaeconomy.org.

城市群、9 个城市组成的旧金山湾金三角。湾区面积 1.8 万多平方公里，共有 700 多万人口，是美国第五大都市区，人均所得位居全国前列①。

（二）产业分布

湾区主张区域差异化发展，金三角各区域依据优势特色各行其是，避免重复发展、恶意竞争。其中，旧金山重点发展金融业、服务业以及旅游业，其中滨海旅游业、服务业近年来发展十分迅速，主要依托其便利的海港条件以及发达的海陆交通；奥克兰重点发展港口经济，集装箱运输是其传统业务；圣何塞位于"硅谷"，电子产业全球领先。

（三）经济发展

旧金山湾区是美国西海岸的第二大都会区，在人口数量和国民总值增长方面都呈持续上升趋势。其中，湾区国民生产总值更是占到美国 GDP 总量的 25% 左右②。2019 年，旧金山湾区的 GDP 约为 5312.8 亿美元，排名前四位的产业分别是专业商务服务 1062.5 亿美元，金融保险及地产租赁 998.1 亿美元，信息业 816.2 亿美元，以及制造业 655.7 亿美元③。

（四）核心技术

得益于旧金山湾区塑造的有吸引力的高科技生态环境，吸引了大量有实力的教育和科研机构入驻，为旧金山湾区发展高端科技产业提供技术支持。硅谷雄厚的科教资源使得这里的科技成果转化率极高，在海洋生物医药、海洋工程建筑等新兴海洋产业方面处于领先地位。同时电子信息技术也十分发达，拥有谷歌、脸书、惠普、甲骨文、推特等著名的高新互联网企业。

（五）政策分析

大量政策向鼓励创新倾斜，创新政策体系完善且领先。为了鼓励自主创

---

① 资料来源：U. S. Census Bureau（2017&2018）. American Community Survey 1 – year estimates. [DB/OL]. http://www.bayareacensus.ca.gov/index.html.

② 资料来源：湾区经济研究所［DB/OL］. http://www.bayareaeconomy.org.

③ 资料来源：https://www.statista.com/statistics/591696/gdp – of – the – san – francisco – bay – area – by – industry/.

新，促进高科技产业健康发展，当地政府在财政、金融、人才、知识产权保护、科技基础设施建设等方面多管齐下，建立了多维度支持和保障创新的政策体系。

通过一系列金融政策形成了完善、配套的金融体系以支持产业发展。旧金山湾区多元化的金融市场发达，在支持高科技产业发展过程中，资本市场发挥了重要作用，其中与高风险的新兴产业相对应，这里的风险投资不仅在美国甚至在全世界都处于遥遥领先的地位。根据普华永道 2019 年第 4 季度报告，旧金山海湾地区占美国风险资本支出总额的 44%，或大约 22% 的全球风险投资支出[①]。

第三节　国外陆海统筹发展经验启示

一、陆海统筹大湾区发展经验

（一）东京湾大湾区发展经验

1. 劳动力资源充沛

自 20 世纪日本新干线开通后，东京与日本其他城市之间往来交通日益便利，促使东京的人口能够加速聚集，大量外来人才聚集在东京，使得东京的第三产业迅速发展，即服务业和知识经济的繁荣发展，既促进东京经济发展，也使得东京的城市化水平提高，城市的虹吸效应使得东京越来越成为人才聚集的城市。

2. 城市区域布局合理

东京湾区发展的显著特点首先是制造业布局合理。两大工业地带京滨、京叶集中了各类有色金属冶炼厂，是全球最大的工业产业地。东京湾区临近

---

① 资料来源：https://www.us.jll.com/en/views/snapshots/san-francisco-snapshot-1-28-20-jll#:~:text=The%20San%20Francisco%20Bay%20Area%20accounted%20for%2044，22%20percent%20of%20global%20spending.%20January%2028%2C%202020.

海岸线，并且工业能够成规模地聚集在湾区，既提高工业原料以及工业品的海上和陆上运输效率，也能够做到快速购进产出，从而促进湾区的经济迅速发展。

3. 湾区建设政策协同

日本政府对于区域经济发展有着长期协调的规划部署。日本的各个城市按照自身的特点和基础，制定城市自身的发展和规划及安排。这些规划的交接协同是由各种智库来实施的。在东京湾长期的开发建设中，日本的政策制定者不断更替，东京湾区的每个阶段也有着不同发展的目标，智库能够全方面地整合更新东京湾区的发展规划安排。

（二）纽约湾大湾区发展经验

1. 地理位置优越

纽约港内不仅自然条件良好，美国特殊的经济环境和纽约港的航运能力，使纽约湾区成为国际航运中心。湾区内部经济发展迅速，并且具有高度发达的货物运输体系，交通网络能够辐射到全美国，内河航运能够连接公路与铁路网，提高运输效率。因此，纽约湾区货物集散能力强劲，为工业经济发展提供重要便利。

2. 港口布局合理

统一的管理港口模式能够促进纽约港的建设。为了避免纠纷产生，新泽西州和纽约州建立了纽约港务管理局，共同管理纽约港事务，除了港区，湾区港务管理局也管辖着区域内部火车，汽车与机场事务，有效地完善了湾区内部的集散管理体系。因此，中国应当以临沂临港为核心，制定合作战略举措，畅通沿海省份港口合作机制，提高临沂临港及其腹地航运交通效率，使繁荣发展的航运成为临沂临港建设的有力支撑，从而加快临沂临港航运中心建设。

3. 区域规划与时俱进

纽约湾区的经济在发展过程中调整了四次规划以适应湾区发展。最新一次规划的重心是实现区域转型，主要从以下四方面着手转型：把握合适的经济机会、是否宜居、是否可持续、财政如何支持以及如何治理。正是纽约不断完善、具有远见和战略意义的区域规划为纽约湾区的产业更新换代和不断发展扫清了障碍，这对临沂临港针对产业定位完善区域规划具有借鉴意义。

（三）旧金山大湾区发展经验

1. 高科技产业优势显著

旧金山湾区定位于"科技湾区"，得益于硅谷的高科技新兴产业和研发产业，凭借自身发达的经济，吸引了全球各地的先进技术、优秀人才、资本等要素到此，逐渐形成了较为活跃的科技生态系统。同时，旧金山湾区城市采用差异化发展策略，旅游业、商业和金融业发展迅速，东湾重点发展重工业、装备制造和船运服务，北湾以葡萄酒产业为核心，硅谷所在地的南湾，致力于打造全球顶尖的科技中心。显然，硅谷给旧金山湾区持续发展的动力，同时也是旧金山湾区快速崛起的重要原因。

2. 城际轨道交通发达

旧金山湾区是一个具有独特郊区化过程的大湾区。一般而言，湾区大都市区应该先从城市中心发展起来，再带动城郊发展，就像纽约和东京一样。但是旧金山湾区的城郊已经发展得非常完善，地产业也发展迅速，为城郊与城区之间发达的交通奠定发展基础。旧金山湾区内有着著名的五座海桥，缩短了陆海交通距离，减少了交通运输成本，促进了旧金山湾区与邻区的交流，完善的交通设施满足了城市与城郊居民的交通需求，进一步平衡了两地经济发展。

3. 城市营商环境优良

湾区属于典型的地中海气候，全年体感都相当舒适。良好的自然环境不仅吸引了外来人才到此就业创业，而且促进了湾区内旅游业的发展，有利于湾区的可持续发展。通常来说，大城市都存在着环境污染的问题，加州政府为了保护环境制定了控制温室气体排放的法案，注重经济可持续发展。湾区内健全的基础设施，例如交通、教育、医疗等满足了人才的居住需求，吸引人才加速集聚，发展湾区经济。

4. 教育人才储备充足

湾区以其舒适的气候、坚实的工业基础和包容开放的就业氛围，吸引了一大批学者到此，成立了一批高等教育机构和研究机构。加州政府重视创新创业，因此制定了各式各样的政策与提供了大量资金支持科研机构发展。旧金山湾区的产业定位为高科技湾区，硅谷作为其发展的内在动力，湾区对硅谷发展提供有力的高科技支持。在硬环境与软环境双重支持的条件下，湾区内的良好生活就业环境吸引了各种具有高学历人才，成为湾区进一步发展的动力。因此，教育优势和人才储备充足对于湾区发展的重要意义值得临港新区借鉴。

二、陆海统筹大湾区发展教训

（一）东京湾大湾区发展教训

1. 环境污染严重

东京湾区的自然环境曾经受到过严重的破坏，造成了严重的后果，因此，其他港湾的建设需要警惕为了发展而牺牲环境的做法。当时，东京湾采取"先污染、后治理"的方法，各种工业生活垃圾都往海里或者天上排放，环境污染严重，甚至给民众的身体健康造成极大威胁。不仅如此，东京政府还采取填海造地的方法扩大发展范围，由此对生态环境造成的影响至今仍然存在。

2. 生态资源退化

由于填海造地规模过大，东京湾遭遇了纳潮量减少、海水污染、生物资源退化等自然环境的极大破坏。日本政府30多年环境治理的严苛法令，虽然在一定程度上改善了东京湾的自然环境，但环境污染带来的影响还是极其严重的。因此我们在临沂临港经济开发区陆海统筹发展过程中要吸取东京湾环境问题的教训，保护生态环境，做到陆海统筹产业区经济的可持续发展。

3. 产业结构老化

湾区以重工业产业为主，产业结构老化，虽然为产业结构转型奠定了良好的基础，但相比于其他湾区，推动湾区转型升级的影视娱乐业产业集聚效应后劲不足，相对老化的行业结构难以孕育创新性的文化娱乐产业业态，难以满足青年人的文化需求，抑制了这些产业盈利和就业效应。

（二）纽约湾大湾区发展教训

1. 劳动力效率低下

美国的码头工人的工作效率与工资待遇不匹配，他们享有高工资，导致码头用工成本很高，但是可能由于码头运营管理、工人工作管理不够规范，工人工作较为懈怠，常常花费四五天的时间才能装卸好一艘集装箱船的装卸作业，最终降低了经济效益，用工效率的低下严重限制了工业产业的展。

2. 港口及设施浪费

港口部门建设码头及周边配套设施时没有提前考虑好环保政策的影响，建成码头前沿设施时可能会遭到周边居民的抗议和投诉，导致后方堆场无法继续建设配套使用，导致码头建设停滞，造成资源浪费。

3. 人居环境趋恶化

纽约湾区作为美国最大的都市圈，吸引了大量人才的集聚，大量人口的涌入使得房价高企，人们的生存压力加大。同时车辆不断增加，使得交通拥挤现象司空见惯，也造成了一定的环境问题。

（三）旧金山大湾区发展教训

1. 外来人才门槛较高

湾区内人口的流入推高了房产价格，高房价限制了大量外来人才的流入；另外，现行的移民法将许多的优秀外国留学生拒之门外，不利于经济进一步创新发展。因此，中国在发展临港新区时，要注重大量接纳外来人才，增加人才福利待遇，舒缓城市交通，开放透明竞争，加强立法监管，避免旧金山湾区的发展瓶颈情况的发生。

2. 居住环境日趋恶化

随着大量人口的涌入以及居民收入增加，车辆也不断增加，道路日益拥堵，环境问题也日益显露，亟须政府出台交通疏堵政策以及加强环境保护监管。

3. 城市用地趋于紧张

湾区内商业用地不断扩张，同时随着人口的涌入，居住用地也急需扩张，鉴于城市公共基础设施以及环境的承载力，城市扩张受到限制，需要制定合理的政策限制商业用地和居住用地的扩张。

三、陆海统筹发展经验与启示

1. 必须加强环境保护

我们在临沂临港经济开发区陆海统筹发展过程中要吸取"先污染后治理"的教训，完善环境立法，加强执法力度，提高执法成本，保护生态环境，做到陆海统筹产业区经济的可持续发展。

2. 必须提高发展效率

我们在临沂临港经济开发区建设过程中要注重提高人员效率，做到产业区经济的高效率发展，同时注意对周边环境的保护以及避免对居民的生活产生负面影响。

3. 创造良好人居环境

在引进人才，人口增加的同时要注意做好城市用地规划、交通疏堵工作，同时也要稳定房价物价，创造良好的人居环境。

我们在临港经济开发过程中要充分利用区位优势，因地制宜，发展适合临港经济的产业，做到陆海产业区经济的统筹发展。在大力发展临沂临港经济开发区时更要注重人才的力量，不断引进高层次人才，给予专业人才政策上的福利。对临港产业区培养龙头企业，扩大对外开放，积极参与竞争具有借鉴意义。

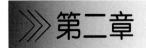

第二章

中国陆海统筹发展经验启示

第一节　中国陆海统筹发展现状分析

一、中国陆海统筹发展脉络

（一）历史脉络

第一阶段（1949～1999 年）：优先陆域发展，递次开发海洋。新中国成立之初，各个产业处于从无到有的初始发展阶段。中国主要以发展陆域产业为主，在农业、工业等方面都有所提升，国民经济有所恢复。但是保护海洋安全、海上运输通道安全乃至国家安全，是这个时期的首要任务。

1978 年改革开放后，中国经济得到了飞速的发展，但经济发展模式仍处于产出低、投入高的阶段。在土地资源日益减少的情况下，沿海地区将开发的重点转向海域。改革开放政策是通过率先发展沿海城市和经济特区，政策的支持使沿海地区的海洋产业在这一阶段快速发展。但与此同时，粗放式的开采与生产模式制约了海洋经济的可持续发展，一些问题十分显著：海洋保护观念不足，资源过度开发利用，海洋污染较重；海洋乱开发、乱占用现象普遍存在；海洋综合经济管理不够完善，尚没有陆海产业的统筹规划；海洋研究水平较低，不能满足海洋经济的发展需求等。

第二阶段（2000～2009年）：海洋经济迅速发展，海陆统筹开始布局。自2000年以来，中国在海洋经济方面有了巨大的发展。这一阶段可持续发展的理念逐步加深，海洋产业经济在中国经济发展中的地位逐步提升，海洋产业总产值占国内生产总值的比例也有了巨大的提升。地方政府加大了海洋开发力度，提出了以海促陆、海陆统筹的理念。但是，海洋发展过程中的技术落后、法规不完善等限制性问题也不断地凸显，这使得海洋和陆地发展的关系更加紧密。在这一阶段，中国修改、确立、公布和实施了海洋基本法规以及相关配套法规、涉海法规。

第三阶段（2010年至今）：全面推进陆海统筹阶段。2010年，《全国海洋经济发展"十二五"规划》提出了要坚持海陆统筹的思想，这是海陆统筹思想第一次被明确提出。党的十九大报告和国家"十二五"规划、"十三五"规划、"十四五"规划，都明确提出了坚持陆海统筹的战略部署。

（二）发展现状

陆域产业发展是海洋产业发展的基础和保障，而海洋产业发展是陆域产业发展的延续和发展，实现陆海经济一体化是中国经济发展的必然选择。自2010年起，随着"十二五""十三五"规划政策的影响，中国的海洋经济增长幅度基本保持平稳。2019年全国海洋生产总值达8.94万亿元，比上一年增长6.2%，生产总值有所提高，海洋产业的进步极大地推动了中国总体经济发展。受海洋产业结构转型、国际经济政治环境变化和新冠肺炎疫情的影响，2020年全国海洋生产总值为80010亿元，较2019年下降5.3%（如图2-1所示）。

由图2-2和图2-3可知，2020年中国主要海洋产业仍保持稳步增长，各类海洋产业都在崛起。其中，产业增加值位于前三的海洋产业仍是传统产业，即滨海旅游业、海洋交通运输业和海洋渔业。同时，新兴产业也在飞速发展，例如海洋工程建筑业、海洋传播工业等增长较快。

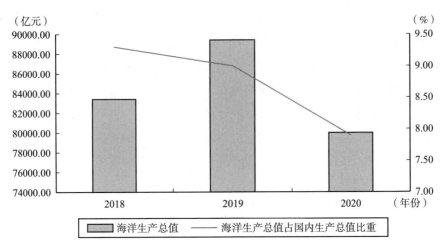

图 2-1　2018～2020 年中国海洋生产总值及其占国内生产总值比重

资料来源:《中国海洋经济统计公报》(2018～2020 年)。

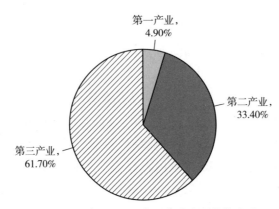

图 2-2　2020 年中国主要海洋产业结构比重

资料来源:《2020 年中国海洋经济统计公报》。

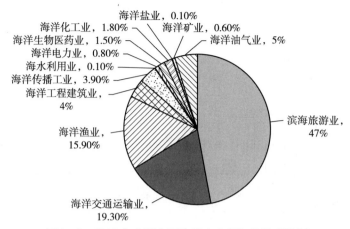

图 2－3　2020 年中国主要海洋产业增加值构成比例

资料来源:《2020 年中国海洋经济统计公报》。

在科技、产业革命兴起的背景下,中国总体经济在飞速发展,海洋产业也随着陆海统筹理念的提出逐渐被重视,无论是在技术还是在资金方面,海洋经济发展都有了极大的支撑,海洋产业结构也在不断完善。"十二五"期间所投入的港口基础设施建设资金共计 4870 亿元,至 2015 年底,中国沿海港口千级及以上生产性泊位共计 5114 个①。

近年来,中国沿海港口除了数量的增多,基础设施建设的完善,其运输资源的吞吐数量也在不断增长,种类在不断丰富,这为临海地区的开发建设与经济增长奠定了良好的基础。由图 2－4 可以看出,煤炭及制品、石油和天然气及制品、金属矿石的吞吐量相对最大。原材料的运输在一定程度上促进了中国钢铁产业、化工产业等相关陆海统筹产业的发展,现代港口的服务功能得到较好的发挥。

(三) 发展特点

中国陆域产业较海洋产业来说,技术更加先进,但是陆域产业的发展往往受到资源与空间的限制。随着经济的发展,陆域资源的有限性、空间的不足性严重阻碍了经济的持续发展,各类不利的问题都逐步显现出来。

---

① 资料来源:《水运"十三五"发展规划》,中华人民共和国交通运输部。

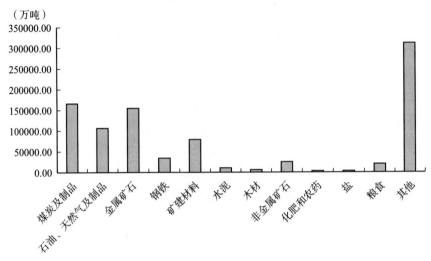

图 2-4　2019 年中国沿海主要港口主要货物吞吐量情况

资料来源：《2020 年中国统计年鉴》。

而另一方面，海洋拥有尚未利用的丰富资源，陆域资本、先进技术、劳动力和经济管理经验可以在发展海洋产业的过程中延伸。

中国陆海统筹产业是由陆地向海洋的发展。在 1978 年后，海洋的开发进程在逐步加快。2010 年，国家"十二五"规划明确提出了坚持陆海统筹的战略布局，成了中国海洋与陆地经济发展的重要指导思想。中国海洋产业以传统为主，新兴为辅。同时，新兴产业也在飞速发展，例如海洋工程建筑业、海洋传播工业等增长较快，但整体占比仍然较低。因此，中国应将先进的陆域技术与经验运用到海洋产业的开发建设中去，提升海洋产业科技水平。

二、中国陆海统筹问题分析

自 21 世纪以来，各国都加大了对海洋产业的重视程度，提高海洋开发能力、实现陆海经济统筹发展也成了各国的发展目标。中国也积极地投身到陆海统筹的发展战略中，加强对陆海统筹思想的指导，重视相关基础设施建设。但目前中国仍与其他发达国家存在差距，一些问题也长期制约着陆海统筹产业的进程。

（一）陆海互动关联不强，产业结构有待优化

现如今，陆海统筹产业结构有待优化。目前，中国海洋与陆地各项产业布局面临着产业结构不合理，互动关联性不强等问题。海洋与陆地的经济联系仍处于低端层次，主要是以海洋运输业和滨海旅游业等较为传统的海洋第三产业为主。但是，其他海洋产业尤其是海洋第二产业与陆域产业的关联性、互补性还不强。未来需要加强陆海资源的优化配置、强化陆海经济优势互补效应，加强海洋产业结构转型，强化陆海要素资源优势共享的产业体系。

（二）海岸生态环境恶化，潜在开发风险增加

经济发展水平不断提升造成了对资源的需求量也在增多。对于临海地区来说，随着对海洋资源的需求增多，海洋生态环境也在逐年恶化，潜在开发风险增加。目前，引起海岸生态环境恶化的主要原因是陆域污染和资源过度开发等。具体表现为：（1）陆域污染是影响海洋生态环境最主要的原因。陆地的生活、工业、农业的垃圾、废水流入海洋，会对海洋造成不可逆转的污染。（2）随着污染的加重，海洋的生态系统功能会逐步退化，目前半数以上的海洋生态系统属于不健康或亚健康的状态，这会进一步引起赤潮、绿潮等海洋灾害。同时，海洋灾害又会给临海陆域的居民生活、经济发展带来不利影响。（3）海洋资源的不合理开发。目前，炼油厂、核电厂等海洋工程项目基本都会存在着过度集中化、规模化的特征，一旦发生溢油、核泄漏等问题，其环境风险是巨大的。

（三）法律法规有待健全，环境综合管理缺失

虽然陆海统筹产业已成为中国主要发展方向，但由于该理念提出较晚，相关法律和管理体制仍不够完善。从法律角度来看，中国还不存在涉及海洋的基础法律，这也就造成了其他海洋法缺乏基础的支撑。同时，涉及海洋的其他法律也不够完善，虽然中国《海岸带经济管理条例》从1983年就开始起草，但由于各部门难以协调而导致该法案搁浅，使我国涉海管理法制的实

施和完善受到了极大的限制。从管理角度来看，中国缺乏专业的海洋管理人员，地区分割管理造成了各地区盲目追求财政收入，海洋发展出现了过度集中建港、填海等破坏海洋生态系统稳定性的行为。

（四）海岸建设布局混乱，开发全局观念缺乏

目前中国很多现有的海岸建设布局十分混乱，开发建设全局观念缺乏。为获取更大的经济利益，很多沿海地区过度开发的现象频发，产业布局混乱。地方政府为经济发展和资源供给，加大了对海洋和海岸带的开发力度。各地盲目修建港口，脱离实际需求，造成了港口利用率较低，资源浪费严重的现象。在产业发展方面，目前临海产业主要以滨海旅游、渔业、钢铁、电力等产业为主。一方面，这造成了区域之间产业过于雷同，产业效益锐减。另一方面，重复建设的产业会消耗大量的土地资源，而陆域土地资源不足就会迫使沿海地区大量填海造地。过度的填海造地将会导致生态系统稳定性的破坏，进一步引发一系列的生态环境灾害。因此，陆海统筹的发展需要具有全局观念。

（五）科技水平明显滞后，成果转化效率较低

海洋科技的整体水平制约了陆海统筹产业发展。近年来，海洋科技发展取得了一定的成效，但相较于其他国家而言，中国仍有较大技术差距。一方面，中国在海洋开发的技术创新及研发能力较弱，缺乏海洋高新技术产业的专业性人才。科技落后－海洋产业效率不高－产业结构升级缓慢的怪圈难以打破。低层次的开发水平会导致中国需要用更多的资源去达到与其他发达国家同等的效果，这使得新兴产业的发展受较大限制。另一方面，海洋高新技术成果的转化率较低。中国目前的陆海统筹产业发展没有有效地利用现有技术资源，产业技术的供给与需求可能由于价格高、成本大等问题处于不对称状态。科技水平的滞后和科技成果的转化率低是阻碍中国陆海经济、资源、空间全面统筹的重要因素。

三、中国陆海统筹发展前景

（一）产业协同发展，实现新旧动能转换

在传统的海洋产业方面，我们要继续保持临海旅游业、渔业、海洋运输业的产业发展优势。在发展优势产业的同时，我们要进一步与新兴领域相结合，进而实现更好的发展效益。例如，中国可以将"互联网＋"的新思维与传统渔业相结合，渔业发展的现代化。中国可以将传播技术与海洋传统运输业相结合，提高船舶运输效率，提高经济效益。

在新型的海洋产业方面，我们要继续探索新产业，为该领域提供技术、人力、物力、资金等多方面的支持。例如，中国可以发展海洋药物产业，中药在中国已有多年的历史，中国可以利用在陆地领域对中药的丰富经验去重点探索前景广阔的海洋中药产业，进而实现陆海产业的协同发展。中国可以促进产业集群化发展，由于中国目前地区与地区之间会存在着过度开发、建设等浪费现象，产业集群化发展有利于求同存异，降低无效建设对资源的浪费。同时，也可以促进多地区间的交流，实现高技术水平的融合。

（二）发展绿色生态，调整产业能耗结构

目前，生态系统稳定性问题是世界各国极为关注的话题，对环境的保护是各国的责任和使命。在海洋生态系统的保护方面，中国也在积极采取措施，实现绿色生态是中国陆海统筹产业发展的必然趋势。实现对生态环境的保护，必须大力支持清洁能源开发、生产、利用，必须坚决限制高能耗、高污染行业规模。在清洁能源方面，中国目前正大力发展海上风能、太阳能等可再生资源，将海洋资源和陆地产业有效结合，实现真正的陆海统筹。在调整"两高"产业方面，中国目前正鼓励发展消耗能源低、污染物排放量小的海洋产业。在传统渔业、海洋交通运输业等高耗产业的发展方面，中国正积极创新，实现在合理耗能和排放范围内经济效益最大化。

（三）完善法律法规，加强环境综合管理

中国目前在海洋基础法律以及管理体系的不完善会严重地阻碍陆海统筹

产业的发展，因此大力完善涉及海洋的法律法规，加强综合管理体系是中国未来的发展趋势。一方面，中国要从现存的涉海法律法规入手，将其进行梳理，发现其中存在空白甚至矛盾的地方，并进一步准备关于陆海统筹领域的立法工作。另一方面，中国要积极培养专业的陆海统筹产业管理人员，对相关的管理评测标准进行修订，要坚持把保护生态系统稳定性放在首位，并在此基础上来实现经济效益最大化。

（四）全面开放格局，构建互联互通网络

中国一直坚持着开放发展的理念，过去，中国的开放主要针对沿海地区、发达国家。在全面实现陆海统筹产业的理念下，中国未来的趋势将是全面开放。"一带一路"的发展以及各地互联互通的实现对国家发展有着重要的意义。陆海统筹主要是将海、陆产业相结合，而"一带一路"将东、西部地区向接连，将内陆和沿海地区打通，实现了陆海全面开放的新格局。

（五）重视海洋科技，朝向创新引领转变

科技是世界各国最关心的问题，科技强则国家强。为实现陆海统筹产业的发展目标，大力发展海洋科技，提高创新意识是中国未来的发展趋势。在海洋技术发展的过程中，一方面中国要培养专业化的陆海统筹人才，提高产业创新能力。另一方面要将科技成果较大程度地转化到现实中使用，真正解决海洋产业的现存问题，实现陆海统筹产业的创新发展。

第二节　中国陆海统筹典型园区分析

一、上海临港产业区

（一）地理位置

上海临港产业区位于长江口和杭州湾的汇集区，面积386平方公里，人

口 83 万人。这里也是重要的铁路和公路交通枢纽，铁路公路网密集健全，相互补充。

（二）产业分布

上海临港产业区包括奉贤园区、主产业区、综合产业园区等。该园区主要以发展新兴产业为重点，装备制造产业为核心。该园区的开发定位是发展以高端设备制造业为主的装备制造业。该项目于 2004 年正式启动，到目前已经成功布局了五大装备制造产业基地，发展十分迅速，逐渐成为促进上海经济发展的重要一极。

（三）经济发展

港口海陆空完善的立体交通体系为区域协同发展增长提供了基础设施。截至 2017 年，上海港有 213 家码头单位，各类码头泊位个数多达 1121 个，其中有 223 个泊位的承受能力可以达到万吨级别。综合来看全年可以吞吐 7.5 吨的货物[①]，作为全球第一大港的优势还是十分明显的。密集完备的公路干线网以及包括沪宁－津浦线在内的贯穿南北的高铁线路深入浙、苏等经济腹地。同时水网也很密集，有黄浦江和长江及其支流，以及杭州湾航道，有利于货物内河集散。在航空运输方面，上海拥有虹桥、浦东机场两个国际机场，促进了国际业务的拓展。高效便捷的交通网络使得港区及其腹地之间的联系更加密切且对接成本较为低廉，有利于内部产业转移和转型升级，实现协同发展，长三角城市群的整体经济规模和影响力在中国数一数二。长三角经济区的经济发展促进上海港对内进一步挖掘潜能，对外进一步增加航线和扩大辐射范围，优化口岸环境，实现港口的飞速发展。

大城市辐射带动，经济面积广阔。上海港背靠上海市，其集中国经济、贸易、金融、科技、会展中心等多重身份于一身，不仅提供了一个发达的直接经济腹地，而且还带动了其周围江苏、浙江等省市发展，成了上海港的间接经济腹地。

---

① 资料来源：丁莉：《2018 年中国港口年鉴》，中国港口杂志社 2018 年版。

（四）核心技术

科教力量雄厚，高质量的人才库为上海临港区提供智力支持。一方面，上海作为全国的科研中心之一，高校林立且科研水平处于全国领先地位；另一方面，作为全国乃至全球的大城市，上海临港区吸引了大量尖端人才集聚于此。同时临港开发区已与多所涉海高校达成合作，产学研相结合，大量高端海洋科研院所纷纷在此集聚，创新氛围浓厚。

2020年10月，上海临港区正式启动"东方芯港"集成电路综合性产业基地，基地聚集了全国最先进的工艺技术、最完善的产业生态，围绕核心芯片、先进技术来实现高水平的产业发展，争取上海临港能在2035年成为有世界影响力的集成电路创新发展高地。

（五）政策分析

产业扶持政策是促进上海临港开发区陆海统筹发展的动力和引擎。近年来，国家提出的"一带一路"、长江经济带等政策，为上海临港产业园发展带来了巨大的机遇。作为国家重点项目，政府给予了上海临港产业园区大量的政策倾斜加以支持，包括专项资金、人才引进、产业集聚等二十四条支持政策，这也为临港产业园发展提供了支撑。同时，上海临港开发区对外开放水平高，相关开放政策吸引了大量外商投资。不仅给临港产业园区直接注入活力，也通过提供更加完善的港口现代服务业带动了临港产业园区进出口需求的增长。

二、南部粤港澳大湾区

（一）地理位置

粤港澳大湾区由珠江三角洲和香港、澳门特别行政区构成，位于中国东南沿海地区，毗邻南海，有绵长的海岸线。湾区是国际物流运输航线重要节点。截至 2019 年，大湾区常住人口已达到 7264.92 万人①，腹地广阔，总占地面积约为 5.60 万平方公里，几乎涵盖整个泛珠三角地区，包括闽、粤、桂、琼、湘、赣、川、滇八个省份和港澳两个特别行政区。

（二）产业分布

粤港澳大湾区的制造业和服务业发达。香港既是全球重要的金融中心，又是著名的国际自由贸易港。澳门以博彩业为主，金融、物流等现代服务业发展水平也较高。广东九市则是以制造业为主，产业链完整。总体来看，大湾区各个区域产业发展有一定的差异，但产业链较完整且可以形成互补，提高了湾区在国际高端产业领域的竞争力。

（三）经济发展

粤港澳大湾区凭借着自身的区位优势、高效合理的产业布局、大量利好政策扶持迅速发展。2020 年，粤港澳大湾区的经济规模达 11.59 万亿元②，近年来总体经济增速均为 7% 以上。

该区采用差异化规划战略进行产业、科创布局，推动湾区高质量协同发展。珠江东岸重点发展电子信息制造业，深圳、珠海等城市已成为该领域的首屈一指；西岸以先进装备制造业为主，佛山、中山等城市在新能源汽车、机器人制造等方面与全国处于领先地位。在产业发展过程中湾区也培育了不同梯队层级企业，构成完整产业供应链。

（四）核心技术

粤港澳大湾区创新能力强，人力资源丰富。大湾区拥有众多优秀高等院校，清北等名校也在此开设了研究生区，同时大湾区的发展潜力也吸引了全国乃至全球的高端技术人才云集于此，智库充盈。从科创布局看，依据各地特色布局发展，香港、广州凭借着高校云集、人力资源丰富等优势成为科教

---

① 资料来源：中商产业研究院：《2019 年粤港澳大湾区人口数据分析：广深增量大、港澳密度大》，搜狐网，2020 年 5 月 8 日。

② 资料来源：涂成林、田丰、李罗力、谭苑芳、王先庆、梁士伦：《中国粤港澳大湾区改革创新报告（2021）》，社会科学文献出版社 2021 年版。

中心，深圳则凭借其城市活力与年轻化逐步成为技术创新中心。目前，深圳及粤港澳大湾区的 PCT 国际申请数量处于世界顶级，已属于世界级湾区。

（五）政策分析

从 20 世纪 90 年代，中国学术界就在思考能否在深港地区建立一个与美国旧金山湾相似的湾区，经过 20 多年的考量与谋划，在 2017 年 3 月的国务院《政府工作报告》中以国家战略的形式提出建设粤港澳大湾区。2017 年 10 月，党的十九大报告明确提出"支持香港、澳门融入国家发展大局，以粤港澳大湾区建设、粤港澳合作、泛珠三角区域合作等为重点，全面推进内地同香港、澳门互利合作，制定完善便利香港、澳门居民在内地发展的政策措施"。凭借着大量政策扶持，粤港澳大湾区经济发展十分迅速。

三、东北长吉图开发开放先导区

（一）地理位置

长吉图开发开放先导区的范围包括：长春市、吉林市和延边朝鲜族自治州，战略地位明显，该区域面积和人口均仅为吉林省的 1/3，但其创造了全省一半以上的财富。

（二）产业分布

长吉图开发开放先导区当前重心在于发展先进制造业和现代服务业。汽车、石化等传统产业在当地的经济发展中仍起支柱作用，一汽、吉化等企业仍是当地龙头。开放开发先导区自开发以来，形成了生物医药、生物化工、电子信息、新材料四大战略性新兴产业，这些产业正迅速发展。同时，该区的物流业也依靠于当地发达的陆海空交通体系飞速发展。依托好山好水多地形，当地特色旅游业发展迅速。在农业方面，该区不断提升技术创新，在农作物产量与质量的提高上也取得了显著成果。

（三）经济发展

首先，长吉图开发开放先导区由接壤的多个国家共同开发，显著带动了各国相应经济腹地的发展，取得了"多赢"的效果。具体到中国来看，2018 年吉林省货物贸易进出口总值为 1362.80 亿元，同比提高 8.6%，是 2010 年的 80 多倍，通过长吉图开发开放先导区的区域合作，有效带动了吉林省对外经贸合作[①]。

其次，长吉图开发开放先导区使得大量东北亚外资流入中国东北地区，促进了经济发展。2018 年吉林省实际利用外资 7.02 亿美元，其中，直接利用外资 2.75 亿美元，同比增长 18.92%。全省超过 80% 的外资涌入长吉图开发开放先导区，外资流入为园区产业发展提供了资金支持[②]。

（四）核心技术

长吉图开发开放先导区加大科研投入，积极推动技术创新，为该区经济发展提供强有力的支撑。一方面，长吉图开发开放先导区依托区域高校、研究所进行技术创新，培养专业的产业型人才；另一方面，企业也积极收纳高素质人才，通过对科技成果的运用来最终将技术优势转化企业优势。

（五）政策分析

2009 年，国务院正式批复了长吉图开发开放先导区，与上海临港产业区、粤港澳大湾区等性质较为不同，长吉图开发开放先导区是中国唯一的沿边开放开发区，具有国家战略地位。中央和吉林政府对于长吉图战略予以大力的政策支持与保障。长吉图积极依靠政策支持加强与中国地区的联系，并不断加强与吉林省和东北亚国家和地区的联系，加快图们江国际之间的合作，进行跨境货物运输与贸易，畅通合作机制，参与产业合作建设，利用各国产业的资源禀赋优势进行产业转移，从而促进了长吉图地区的发展。

---

①②　资料来源：《2018 年吉林省政府工作报告》，2018 年 1 月 26 日，吉林省第十三届人民代表大会。

第三节　国内陆海统筹发展优势与经验启示

一、陆海统筹产业园区发展优势

（一）上海临港开发区发展优势

1. 区域位置优越

上海港位于中国东南部海岸，地处长江入海口。港口主要用于长江三角洲和长江流域货物运输，以发展第二产业为主，钢业、能源、纺织业发展较好，产品在市场上竞争力强，且对外贸易需求大。腹地省市内能源等资源有限，其工业生产所需的材料依赖进口。因此，优越的地理位置是港口发展良好的重要原因。

2. 交通发达便捷

有京沪线、沪杭线两条主干铁路线。上海的公路通向中国各地，虹桥、浦东两大航空枢纽以及十分发达的客货航线使得上海交通发达便捷，客货运输效率高效，无论是中国国内，还是国际运输均十分方便。上海港是中国大陆航线密度最高、覆盖范围最大的港口，发达的交通为经济发展提供了便利。

3. 政策开放包容

将上海建设成国际航运中心是我国政府作出的重大决策，上海港集团将这个决策作为战略发展目标。政策的制定不仅为上海港的建设提供了保证，也为整个上海的发展带来了新的机遇，浦东新区随之成立，为上海的经济发展提供了源源不断的动力，也为上海的对外贸易与航运中心的建设做出了巨大贡献。

（二）南部粤港澳大湾区发展优势

1. 区位优势显著

粤港澳大湾区的地理优势明显，海岸线较长，沿岸广阔区域可以扩大发展面积，周边城市是中国的经济强市，覆盖珠江流域九省，占中国陆地面积的1/5，人口和经济总量的1/3。同时，本地区是货物贸易运输的关键环节，区域地理优势明显。

2. 产业链条完备

粤港澳大湾区内的城市拥有较高的产业优势。深圳不仅是高科技制造业中心，更是中国服务业中心城市之一，佛山、惠州与广州、深圳等地都是世界级制造业中心。肇庆、江门等城市农业占比较大，未来可在与其他湾区内城市合作发展的基础上逐步发展工业、服务业，提升经济发展。

3. 交通网络发达

粤港澳大湾区是粤港澳地区重要的交通枢纽。珠三角空港集群作为粤港澳大湾区的对外门户，交通运输规模居世界首位。粤港澳大湾区拥有香港、澳门、广州、深圳等机场。其中，香港、广州两个国际枢纽机场在湾区机场集群中共同发挥主导作用；澳门机场、珠海机场和惠州机场也分别为湾区的西翼和东翼提供交通支持，为当地经济发展做出贡献。

4. 优质劳动力充沛

粤港澳大湾区国际国内知名高校众多，香港大学、香港中文大学、香港科技大学、澳门科技大学、澳门大学、中山大学、深圳大学等，各种研究机构也在大湾区内聚集。因此，大湾区内高素质人才云集，促进了创新活力迸发，为大湾区发展注入活力。

（三）东北长吉图开发开放先导区发展优势

中央和吉林省政府对于长吉图开发开放先导区予以大力的政策支持与保障。吉林省积极响应国家"一带一路"政策，依靠政策发展对外通道，航线、公路、铁路等对外通道建设，逐渐形成了东北亚地区国际物流枢纽。因此，临港区应充分发挥自身特点，结合政策规划区域经济发展模式，建设各产业板块。

二、陆海统筹产业园区发展经验教训

(一) 上海临港开发区发展经验教训

1. 城市土地资源缺乏

由于经济的迅速发展,上海的地价不断增长,上海港周边连接市区的土地早已被规划使用。上海港的扩张发展受到严重的限制,缺乏土地资源的支持。然而,在洋山港的陆上交通进出集装箱,运输距离太长,效率较低。这种模式的缺点非常明显,也加剧了港区道路的拥堵。临港区应根据自身特点规划,因地制宜。提前规划好城市区域布局,避免出现上海港发展瓶颈的情况,利用区位优势,实施高度开放的政策。

2. 产业结构调整缓慢

上海临港开发区的洋山港区、外高桥港区和罗泾港区均超负荷运营,不能够满足日益增加的运量要求,港区周边土地资源匮乏,新开发的成本高,因此,很多船运公司选择可宁波－舟山港作为备选,由此限制了上海港的扩大发展。

3. 船舶大型化发展受限

当前,集装箱运输在全球海、陆、空运输中得到了广泛的应用。从经济和环境两方面考虑,集装箱船不断地向大型化方向发展,其运量也在不断地增长。然而,但并不是所有的港口都能容纳这些超大型船舶。上海港的扩张发展受到了限制,有限的港口面积不能容纳日益增长的超大型船舶的数量,船舶大型化发展受到严重限制,制约了上海港的发展。

(二) 南部粤港澳大湾区发展经验教训

1. 产业升级缓慢

"十三五"时期,临港建设仍然面临诸多挑战。港、产、城未能有机地结合在一起的问题没有在根本上改变,产业能级仍存在较大的增长空间,解决传统产业产能过剩的考验依然严峻,高端制造业发展仍然任重而道远,土地资源仍需要高效利用,创新驱动转型的体制机制仍待完善。

2. 配套设施欠缺

城市配套功能有待于进一步完善，与城市发展要求相适应的项目较为短缺。城市的内生经济发展不充分，人口导入和人气集聚不足仍然成为阻碍发展主要问题，港区、城区等的开发协调机制仍需逐步完善。

3. 环境与发展不匹配

粤港澳大湾区高密度开发造成的人力、资源、土地等成本不断上升，投资面临边际报酬递减情况下降等。在产业结构转型、投融资、专业人才、产权保护、生活环境等方面，粤港澳大湾区还需要加强制度建设和政策环境保障。

（三）东北长吉图开发开放先导区发展经验教训

1. 产业结构不合理

东北长吉图开发开放先导区作为中国重要的商品粮生产基地，农业一直是该地区的重要产业之一，农业人口多，使得长吉图地区城市劳动力相对稀缺。此外，工业方面对汽车与石化两大产业长期过度依赖，但与之相关的配套设施却很不完善，协作厂商以及配套企业大部分分布在外省，大量零部件的运输在极大增加产品成本的同时也无法产生集群效应。

2. 市场竞争力不足

长吉图开发开放先导区国有企业的垄断现象比较严重，大部分企业缺乏竞争意识，导致竞争水平低，缺乏市场化运行机制及管理模式。此外，长吉图开发开放先导区应当有效引导商业银行信贷资金等社会资本跟进中小企业融资支持，借助数字技术全方位、全角度延伸临港产业链条。

3. 人才流失现象严重

由于长吉图开发开放先导区的经济发展缓慢，平均工资待遇普遍落后于东部和东南沿海地区，而且体制僵化，虽然长吉图开发开放先导区有数十所大专院校，但是仍然存在大量人才外流现象，导致长吉图开发开放先导区临港高端产业缺乏高科技人员的支撑。

三、国内陆海统筹发展对临沂临港区的启示

综上所述，从发展经验方面来看，中国的港区大多依靠其区域位置优势

建立起来，港区附近大多交通网络发达，并且政府也提供了大力的政策支持；从发展教训来看，上海临港开发区和南部粤港澳大湾区都存在着产业搭配升级不合理的情况，东北长吉图开发开放先导区也存在经济发展不平衡的问题，并且这类问题往往存在配套设施不健全、投资环境较差等其他问题。

这些给临沂临港区一些启示，优化临港产业园区发展格局，集中资源发展优势产业，大力培养特色产业，由主导产业带动发展其他产业，需要合理分配资源。同时大力保护环境，促进低端制造业的升级，促使临沂临港产业园区内的资源和环境的可承载力能够与社会经济发展相协调发展。在优化调整临港的发展模式，促进特色优势产业发展，加强人才培养和引进，强化环境保护力度，加快产业转型升级，使临沂临港产业园资源、能源、环境承载能力与社会经济发展相协调，以促进临沂临港产业园的持续发展，为人才的发展提供优越环境，才能持续性吸引人才，促进经济发展。因此，在发展临沂临港区时要注意合理分配城市区域布局，进行供给侧改革，去产能，加快发展高端制造业，形成临港产业园区的主导产业。加强经济创新模式，大力引进人才，整合各区域资源，形成完善的城市规划体系，增加城市发展内生动力。临沂临港区发展应该借鉴中国已有港区的相关发展经验教训，明确相关职能部门的权责清单，明确战略发展目标，制订发展计划并推行。尽快建立临港区发展战略实施政策支撑体系；打造临沂临港区对外开放合作平台。总之，临沂临港发展的关键就是政府部门预先搞好规划布局。

第三章

临沂临港陆海统筹产业发展分析

第一节　山东省社会经济发展概况

一、山东省社会经济发展概况

（一）社会经济基础

山东省位于中国东部沿海。山东与河北、河南、安徽和江苏接壤，临渤海和黄海，总面积为 15.57 万平方公里，总陆域面积为 157900 平方公里。目前，山东省辖设济南、青岛、烟台、淄博、潍坊、临沂等 16 个地级市，包括：55 个市辖区、82 个县（市），660 个街道办事处、1164 镇（乡）。2020 年底，山东省总人口 10152.75 万人，其中：沿海城市人口 3810.33 万人，占总人口 37.53%①。

2020 年，山东省国内生产总值（GDP）73129.0 亿元，处于中国第三的位置，产业结构总体来说比较合理（如表 3 - 1 和表 3 - 2 所示）。第一产业发展稳固增效。第二产业增加值占山东省生产总值的 39.1%，这是山东省

---

① 资料来源：《2020 年山东统计年鉴》，中国统计出版社 2020 年版。

动能转换与转型升级取得新成果。第三产业增加值39153.1亿元，对经济增长的贡献率达到60%，成为拉动经济增长的主要部分。

表3-1   2020年山东省产业结构发展对比

指标	第一产业	第二产业	第三产业
增加值（亿元）	5363.80	28612.20	39153.10
增长百分比（%）	2.70	3.30	3.90
产业结构占比	7.30	39.10	53.60

资料来源：《2020年山东省国民经济和社会发展统计公报》。

表3-2   山东省"四新"产业发展对比

指标	2017年	2018年	2019年	2020年
增加值（亿元）	13673.63	15995.74	19892.42	21985.06
增加值占地区生产总值比重（%）	21.70	24.00	28.20	30.20
高新技术产业产值占规模以上工业产值比重（%）	35.00	36.90	40.10	45.10

资料来源：2017年至2020年的《山东省国民经济和社会发展统计公报》。

同时，山东省2020年社会经济其他方面也保持平稳发展。2020年山东省人均生产总值为72151元，在国内处于中间水平。全省就业形势稳中有升，城镇新增就业人口相较上一年增加了6.7%，失业率下降，城镇化率保持平稳推进（如表3-3所示）。

表3-3   2020年山东省数据统计

指标	总量	较上年增长百分比（%）
人均生产总值（元）	72151.00	3.10
城镇新增就业人口（万人）	122.70	6.70
城镇登记失业率（%）	3.10	-0.19
年末常住人口（万人）	10070.21	/
常住人口城镇化率（%）	61.18	0.60

资料来源：《2020年山东省国民经济和社会发展统计公报》。

山东省一直是海洋强省。2020年，山东省的海洋生产总值达到13187亿元，占全国16.48%，是北部海洋经济圈的发展主力（如表3-4所示）。透明海洋、蓝色药库两大海洋经济项目稳步推进。此外，"十大行动"的扎实推进，为山东省陆海统筹产业发展提供坚实的基础和创新发展动力。

表3-4   2020年山东省海洋经济主要指标

指标	总量
海洋生产总值（万亿元）	1.3187
水产品总产量（万吨）	828.61
专业远洋渔船（艘）	546
沿海港口货物吞吐量（亿吨）	16.90
国家级海洋牧场示范区（处）	54
新建海洋牧场平台（座）	10
新增省级海洋牧场示范项目（处）	14

资料来源：《2020年山东省国民经济和社会发展统计公报》，《2020年山东海洋经济统计公报》。

山东省是全国前三的钢铁大省。2020年山东省钢材产量为11269.32万吨，同比增长21.32%。全省钢铁工业形成了矿业采选、原材料加工、冶炼等较为完备的产业体系。莱芜、日照、临沂、泰安等4市合计钢铁产能、主营业务收入均占全省50%以上。

同样对为钢铁化工产业等陆海统筹产业提供支持的港口物流产业，山东省肩负着为陆地产业提供物流和货物的重要作用，因此山东省也一直在大力发展港口产业。山东省港口物流实力强大，拥有全国排名前十的青岛港、日照港与烟台港，近三年来年均货物吞吐量均超过10亿万吨，并且增长迅速，发展势头良好。得益于强大的港口实力，山东省对外贸易规模呈递增态势，国际化发展趋势越来越明显。2020年，山东省快递业务流量累计完成快递业务量41.5亿件，增长43.7%。受物流产业带动，山东省大力将木材产业作为重点模块发展，且山东木材加工业实力居全国前列，实现传统木材加工产业转型升级①。

（二）陆海统筹的文化布局

21世纪以来，在我国大力发展海洋强国、陆海统筹的格局下，山东省结合"21世纪海上丝绸之路"和"一带一路"的国家政策开始大力发展陆海统筹发展的文化布局。山东省已成功建设了青岛鳌山卫国家深海基地，"青岛蓝谷"海洋大数据平台，以及全国深远海战略保障基地。为深化海上"丝绸之路"的国际合作，山东省还大力推进印度洋及非洲海外投资以及欧洲、南太平洋、东北亚海洋的文化交流合作，发展陆海统筹文化布局。

（三）自然资源环境

山东省是以山区丘陵为框架，交错的平原和盆地在中间的大地。山东省地貌复杂，境内的主要山脉集中在山东中部的南部山区和胶东的丘陵地区，其中沂山、徂徕山、泰山、蒙山、崂山、鲁山、大泽山等地的绝对高度为700米或以上，面积为150多平方公里（如图3-1和图3-2所示）。

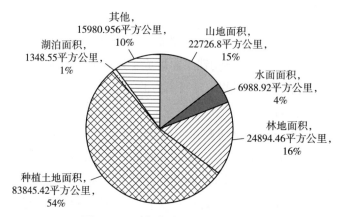

图3-1　山东省地形土地面积占比

资料来源：根据《山东省统计年鉴》2020年数据整理。

---

① 资料来源：根据山东省统计局与山东省海洋局数据整理。

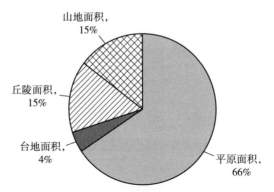

图 3 - 2　山东省地貌面积占比

资料来源：根据《山东省统计年鉴》2020 年数据整理。

山东省处在北温带半湿润气候，气候具有明显的春夏秋冬其特征，温差变化很大，降水多是季节性的。山东省的温度区域差异东西部更明显。日照充足，因此山东省一年两作。东亚季风影响，降水多集中在夏季，春季、深秋和冬季则多为干旱天气，对农业生产的影响最大，受台风等极端的天气影响较小。山东省濒临黄海和渤海，海域总面积约 15.95 万平方公里，其中第一类水质海域面积均值为 14.37 万平方公里，占比 90.01%。黄河从山东利津县入海，形成了著名的黄河三角洲湿地生态系统。近岸海域水动力条件较好，以清洁、较清洁海区为主[1]。

山东省所处的天然条件，为其创造了具有独特优势的自然资源。山东省海域内经济价值较高的鱼类有 40 多种，产量高的虾蟹近 20 种，有 100 多种具有高经济价值的浅滩贝类。另外，山东省海域内有 50 多种具有较高经济价值的藻类。此外，山东省海水增养殖区、滨海旅游度假区、国家级自然/特别保护区资源也十分丰富。在陆地资源方面，山东有 2560 处已确定资源储量的矿地（不包括共伴生矿产地数），矿产总量很大，种类丰富，其中大多数是非金属矿物（如图 3 - 3 所示）。

---

[1] 资料来源：根据《2016 年山东省海洋环境公报》数据整理。

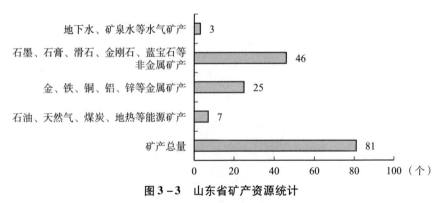

图 3 - 3　山东省矿产资源统计

资料来源：根据《山东省统计年鉴》2020 年数据整理。

二、临沂市社会经济发展概况

（一）社会经济基础

临沂市位于山东省东南部腹地，总面积 17191.2 平方公里，周边与枣庄、济宁、泰安、淄博、潍坊、日照、江苏相邻。至 2020 年，全市人口 1101.8365 万人，是山东省面积最大，人口最多的城市①。

2020 年全市生产总值 4805.25 亿元，在山东省内处于中游地位。全市经济总体健康平稳发展，以第二产业与第三产业为主。临沂市经济增势较快，就业人口一直处于增长趋势，人均可支配收入、出口额增长值、社会消费品增长值等指标的增幅均在 8% 左右，增长幅度均处于全省前列（如表 3 - 5 所示）。

表 3 - 5　　　　　　　2020 年临沂市经济发展情况统计

指标	数值	较上年增加百分比（%）
生产总值（亿元）	4805.25	3.9
第一产业增加值（亿元）	440.92	3.7

---

① 资料来源：根据《临沂市第七次全国人口普查公报（第六号）》数据整理。

指标	数值	较上年增加百分比（%）
第二产业增加值（亿元）	1756.43	4.2
第三产业增加值（亿元）	2607.9	3.6
一般公共预算收入（亿元）	349.8	6
税收收入（亿元）	290.2	5.7
非税收入（亿元）	59.7	7.6
固定资产投资	—	4
第一产业投资	—	29.3
第二产业投资	—	19.5
第三产业投资	—	−4.6
社会消费品零售总额（亿元）	2528.2	0.2
进出口总额（亿元）	1167.2	39.9
出口额（亿元）	992.2	46.2
进口额（亿元）	175	12.5
金融机构贷款余额	6996.4	18.26
全市居民人均可支配收入（元）	28887	4.6
城镇居民人均可支配收入（元）	39466	4.1
农村居民人均可支配收入（元）	15918	6.3
新增城镇就业人口（万人）	10.2	—

资料来源：根据《2020 年临沂市经济社会发展统计公报》数据整理。

　　临沂大力发展陆海统筹产业，同时也在努力发展科技产业，为陆海统筹产业提供支撑。港口行业方面，2018 年，日照港与临沂全面开展合作，取得了显著的成效。钢铁化工产业、物流产业与木材产业都得到了显著发展提升。

　　钢铁行业是陆海统筹发展的重要行业，临沂作为山东省钢铁产业强市，2020 年规模以上钢铁产品产量总量为 1395.2 万吨[1]。在《山东半岛城市群

---

　　① 资料来源：《临沂统计年鉴 2021》。

发展规划（2016～2030年）》相关政策的指导下，临沂和日照统筹谋划、错位发展，统筹完善钢铁产业结构，为临沂市进一步发展产业，实现陆海统筹发展提供了新的机遇。

临沂地理位置优势使得临沂成为全国著名的商业城市和物流之都。2018年上半年，全市社会物流总额达到1.3万亿元，居省第二位①。临沂为充分发展物流之都优势，与日照港全面开展合作，并取得显著成效（如表3-6所示）。

表3-6   2018年临沂市物流行业情况统计

指标	数值
物流企业（家）	2700
物流配载线路（条）	2000
营运货车（万辆）	15.60
物流行业从业人员（万人）	33.50
货运车辆日发车（万辆）	1.10
货物发送量（万吨）	20.00

资料来源：根据《临沂：关于物流业发展调研报告》2018年数据整理。

木材产业方面，临沂市是山东省板材生产量的主要支撑城市，产业聚集度高，产业链长。同时，临沂市形成了一个木材工业系统，支持机械制造，化工公司和贸易物流于一体，并具有完整的运营格式。

（二）历史文化发展

临沂因沂河得名，2019年，临沂入选首批23个国家物流枢纽名单。作为国家一级市场采购和贸易的试点方案，和由八个部委确定的全面国际贸易改革的试点，临沂市物流业务发展迅猛，物流线路基本实现了国内全覆盖。物流、商贸产业的发达，为当地文化带来更多的活力，也促进了新旧动能转换与乡村振兴。

---

① 资料来源：根据《临沂：关于物流业发展调研报告》2018年数据整理。

（三）自然资源环境

临沂气候属温带季风气候，一般海拔在 400 多米。境内水系发育呈脉状分布，丰富的水道使得临沂自古以来就是商品集散地。临沂全市总面积为 1719121.3 公顷，盛产农作物有黄烟、地瓜、玉米等。临、郯、苍平原为山东三大粮仓之一，水道丰富为临沂成为物流之都提供了巨大的优势。山地丘陵为林果业、畜牧业的主要基地。临沂的矿产资源丰富，丰富的矿产资源为临沂市的钢铁产业提供了支撑。临沂还拥有丰富的地热资源，也是温泉开发的好地方。生物物种资源也很多，有高等植物的 151 科和 1043 种[①]。

三、日照市社会经济发展概况

（一）社会经济基础

日照市位于山东东南部和黄海以东，面积为 5310 平方公里。日照属于温带季风气候，靠近海岸并且时常发生台风登陆。与相同纬度的其他内陆地区相比，日照市季节温差小，因此夏季和冬季的温度适中。作为中国第九大港口城市。日照市毗邻大海，海域为 6000 平方公里。陆地与海洋的比例约为 1：1.3。

据《2020 年日照市国民经济和社会发展统计公报》显示，2020 年日照市经济处于整体平稳较快增长，地区生产总值 2006.43 亿元，比上年增长 3.8%。经济实力与山东省其他地市有不小差距。日照市产业结构继续优化，三大产业情况如表 3 - 7 所示。

表 3 - 7　　　　　　　　2020 年日照市产业发展情况统计

指标	第一产业	第二产业	第三产业
增加值（亿元）	171.33	844.20	990.90
较上年增长百分比（%）	2.10	5.00	2.90

---

① 资料来源：根据《临沂统计年鉴 2021》数据整理。

续表

指标	第一产业	第二产业	第三产业
产业比例（%）	8.54	42.07	49.39
对经济增长贡献率（%）	4.90	58.70	36.40
拉动GDP增长（%）	0.20	2.20	1.40

资料来源：根据《2020年日照市国民经济和社会发展统计公报》数据整理。

日照市以港口行业与钢铁化工行业为主，木材行业也在稳步发展中。2020年日照港实力已经提升到了全国第七位，生产形势良好。日照港的发展带来了木材产业的进步。2020年，运输金属矿石的比例最大，占比约为1/3，很大一部分原因是为了支持山东省钢铁行业发展（如表3-8所示）。同时也运输了多种过千万吨的货物，为山东省陆海统筹产业发展做出了卓越的贡献。《山东省先进钢铁制造业基地发展规划（2018~2025)》，进一步优化产业布局，提高日照的产业发展能力，为日照市的陆海统筹产业提供了新的发展机遇。

表3-8　　　　　　　　　　2020年日照市港口统计

指标	数值	较上年增长百分比（%）
全市生产性泊位（个）	84	—
年通过能力（亿吨）	2.94	—
新增泊位（个）	2	—
新增通过能力（万吨）	1618	—
港口货物吞吐量（亿吨）	4.96	7.00
外贸完成（亿吨）	3.19	5.10
集装箱吞吐量（万标箱）	486.10	8.00
运输货物（金属矿石）（万吨）	17735	6.80
运输货物（石油及制品）（万吨）	6874	5.10
运输货物（煤炭）（万吨）	4816	19.60

续表

指标	数值	较上年增长百分比（%）
运输货物（木材）（万吨）	2486	13.00
运输货物（钢铁）（万吨）	1412	42.80
运输货物（粮食）（万吨）	1212	−3.00

资料来源：根据《2020 年日照市国民经济和社会发展统计公报》数据整理。

　　日照市大力发展科技事业。日照市的创新能力较强，拥有专利个数稳步增长，全市高新技术企业和省科技型中小微企业的数量较上年也增长较多（如表 3−9 所示）。

表 3−9　　　　　　　　　　2020 年日照市科技事业统计

指标	数量	较上年增加数量或增加的百分比
省级科技进步奖	4	—
发明专利授权	781	228.20%
有效发明专利拥有量	2089	97.00%
全市高新技术企业	296	35.16
省科技型中小微企业	188	96
新招引高层次创业人才（团队）	33	—
新认定市级工程技术研究中心	25	—
新增国家级备案众创空间	1	—
新增省级备案科技企业孵化器	1	—
全年引进转化国内外先进技术成果	115	—

资料来源：根据《2020 年日照市国民经济和社会发展统计公报》数据整理。

　　近些年日照市一直在努力招商引资，并大力发展蓝色经济。2020 年蓝色经济增加值占日照 GDP 一半左右，日照市拥有着加快建设蓝色经济的经济基础。除此之外，2020 年日照市实体经济也处于较好的发展趋势，全市实有市场主体数量与注册资金较上年增幅较大，实体经济发展增长迅速（如表 3−10 所示）。

表 3 – 10 　　　　　　　　　2020 年日照市其他社会经济统计

指标	数值	较上年增加百分比（%）
蓝色经济增加值（亿元）	1211.45	1.00
新落地总投资到位资金（亿元）	386.91	—
全部工业增加值（亿元）	679.69	6.30
全市实有市场主体（万户）	33.97	14.90
全市实有市场注册资金（亿元）	9864.92	28.80

资料来源：根据《2020 年日照市国民经济和社会发展统计公报》数据整理。

（二）历史文化发展

日照市历史悠久，从周时期就有迹可循。1989 年 6 月，日照划为地级市。2004 年 9 月，日照市岚山区成立。日照有着丰富的港口文化。作为全国第九大港口城市，日照自古以来就以渔业为主要产业，具有丰富的渔业和港口历史。

（三）自然资源环境

日照市是山东省东部的丘陵地区。总体地形以山脉为依托，面朝大海。日照市的地形主要由山脉和丘陵决定（如图 3 – 4 所示）。较大的河流包括沭河、潍河以及巨峰河。日照市没有自己的天然湖泊，但有水库 595 个，总库容 13 亿立方米。日照海域面积 6000 平方公里，全长 168.5 公里。它是一个相对笔直的基岩和砾石海岸。

日照市自然资源丰富。土地总面积 802.51 万亩，其中农业用地（包括耕地、园地、林地及其他农用地）643.33 万亩，建筑用地（居民点及独立工矿用地、交通运输用地、水利设施用地）106.56 万亩，未利用土地 28.84 万亩（如图 3 – 5 所示）。

日照市共有野生动物 207 种。在野生动物中，蒙古草兔和刺猬分布广泛。日照市生态多样性为其陆海统筹产业发展也带来了更多可能。

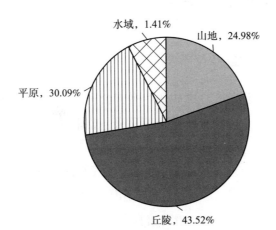

图 3 - 4　日照市地形占比

资料来源：根据《2020 日照统计年鉴》数据整理。

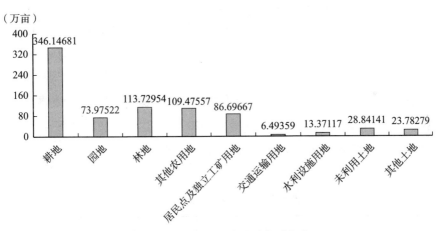

图 3 - 5　日照市土地利用类型占比

资料来源：地理国情监测云平台，http：//www.dsac.cn/DataProduct/Index/301607。

四、临港区社会经济发展概况

（一）社会经济基础

临沂临港经济开发区总面积 365 平方公里，人口 20 万①。临港经济开发区先后被授予"中国宜居城镇"等称号。临港区为了有效实施区内国土空间开发，编制了《临沂临港新区总体规划（2011～2030）》，对全区的生产空间规划为"南产业、中服务、北休闲"的战略发展布局。以材料与化工业为龙头的临港区第二产业，充分利用了区域优势以及政策优势，坚持以改革创新推动新旧动能转换，着力培育和扩大新型不锈钢材料和绿色高端化工两大主导产业。2018 年，山东省委、省政府决定将临沂临港区建成世界一流高端不锈钢和先进特殊钢基地②。

"中服务"是指发展服务业与流通业等。2020 年 1 月，山东省政府批准临沂市"一带一路"倡议综合试点区，建设中国物流大数据中心和区域智能货运整合中心。临沂临港开发区通过陆海统筹建设，以陆－港－海通道，融入了"长江三角洲"，"珍珠三角洲"和其他南部经济发达的工业化进程。临港区在积极发展二三产业的过程中，也没有忽视第一产业的发展，2020 年第一产业比 2019 年增长了 3.4%。2020 年，整个临港区地区生产总值（GDP）为 126.38 亿元（如表 3 –11、表 3 –12、表 3 –13 所示）。

表 3 –11   2020 年临沂临港区产业发展情况统计

类别	第一产业	第二产业	第三产业
增加值（亿元）	7.92	90.92	27.54
较上年增长百分比（％）	3.40	2.60	4.00
产业比例	6.30	71.90	21.80

资料来源：根据《临沂临港经济开发区 2020 年度经济社会发展统计公报》数据整理。

---

①② 资料来源：临沂市临港经济开发区政府，http：//www.lylgkfq.gov.cn/index.htm。

表 3 - 12　　　2020 年临港经济开发区主要经济指标（1）完成情况

主要经济指标（1）	总值（亿万元）	位次	增长（%）	主要经济指标（1）	总值（亿万元）	位次	增长（%）
规模以上工业增加值	—	—	1.40	税收收入	13.80	—	45.20
固定资产投资	135.21	—	23.40	一般公共预算支出	10.20	14	1.10
工业投资			11.40	进出口总额	72.78	—	62.95
工业技改投资			19.50	出口额	41.86	—	61.97
社会消费品零售总额	—	—	-1.80	进口额	30.92	—	64.30
一般公共预算收入	15.20	—	48.40	税务部门收入		15	

资料来源：根据《临沂临港经济开发区 2020 年度经济社会发展统计公报》数据整理。

表 3 - 13　　　2020 年临港经济开发区主要经济指标（2）完成情况

主要经济指标（2）	总额（元）	比上年增长（%）
全体居民人均可支配收入	22882	8.0
城镇居民人均可支配收入	34384	6.7
农村居民人均可支配收入	13408	7.7

资料来源：根据《临沂临港经济开发区 2020 年度经济社会发展统计公报》数据整理。

　　2020 年临港经济开发区规模以上工业发展较好，增加值在临沂市排名较前；固定资产投资以 7.2% 的增长幅度，位于第 7 名。而对于进出口额来说，出口额较少，位于末位，并且在 2018 年出现了负增长的情况，而进口额总值 3.9 亿万元，位于临沂市的第六名，并且以 19.5% 的增长幅度，位于第 4 名。从指标（2）可以看出，截至 2020 年，临港区城乡居民人均可支配收入差距仍然很大，但依旧处于上升过程中。

　　在人才引进方面，临港区加强高层次、高素质人才的引进以及深层培育，实施顶尖人才引进"突破工程"。建设轻量化瓶生产研发基地和智能包装生产线，生产工艺国际领先，国内市场占有率 100%。临港地区继续实行"双招双引"政策。2018 年以来，新签约项目 19 个，合同利用区外资 188 亿元[①]。

---

①　资料来源：根据《临沂临港经济开发区 2020 年度经济社会发展统计公报》数据整理。

2020年1月，临沂成为"一带一路"的综合试验区，推进了临沂商城进一步地步入国际化层面。临港区也在为"一带一路"而不懈努力，不断加强与日韩等先进钢铁基地合作，在临港高端不锈钢及先进特钢基地谋划发展"中德园中园""中日园中园""中韩园中园"，积极开展国际交流合作，促进智能服务产业开发开放式发展。把握"一带一路"建设机遇，逐步完善智能服务一体化开发等项目的应用和推广，抓住2025年政策，以智能制造服务区为依托，打造智能制造产业集群，加强国际交流，在更高层次和更广领域上推动产业智能服务项目的开发、应用等科技合作。同时，临港区抓住省会优势、胶东以及鲁南地区三大经济圈一体化推进的重大机遇，加强与相关市县合作，尤其是加强实现与日照钢铁基地错位、联动发展。

（二）历史文化发展

临沂临港经济开发区具有深厚的文化历史底蕴。在明代，坪上镇大铁牛庙村是抗倭的英雄阵地。革命战争时期老一辈在这里生活和战斗，所在地仍然保存完好。1957年10月9日，毛泽东主席称赞了厉家寨村的典范事迹，称赞其"愚公移山"的精神。从那时起，山脚下的厉家寨村在全国闻名，成为爱国主义教育示范基地。

（三）自然资源环境

临港区位于临沂市最东部，受地理位置、地形等因素的影响，临港区降水的时间，空间和年际分布存在非常大的差异。一年中的降水分布极其不均匀，春季易造成干旱，夏季有可能产生涝灾，秋季和冬季又十分干燥。临港区自然生态环境优美，水质、空气环境质量好，资源环境的承载力较高。2020年全区计划发展茶叶4万亩、大樱桃3万亩、越冬大棚蔬菜2万亩和蓝莓1万亩的高效特色农业。"厉家寨樱桃"荣获2018年中国樱桃十大品牌这一称号，区域品牌价值达2.88亿元①。临港区水资源十分丰富，年可用水资源量4000万立方米，远期可达到7000万立方米。现有水库50座，拦河闸坝3座，直接拦蓄水资源量约5500万立方米，可开发利用

---

① 资料来源：根据临沂农业农村局报告整理，http://nyj.linyi.gov.cn/info/1074/17022.htm。

水资源量 4500 万立方米①。

第二节　山东省陆海统筹产业发展 SWOT 分析

一、山东省陆海统筹产业发展 SWOT 分析

（一）山东省陆海统筹产业发展优势分析

山东省海洋自然资源优势明显，海洋生物资源、能源以及矿产资源丰富，海洋资源丰富程度处国内领先地位。近海范围内水动力条件较好，自我清洁能力较强。新型能源储量丰厚，并且开发潜力巨大。内陆水资源丰富。在海洋创新方面，山东省已认定海洋工程协同创新中心 44 家，科技兴海产业示范基地 6 家。2016 年，东亚海洋合作平台在青岛正式揭牌，促进了山东海洋国际交流合作。随着科技创新的增加，山东省在海洋科技创新领域已经具备一定的优势。《山东省海洋功能区划（2011～2020 年）》的实施，使得山东省在海域的利用方面有了更专业、更严格的政策引导，海洋污染逐渐减少，海域海岸带综合整治得以按计划顺利实施。

山东省海洋专业人才储备充足。海洋教育方面，山东省拥有全国涉海科研人士的 50%，包括涉海领域的高级专家以及院士等，能够实现涉海专业人才规模效应和集聚效应。山东省陆海统筹产业基础雄厚。钢铁产业是陆海统筹的典型产业，其中矿业采选以及冶炼产业中很大一部分原材料均需要来自国外以及国内供给，均需要通过港口等产业输送原材料以及海洋产业提供海底矿石等原材料，是充分结合了陆地产业以及海洋产业的典型产业。除此之外，钢铁产业也涉及化工产业的冶炼加工，钢铁产业生产的原材料矿石等与化工产业可以形成一条完整的产业链体系，属于陆海统筹产业的发展典型。港口物流产业则除了为钢铁化工产业的所需原材料矿石提供物流

---

① 资料来源：临沂临港经济开发区，http://www.lylgkfq.gov.cn/index.htm。

支持外，对于较难运输的木材产业也可以提供较大支持。山东省拥有多个全国排名前十的港口，为山东省陆海统筹产业发展创造了雄厚的基础条件与发展潜力。

（二）山东省陆海统筹产业发展劣势分析

产业结构发展不尽合理。山东是海洋经济大省，海洋经济总产量多年位居沿海省市第二位。但是，在山东省海洋经济产值比重中，资源消耗型产业比重非常高。在海洋渔业中，养殖和捕捞占了我省海洋渔业经济的80%以上，海洋水产品加工占产值不到20%。这种主要靠直接消耗人力、财力和自然资源为发展依存基础的发展模式，随着海洋生态环境的恶化和海洋渔业资源的枯竭、劳动力红利的消失，产业发展的天花板效应日益明显。海洋强省排名第一的广东，其资源型经济产业产值比重不到海洋经济总产值的30%，技术型产业如海工装备、新兴产业如海洋旅游产业占了50%以上。从海洋经济增长情况来看，在"十二五"初期和后期，山东海洋经济总产值总量增加了55%，而广东总量增加了82%。与排在第三、第四位的福建、浙江相比，在"十二五"初期，福建、浙江海洋经济总产值分别相当于山东总产值的49.3%，"十二五"末期，分别相当于山东总产值的68.2%（如表3-14所示）。以上数据显示，山东与广东之间的差距越来越大，与第三、第四位的浙江、福建之间的差距越来越小，山东海洋经济第二位的保位压力很大，也再次说明了山东海洋经济发展结构有待调整。同时，山东省海洋第三产业还有很大的发展前景，海洋产业结构仍需优化。山东省海洋第三产业占整个海洋产业比率与全国整体水平相比，处于相对劣势地位，比全国整体水平低5个百分点，山东省海洋产业以资源消耗型为主。

表3-14　　　　广东、山东、福建和浙江四省"十二五"
初期、末期海洋经济总产值统计　　　　单位：万亿元

项目	广东	山东	福建	浙江
"十二五"初期	0.84	0.71	0.35	0.35
"十二五"末期	1.53	1.10	0.75	0.75

资料来源：《中国海洋经济统计年鉴2018》。

海洋科技与发达国家依旧存在差距。我国海洋科技和其他海洋科技强国相比，存在很大的发展进步空间，核心技术对其他国家存在高度依赖性，我国在关键技术上的也很难做到自给自足。山东省虽然有多方面多技能的海洋科技领域人才，但其结构性不够完美，从全国范围的总体情况来说，现有海洋科研机构中，从事基础研究的超过半数，而从事海洋信息和技术服务业的较少。

海洋环境破坏严重。山东省目前仍是以捕捞业为主的海洋渔业体系，因此就存在着为了一时的利益导致的过度捕捞行为。片面地追求经济发展速度，忽略了海洋生物系统的最大承载量，"海洋荒漠化"的现象时有出现。截至 2016 年底，山东莱州湾、胶州湾以及海岛等典型的生态系统，已经明显呈现出这样的现象。此外，发展迅速的海洋化工产业，忽视了对海洋环境的保护，对海洋生态产生一定消极影响，使得污染严重。海洋经济发展布局有失协调。山东沿海地区海洋产业存在的众多问题仍未解决，导致资金重复投入，造成了不同程度的资源浪费和环境压力。并且国际开放布局缺少顶层设计和宏观安排，与"海上丝路"沿线国家往来不系统、不充分、不深入、不广泛，对外"东向"和"西向"开放不平衡。

（三）山东省陆海统筹产业发展机遇分析

全球海洋发展与治理潜力巨大。世界经济趋海态势越来越明显，产业布局整体向海洋推进。为山东省加强与海洋经济强国之间的国际技术合作，加快"走出去"发展，开拓更为广阔的蓝色发展空间提供了优良条件和重要支撑。"一带一路"倡议的加快推进，进一步明确了海洋强国战略重点和方向，为推动山东省海洋产业转型升级提供了框架。中日韩自贸区的拟建是山东省陆海统筹产业发展的另一机遇。一旦中日韩自贸区形成，山东省是最为邻近日韩的省份，必将享受到自贸区带来的辐射影响，获得大量发展机会。青岛西海岸新区建设现已得到国家批准。山东省的陆海统筹产业发展也能够从西海岸新区的发展中得到新的发展机会。

（四）山东省陆海统筹产业发展威胁分析

全球经济复苏疲软，国际海洋竞争愈演愈烈，欧洲经济动荡，美国经济政策进入快速调整期，地缘政治关系更加复杂多变，为山东省海洋经济发展和海洋强省建设带来了诸多不确定因素；国内沿海海洋发展竞争空前激烈。我国各省纷纷加大海洋开发力度，海洋开发区域竞争日趋激烈。并且各省在参与"一带一路"建设上的战略定位、对外通道建设、重大项目等诸多方面竞争更趋激烈，使山东在参与国际竞争过程中面临巨大压力。海洋主管部门综合调节及控制能力不足，与其他从事海洋事业的单位之间无法有效协调，缺乏共享的信息平台和数据库。

二、临沂市陆海统筹产业发展 SWOT 分析

（一）临沂市陆海统筹产业发展优势分析

临沂市是山东面积最大，人口最多的城市，具有天然的自身优势，如：人力资源和土地资源非常丰富。临沂市高速公路、公路通车里程在省内各市中处于领先地位；海路与港口相距较近，同时拥有国家二级机场。矿产资源丰富，拥有多种矿产资源且储量处于全国前列；地热资源丰富，能提供大量产热量。与日照港的紧密合作加大了临沂陆海统筹产业的发展空间。伴随港口行业的发展，临沂市物流产业，钢铁化工产业，与木材产业都得到了显著发展提升。临沂市物流产业实力处于全国前三并且物流产业链完善，有助于与港口产业物流相互呼应，加速陆海统筹发展。临沂市钢铁产业链条较为完善，临沂市不锈钢产业的原材料、产品工艺均经过改进优化，产业链更加丰富，产业提质增效加快推进。山东省政府颁发的各项规划也进一步为提升产业发展能力、优化产业布局提供了重大机遇。

（二）临沂市陆海统筹产业发展劣势分析

临沂市陆海统筹产业存在创新能力不足的劣势。创新能力低于全省平均水平，县域经济的发展缺乏科技支撑。全市从事研发活动的单位数量低于全国低和全省水平，说明临沂市尚且创新能力不足，科学技术含量不高，知识创造不充分。在节能降耗方面，规模以上工业企业能耗和每万元工业产值单位能耗均呈增长态势，节能降耗压力增加。规模以上的大多数产业都是能源

密集型产业。工业科学技术投入水平低，高新技术产业产值落后。

新兴的高端产业人才缺乏。产业的发展提升需要相关产业的人才，这就要求整体劳动力素质要与经济发展水平相匹配。作为山东省面积最大的城市，临沂却只拥有临沂大学一所高校，高层次人才稀缺，在学校内部专业设置上与当前城市发展需要不匹配。目前临沂港口发展急需的国际贸易、物流等相关产业的人才存在大量缺口。全市每万人科技活动人员数不到烟台、潍坊的1/2，尤其是缺少高层次人才，导致相关产业发展缓慢。

经济发展过快，区域经济差异较大，发展不平衡。兰山区由于位于临沂的核心区域，拥有区位优势，同时还拥有全国排名前三的商品贸易市场，拥有着完善的物流产业体系，在经济实力上领先其他区域。排名最后的临港区主要是成立较晚，经济基础薄弱，但近年来山东省开始大力发展陆海统筹产业，临沂临港区作为示范区肯定会迎来新的发展机遇。

(三) 临沂市陆海统筹产业发展机遇分析

山东省开始大力建设临沂临港开发区。临沂临港区是一大型的综合性开发区，集加工业、物流业、国际贸易业于一体，是连接省内四大港口与鲁南苏北两大经济带的重要枢纽，给临沂市的陆海统筹发展带来了新的方向。各大政策方案的出台都要求临沂和日照统筹谋划、错位发展，统筹完善钢铁产业结构，为临沂市进一步提升产业发展能力、优化产业布局提供了重大机遇。在若干出台政策的支持下，临沂市科技事业发展趋势良好，科技产业处于上升趋势。建设科技企业逐年增多，地方政府也加大了对科技产业的支持力度。

(四) 临沂市陆海统筹产业发展挑战分析

在产业方面，目前国家发展处于去产能阶段。而临沂市以传统钢铁产业为主，去产能的要求对临沂市的产业发展提出了新的挑战。山东省拥有多个沿海城市，均在大力发展陆海统筹产业，与临沂市存在资源上的竞争关系，若临沂市发展出现问题，容易造成山东省支持的资源减少。此外，国家对于经济发展的要求增加，强调绿色发展可持续发展，对于临沂的传统产业等粗放式发展方式提出挑战，临沂需要加快产业转型，推进产业可持续健康发展。

三、日照市陆海统筹产业发展 SWOT 分析

（一）日照市陆海统筹产业发展优势分析

日照市拥有丰富的土地资源，建设用地面积广阔，便于企业建设发展，同时未利用土地资源广阔，便于政府规划和建设，土地发展空间大。日照市在水资源与海洋资源上有天然优势，拥有极为广阔的水域，拥有先天的发展养殖业的优势，适宜日照建设水产养殖业以及传统海洋渔业等发展。海岸线上的两大天然港湾和港群，给日照港口行业发展提供了天然优势，有利于其港口产业发展。

日照市矿产资源丰富，可以为日照当地钢铁产业发展提供一部分矿产资源支持，同时也可以为港口行业提供矿石进出口等，是日照市的陆海统筹发展的一个优势。陆海统筹产业方面，日照市以港口行业与钢铁化工行业为主。作为中国第九大港口城市，日照市拥有东港区等五大港区。港口产业强大，港口吞吐量、港口通过能力居于全国前列。以运输金属矿石以及石油制品等为主，主要是支持省内的钢铁等产业，为陆域产业提供其物流支持以及原材料支持。日照市的化工产业转型升级正在进行，未来 3 年化学化工产业将成为日照市重要支柱产业，为绿色低碳、保护环境贡献一份力，切实推动化工产业在更高层次上实现可持续发展与陆海统筹。同时日照也在大力发展科技事业。

（二）日照市陆海统筹产业发展劣势分析

日照市渔业是其农业经济的重要支柱和核心产业，但其渔业经济发展方式不规范，过于粗放，日照市的近海渔业资源趋于枯竭，海洋渔业的捕捞步履维艰。随着捕捞能力的提高，捕捞强度也越来越大，导致近海资源和渔业总体质量的严重下降。随着资源的逐渐下降，劣质鱼类的比例开始急剧上升。现代科学技术的发展水平落后，也给渔业发展带来了滞后的影响。同时，尽管日照市渔业科学技术水平得到了很大提高，但是科学研究总体水平不高，缺乏高水平的精通渔业方面的人才和其他不利因素的存在，使渔业科

学技术的发展远远达不到生产需求。此外，普通船员缺乏专业素养或操作不当导致商业渔船相撞造成惨重的经济损失。

日照港存在物流支撑体系薄弱，港口运输结构性矛盾突出，国际物流转移量不足。首先，受港口吞吐量限制，日照、岚山两个港口已经超载多年，经常出现船舶压港现象。海上运输的发展不能满足当前的需求，并且正在与邻近的港口竞争，仍然处于不利地位。其次，集散体系不完善，综合运输能力低下。海上的国内和国际集装箱路线太少；腹地运输不畅通，运输路线相对简单。具有更高附加值的集装箱运输路线尚未完善，未达到规模优势。在国际物流方面，日照港与邻近的青岛港联手，共享资源，共同发展。尽管总集装箱吞吐量和过境量发展迅速，但中转数量不高，且效率比较低，特别是国际过境集装箱的比例仍然很低。

日照对外开放程度较低。由于该市的成立较晚，它并未被列为首批 14 个沿海开放城市，缺乏政策上的先发优势，加之本来科学研究总体水平不高，缺乏高水平的精通渔业方面的人才和其他不利因素的存在，使渔业科学技术的发展远远达不到生产需求。因此，对外开放的落后以及缓慢更加削弱了其对商人的吸引力，并限制了该市外向型经济和港口的发展。

（三）日照市陆海统筹产业发展机遇分析

山东省政府计划和文件的出台，要求临沂和日照统筹谋划、错位发展，统筹完善钢铁产业结构，也为日照市进一步提升产业发展能力、优化产业布局提供了重大机遇，也为日照市的陆海统筹产业提供了新的发展机遇，同时日照市正在化工产业努力进行转型发展，计划在未来 3 年内重点发展化学化工产业，为绿色低碳、保护环境贡献一份力。日照市与临沂市统筹发展，日照市卓越的港口行业与临沂市优越的物流行业相互配合，拥有了更大的发展空间，为两者的陆海统筹发展提供了更大的机会。日照港依旧处于上升发展空间，其港口综合实力逐年增强，获得山东省的大力支持，不断向世界一流港口迈进，对于日照市陆海统筹产业发展未来会提供更大的助力。

（四）日照市陆海统筹产业发展威胁分析

近海资源过度开发导致海洋荒漠。早期的粗放式海洋发展模式导致日照市近海的海洋资源处于衰竭状态，未来会对于日照市的海洋产业发展存在威胁。粗放式发展也造成了海洋环境的严重污染。由于日照不仅有海洋渔业等粗放式发展，还拥有体量巨大的港口体系，其港口行业运行中存在原材料的随意运输以及货运垃圾等的早期粗放式发展都对海洋环境造成了污染，而未来的海洋发展必然是要求绿色与可持续发展，对其提出了挑战。

四、临港区陆海统筹产业发展 SWOT 分析

（一）临港区陆海统筹产业发展优势分析

临港区地理位置优越，其东面黄海，与日照接壤，南临连云港市，是鲁南苏北沿海港口的重要腹地，"一带一路"倡议综合试点区，中国物流大数据中心和区域智能货运整合中心，对于发展海外贸易很有好处。临沂临港经济开发区不仅拥有多样的矿产资源，而且水资源也十分可观。这些都为临港区实现陆海统筹相关产业发展提供了优越的基础条件。临沂临港经济开发区交通运输条件便利，日照港、连云港、柘汪港等众多港口，兖州—石臼铁路等众多公路以及众多机场，众多高速公路和一级公路。为响应国家"公转铁"、临港精钢基地建设，2019～2021 年临港区将新建 3 条 1050 米货物装卸线、铁路货场和现代仓储。

临港区坚持以改革创新推动新旧动能转换，着力培育和扩大新型不锈钢材料和绿色高端化工两大主导产业。同时增加高层次人才引进培育，发挥人才的支撑引领作用。临港经济开发区拥有极其深厚的人文历史底蕴。现存有古代建筑鬼谷子庙、孙膑洞，以及一系列爱国主义教育示范基地等。艰苦奋斗，求真务实的社会风气是临港区陆海统筹发展不可多得的精神支持。

（二）临港区陆海统筹产业发展劣势分析

资金相对匮乏，投融资渠道窄。临港区是在乡镇基础上建设的。与城市相比，资源较少，后续发展基础薄弱，动力不足。因此，该地区投融资方式和手段匮乏，基本上基于农村信用社的基础。同时，临港区地方政府财政资源有限，无法将财政资源集中在基础设施建设上，也不能为重点项目和重点

企业提供重点支持，进一步阻碍了资金流入和区域发展。临港区城镇化水平相对较低，其中有 2/3 为农村人口，并且处于人口外流状态，因此未来经济发展的需求难以得到满足。与城镇企业相比，乡镇工业难以支配农村经济，在第三产业发展中的作用有限。同时，由于居住条件和投资环境差，吸引力低，城镇区经济发展方面实力不强。因此，难以形成成熟的产业链，这使得临港区的辐射效应和主导作用难以发挥。

产业层次低，产品缺乏特色。临沂临港经济开发区仍处于发展初期，区域发展主要依靠现存的资源，自给自足状态。并且临港区产业发展水平低，实力差，经济效益低。开发区的整体技术水平较低，主要是劳动密集型行业，缺乏技术的支撑。企业理念转变难，主要从市场需求出发，对高端产品不感兴趣，不能形成自己的特色，因此缺乏市场竞争优势。

临港区从乡镇发展而来，缺少人才的支持。区内尚未建立自己的大学和机构，而只是少数技工学校和高中，很少或几乎没有开展科学研究的经验。因此，即便该地区能够引进先进技术，其实际应用对于不成熟的技术人才也是一个巨大的挑战。同时，临港区平台能够提供的人才教育与充电机会少，休闲娱乐设施贫乏，制约了人才引进。没有人才就没有研发，没有核心优势技术，就会阻碍产业发展。在产业创新发展方面，临港区企业普遍存在热情不高，生产契合度欠佳的现象，高端创新技术和企业实际水平存在一定差异。

（三）临港区陆海统筹产业发展机遇分析

借助"一带一路"的综合试验区，临港区不断加强与日韩等先进钢铁基地合作，在临港高端不锈钢及先进特钢基地谋划发展"中德园中园""中日园中园""中韩园中园"。工业园的建立为该区招商引资，产业集聚和技术进步带来新的发展机遇。

（四）临港区陆海统筹产业发展威胁分析

临港区生态环境承载压力大。目前较大的投资项目对于生态环境的破坏较大，产生的大量工业废水容易污染河流，同时化学药品的使用流出的化学毒素也会污染土地，给人和动物甚至植物都带来极大危害。环境污染和生态破坏使得开发区的宜居性和吸引力大打折扣，严重影响临港区的招商引资和人才引进。

第三节　山东省陆海统筹产业发展 PEST 分析

一、山东省陆海统筹产业发展 PEST 分析

（一）山东省陆海统筹产业发展政治环境分析

中国政府出台了一系列海洋强国政策文件。党的十九大报告为海洋强国的建设提供了行动指引。此外，"一带一路"建设给海洋产业提供了机遇。"一带一路"建设的加快推进，进一步明确了海洋强国战略重点和方向，为加快推动山东省海洋产业结构升级提供了战略支撑。但是，由于陆海统筹涉及部门很多，权责分管情况复杂，主管部门综合调控能力弱，缺少与其他海洋单位协调的能力，在与其他涉海单位的沟通方面存在不足，影响信息的交流互换和共享。同时，中国各沿海省份也在大力发展海洋经济，加大海洋开发力度，实施具有本省特色的海洋开发战略。山东省在海洋开发方面面临着其他兄弟省份愈演愈烈的竞争。

（二）山东省陆海统筹产业发展经济环境分析

山东省是海洋强省，拥有完善的海洋产业链、物流产业链、港口产业链、钢铁产业链等，发展空间巨大。同时，山东省交通发达，基础建设好，对外贸易发达。基于山东独特的地理位置优势，一旦建立中日韩自由贸易区，三个国家的经济将得到大幅度提升。山东省金融业繁荣且处于上升趋势，越来越多的金融企业开始在山东落户，有助于提供陆海统筹资金支持。此外，山东省大力推进金融发展，发展普惠金融，助力当地企业创新发展。然而，山东省经济结构有待改善。目前，山东省资源禀赋型产业占领导地位，区域内经济发展不平衡，山东省海洋产业也是以资源消耗型为主，海洋

第三产业占整个海洋产业比率与全国整体水平相比，始终处于落后态势。

（三）山东省陆海统筹产业发展社会环境分析

进入 21 世纪，在面对我国大力发展海洋强国、陆海统筹的格局下，山东省结合"21 世纪海上丝绸之路"和"一带一路"倡议等国家政策大力发展陆海统筹的文化布局。并且深化海上"丝绸之路"的国际合作，开展山东与印度洋及非洲海外投资以及欧洲、南太平洋、东北亚海洋的文化交流合作。

（四）山东省陆海统筹产业发展技术环境分析

山东省拥有着高等海洋学府，海洋人才储备充足。拥有包括山东大学在内的众多一流高等院校，为海洋强省的发展提供强大的人才支持。中国海洋大学作为国内海洋产业的最高学府，更为海洋产业的发展提供了极大的人才优势支撑。山东省拥有海尔，海信等行业龙头企业，在品牌发展，技术创新方面达到世界一流水平。其中海尔系厨电 2019 年在全球的销量有了非常大的增加，可见海尔在全球的市场有了新的突破。2020 年，海信在全球激光电视市场上处于持续引领低位[①]。然而，山东省海洋科技与发达国家相比，仍有很大进步空间，且对其他国家掌握的技术的依存度过高，尤其是在关键技术方面难以实现自给自足。

二、临沂市陆海统筹产业发展 PEST 分析

（一）临沂市陆海统筹产业发展政治环境分析

山东省为临沂市陆海统筹产业发展提供了必要的政策支持。临沂市政府正大力发展临沂临港经济开发区，将其打造成为集国贸、加工业、物流业于一体的综合性开发区。临沂市的陆海统筹发展带来了新的发展机遇。在政策方面，临沂市陆海统筹发展也面临着政策竞争。山东省拥有众多沿海城市，

---

① 资料来源：https：//global. hisense. com/。

海洋经济实力强大，这些沿海城市与临沂在陆海统筹发展战略上存在发展资源上的竞争。

（二）临沂市陆海统筹产业发展经济环境分析

临沂市经济增幅于全省前列。2020 年，临沂市经济总量达到 4805.25 亿元、增长 3.9%[①]；增长迅速，临沂临港自贸区发展潜力巨大。但需要注意的是，虽然临沂市整体经济发展迅速，区域经济存在较大差异，发展不平衡。临沂市基础设施建设优秀，政府基础建设投入逐年增多，交通便利，自古就是物流之都，海陆空交通线路密集。同时，临沂拥有完整的物流产业链，自古就是物流之都，物流实力在全国排名前列，是江北最大的物流集散基地。除自身内部发展外，临沂市与日照港、青岛港、岚山港合作紧密，加快建设临沂临港经济开发区以及山东省先进钢铁产业基地，加大了临沂陆海统筹产业的发展空间。

（三）临沂市陆海统筹产业发展社会环境分析

作为全国著名的物流之都，临沂交通便利，有"北临沂，南义乌"之称。不过，临沂市物流企业缺乏整合，服务低端、同质化较为突出，增值服务能力弱。尤其是近些年来，随着人工成本和高速公路通行费上涨，物流企业的经营成本提高。这都对陆海统筹产业发展带来一定的挑战。

（四）临沂市陆海统筹产业发展技术环境分析

临沂市除物流行业外，其他产业发展的技术环境有待改善。临沂市创新能力低于全省平均水平，县域经济的发展较为原始，缺乏高科技支持，缺乏创造创新能力。产业的发展提升尤其需要相关产业的高层次人才。作为山东省面积最大的城市，临沂高校奇缺，高层次人才稀缺，临沂大学在专业设置上与当前城市发展需要不匹配。目前，临沂港口发展急需的国际贸易、物流等相关产业的人才存在大量缺口。新兴产业如电商、医药、高精密仪器加工等行业的高层次人才十分匮乏，严重制约了相关产业的发展。

---

① 资料来源：根据《2020 年临沂市经济社会发展统计公报》数据整理。

三、日照市陆海统筹产业发展 PEST 分析

(一) 日照市陆海统筹产业发展政治环境分析

在政策方面，日照市陆海统筹产业发展得到了山东省政府的相关政策支持。《山东省先进钢铁制造产业基地发展规划（2018～2025 年）》等系列规划方案，明确要求临沂和日照统筹谋划、错位发展，统筹完善钢铁产业结构。此外，日照市政府一直致力于大力发展日照港港口行业，2018 年开始，日照市与临沂市开展合作，以陆海统筹发展为导向，借助临沂市物流行业优势继续提升实力。

(二) 日照市陆海统筹产业发展经济环境分析

日照市存在天然的港口城市优势，是中国的第九大港口城市，日照拥有包括东、中、西港区等在内的五大港区。港口产业强大，在全国沿海港口排名第 7 位。日照港主要功能是提供原材料海陆运输，港口吞吐量居于全国前列，主要以金属矿石等原材料运输为主，为陆域等产业提供原材料以及物流运输支持。但从整体来看，日照市经济基础较弱。日照市 GDP 处于全省末位，经济体量过小，以港口行业为主，传统海洋产业如渔业等处于衰竭状态，十分需要以陆海统筹思想为导向实现经济发展转型与产业结构升级。

(三) 日照市陆海统筹产业发展社会环境分析

日照市拥有丰富的港口文化，自古以来就是以渔业为主要产业谋生，拥有丰富的渔业与港口历史。日照港的建立更加深了日照市的港口文化定位。伴随着日照港的建立，港口文化日益丰富，为日照市陆海统筹产业发展提供了文化导向。

(四) 日照市陆海统筹产业发展技术环境分析

日照市港口技术实力强大。日照港港口吞吐量、港口通过能力居于全国前列。年运载量超千万吨的货物有多种，以金属矿石为主，大力支持省内钢

铁等陆海统筹产业。日照市注重人才引进，增加高端人才储备。已引进大量高层次专业性人才，大力发展市内科技事业。同时，日照市专利不断增多。越来越多的企业开始注重自身的科研投入，专利数量不断增加，创新科技政策支撑，使得日照市的专利逐年增多，创新性也处于上升趋势。但是，日照市科技型企业数量与人才数量与传统强市如青岛、济南等还存在较大差距，拥有广阔的发展空间。

四、临港区陆海统筹产业发展 PEST 分析

（一）临港区陆海统筹产业发展政治环境分析

《山东省主体功能区规划》的发布，标志着临港区的新地位。另外，为了促进相关产业的顺利发展，解决长期困扰的融资难等问题，临港区实施了大量招商引资的优惠政策，例如减免税收，为相关企业单独制定最低收费标准政策等。为响应国家"公转铁"、临港精钢基地建设，建设具有新特色的现代仓储园。同时，临港区着力发展期货交易，建立期货交割库，并建设与之匹配的专用铁路。这些都有助于实现临港区的陆海统筹产业发展。

（二）临港区陆海统筹产业发展经济环境分析

《临沂临港新区总体规划（2011～2030）》也成为临沂市临港区开发区的新定位，新走向。作为以绿色化工为核心的产业聚集区，农副产品生产加工和临港商贸流通基地，临港区拥有发展陆海统筹产业的产业优势和经济基础。"一带一路"的综合试验区，推进了临港区不断加强与日韩等先进钢铁基地合作，在临港高端不锈钢及先进特钢基地谋划发展"中德园中园""中日园中园""中韩园中园"。临港区抢抓"省会＋胶东＋鲁南"三大经济圈一体化推进的重大机遇，加强与相关市县合作，尤其是加强实现与日照钢铁基地错位、联动发展。

临港区陆海统筹发展的制约因素之一表现为城镇化水平低，农业经济结构不平衡，产业结构不合理。乡镇工业在农村经济发展中的占比不高，缺少话语权，进而导致了第三产业的发展受限，发展速度缓慢。对附近地区经济

发展的影响作用较小。产业布局难以形成规模效应，既浪费了土地，又制约了城镇的发展以及其他功能的发挥。此外，临沂临港区经济目前还处于发展阶段。临港经济开发区并没有实现城市化，导致临港区缺少发展资金，投融资手段较为单一，主要通过商业银行和直接投资，商业银行也主要以农村信用社等小型银行为主，导致资金来源较为缺乏，可获得的融资数量有限。

（三）临港区陆海统筹产业发展社会环境分析

临港区始终注重生态环境保护，注重生态文明理念，维护良好生态环境。不断兴修水利，增加城市绿化，坚决做好大气污染和水污染防治。然而，目前临港区生态环境承载压力过大。已有的大型投资项目对于生态环境的影响较大，大量工业废水，工业废气和固体废弃物污染不容忽视。环境污染不仅降低了临港区的宜居性，也不利于人才引进和社会可持续发展。

（四）临港区陆海统筹产业发展技术环境分析

临沂临港经济开发区缺乏高等院校，甚至技校和高中也较少，无法形成产学研发展模式。相比于拥有山东大学、中国海洋大学等高校的青岛市，临港区的发展急需高校支持。高校的数量一定程度上代表了人才和技术的数量。人才、技术的缺乏给临港区的发展带来挑战，同时也督促临沂市增加高等教育的投入力度以及人才的引进。在产业技术方面，临港区产业普遍存在产业发展层次低，产品缺乏特色的现象。临沂临港经济开发区目前尚处于发展初期，缺乏对经济的拉动。以产业密集型为主的产业，产品附加值较低，缺乏特色和竞争力。

第四章

中国主要沿海城市发展综合评价

第一节　中国主要沿海城市发展综合评价

本节主要对中国主要沿海城市发展综合实力进行了评价，综合实力评价包括以下两个方面：

第一方面，依据地理位置、经济圈划分及产业发展情况，选取了全国 18 个临港市（包含县区），并建立指标体系对其 2011～2017 年综合实力进行测算，并从时间与空间进行对比评价。我们选取了经济水平、产业结构、科技发展、社会民生、绿化建设、港口规模这 6 个二级指标来全面考察全国代表性临港经济开发区的综合实力，最终确定临沂市在全国临港经济开发区的排名情况，并对发展情况进行分析和评价。

第二方面，依据地理位置，以综合性原则为基础，综合山东省各区域经济发展水平，选取了山东省 9 个代表性临港经济开发区，并建立指标体系对其 2010～2016 年综合实力进行测算，并从时间与空间进行对比评价。我们选取了经济发展水平、社会发展水平、生活质量水平和基建环境水平这 4 个二级指标来全面考察山东省代表性临港经济开发区的综合实力，最终确定临沂市在全省临港经济开发区的排名情况，并对发展情况进行分析和评价。①

一、中国主要沿海城市选取

对中国临港市（区）综合实力的评价，本章共选取了 18 个临港经济开发区与临沂临港经济开发区进行对比分析。对于中国临港市（区）的选取依据环渤海地区、长江三角洲地区和珠江三角洲地区进行划分，在各区域内分别选取了较为成熟的临港市（区）与临沂市进行对比分析找出差距，选取了正在快速发展的临港市（区）为临沂市提供可借鉴的经验，选取了与临沂临港经济开发区的外部条件或地理位置相似的临港市（区）作为临沂市的对标城市或港区，同时选取了几个代表性的内河港口城市进行综合实力评价，在考虑数据的可得性的前提下，最终确定了包括广东的湛江市和珠海市，山东省青岛市和日照市，上海市，辽宁省盘锦市、鞍山市和大连市下辖瓦房店市，天津市滨海新区，安徽省马鞍山市，江苏省连云港市、无锡市下辖江阴市、苏州市下辖张家港市，河北省秦皇岛市，浙江省宁波市和湖州市，广西的钦州市和贵港市共 18 个中国临港市（区）进行综合实力评价。

在环渤海地区，我们首先选取了天津市滨海新区作为较为成熟的中国临港市（区）进行分析。天津市滨海新区内有著名天津临港经济区，其天然的地理优势加上后期的人工拓展形成了临港工业区。作为建设北方装备制造主体的重要临港经济区之一，天津滨海新区不仅致力于生产工业装备，同时兼顾生产粮油加工，发展交通物流等产业。通过对比临沂临港经济开发区和天津临港经济区的综合实力，找出临沂市的发展差距。其次我们选取了大连市下辖瓦房店市，瓦房店市有两个较为成熟的临沂临港经济开发区：长兴岛临港工业区和太平湾临港经济区。长兴岛作为连接辽东半岛和大连的枢纽的中国第五大岛，于 2005 年正式成立工业区，同时也是对外开放先导区。太平湾临港经济区于 2010 年成立，重点发展现代物流运输产业。通过对比临沂市和大连市的综合实力，为临沂市的发展寻找可借鉴之处。接下来通过对

---

① 特别说明：在评价全国临港经济开发区的综合实力时，采用的数据是包含县区在内的临港市的数据，而在评价山东省临港经济开发区的综合实力时，采用的数据是各个城市有临港产业园或工业园的区域数据，因此最终得出的评价结果有差异，且具有不同意义。

最近几年发展较快的秦皇岛市和盘锦市进行对比分析，为临沂市提供可以借鉴的经验。之后我们选取了鞍山市作为临沂市的对标临沂临港经济开发区。鞍山市地处辽东半岛中部，临近丹东港、庄河港和大连港，在地理位置上与临沂市有相近之处。最后我们选取了山东省的青岛市和日照市两个较为成熟的临港市，旨在对比分析临沂市的发展情况。

对于长江三角洲地区，本书首先选取了距离临沂市较近，且发展较为成熟的连云港市进行对比分析。连云港作为我国关键的沿海港口之一，位于中国中部的黄海之滨，通过对比临沂市和连云港市的综合实力，找出临沂市的发展存在的差距。其次本书选取了上海浦东新区和宁波舟山港区。浦东新区外接东海，内临杭州湾，是较为成熟的临港经济开发区，通过对比临沂市和上海浦东新区的综合实力，找出临沂市的发展差距。由于临沂临港经济开发区的主要产业有冶金产业和木材产业，所以不仅本书选取了以冶金产业为主的马鞍山市作为临沂市冶金产业的对标临港市，同时还选取了以木材产业为主的两个临港经济开发区——无锡下辖江阴市和苏州下辖张家港市，作为临沂市木材产业的对标临港市。宁波舟山港区域以资源优势闻名，货物及集装箱吞吐量在全球港口中均名列前茅。最后我们选取了较具代表性的内河港口城市——湖州市，希望临沂临港经济开发区能够借鉴其宝贵的发展经验。

对于珠江三角洲地区，首先选取临港产业区较为发达的湛江市和珠海市。湛江市霞山区的湛江临港工业园区是以港口为依托，以制造业及物流业为支柱，发展迅速，是现代化的新型工业园区。珠海临港工业区以高栏港为主要依托，是中国主要枢纽港口及工业基地。工业区位于珠江三角洲腹地，优越的地理优势使得工业区能够为珠三角各产业的发展提供各种所需原料。过对比临沂市与湛江市、珠海市的综合实力，可以得出临沂临港经济开发区的发展差距。广西钦州港位于北部湾、粤港澳及中南半岛之间，是重要的枢纽城市，同时也是与东盟合作的前沿城市，且其发展的外部环境与临沂市有相似之处，因此将钦州市作为临沂市的对标临港市。最后本书选取代表性内河港口城市贵港市与临沂市进行对比分析，判断其综合实力。

二、主要评价指标体系构建

本书认为对中国临港市（区）的评价不应只是单一追求经济水平提升，而应在响应绿色发展理念下，不断优化产业结构和提高科技产出，实现中国临港市（区）综合实力的全面提升。因此，中国临港市（区）的综合实力评价指标体系应该包括六个维度，分别是：经济水平、产业结构、科技产出、社会民生、绿化建设和港口规模。在经济维度上，本书选取了各临港市（区）的国内生产总值（GDP）、固定资产投入和地方财政一般预算支出3个三级指标来反映经济水平状况；本书从产业结构维度选取了第二、第三产业产值分别占国内总产值比重、第三产业增速、工业增加值及其占比5个三级指标；从科技维度选择了反映各临港市（区）的专利授权数量1个指标反映科技产出水平；从民生角度选取了城镇人均可支配收入1个指标反映人民生活水平；在绿化维度上，选取了建成区绿化覆盖率和二氧化硫排放量2个指标来测度城市环保情况；此外，选取了邻近港口的货物吞吐量指标来衡量港口规模。上述各指标的选取和权重的确定使用德尔菲法、AHP层次分析法及熵值法，如表4-1所示。

表4-1　　　中国临港经济开发区综合实力评价指标体系

一级指标	二级指标	权重	三级指标	权重
综合实力	经济水平	0.3628	GDP	0.1814
			固定资产投入	0.0907
			地方财政一般预算支出	0.0907
	产业结构	0.2521	第二产业占GDP比重	0.0432
			第三产业占GDP比重	0.0376
			第三产业增速	0.0567
			工业增加值占比	0.0495
			工业增加值	0.0651

续表

一级指标	二级指标	权重	三级指标	权重
综合实力	科技产出	0.1045	专利授权数量	0.1045
	社会民生	0.0610	城镇人均可支配收入	0.0610
	绿化建设	0.0751	建成区绿化覆盖率	0.0250
			二氧化硫排放量	0.0501
	港口规模	0.1445	规模以上货物吞吐量	0.1445

三、主要原始数据统计处理

为便于历史比较和反映指标内涵的变化，本书借鉴"指数功效函数法"对数据进行无量纲化，公式如下：

$$Z = \alpha e^{\beta(x - x_{min})/(x_{max} - x_{min})} \qquad (4-1)$$

其中，Z 为无量纲化指标，α、β 为待定参数，x_{max}、x_{min} 分别为上下界。设定 60 和 100 为 Z 的临界值以便于比较，确定待定参数 $\alpha = 60$，$\beta = -\ln 0.6$。

四、综合得分评价结果分析

2011 年临沂临港经济开发区综合实力分析如表 4-2 所示，2011 年临港经济开发区综合实力评分柱状图如图 4-1 所示。

表 4-2　　　　2011 年临沂临港经济开发区综合实力分析

城市	具体地区	得分	排序	城市	具体地区	得分	排序
天津	滨海新区	89.92	1	盘锦	全市（包括：大洼区）	68.07	10
上海	浦东新区	85.95	2	珠海	全市（包括：金湾区）	67.63	11
宁波	全市（包括：北仑区、镇海区）	77.30	3	湖州	市区 + 安吉县	67.30	12

续表

城市	具体地区	得分	排序	城市	具体地区	得分	排序
张家港	全市	73.35	4	临沂	兰山区＋莒南＋临沂临港经济开发区	66.60	13
江阴	全市	71.15	5	连云港	市区＋赣榆县＋灌云县	65.85	14
青岛	黄岛区	70.65	6	秦皇岛	全市	65.84	15
鞍山	全市（包括：大洋河经济区）	69.50	7	湛江	市区（包括：开发区、霞山）	65.20	16
瓦房店	全市（包括：太平湾港区、长兴岛港区）	68.88	8	钦州	全市	65.00	17
马鞍山	全市	68.56	9	贵港	全市	63.83	18

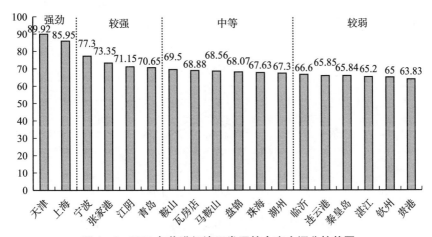

图4-1 2011年临港经济开发区综合实力评分柱状图

我们按照60～67（不含67）分、67～70（不含70）分、70～80（不含80）分、80～90（不含90）分的分数段将18个临港经济开发区划分为实力较弱、实力中等、实力较强和实力强劲四类。可以看出：天津市滨海新区、上海市浦东新区的综合得分位列第一、第二，峰值与其他市（区）差别较大，这与其得天独厚的区位优势以及战略规划密切相关，属于实力强劲类；

宁波市、苏州下辖张家港市、无锡下辖江阴市和青岛市黄岛区的综合得分都在 70 分以上，其中宁波市和青岛市是全国重点发展城市，经济发展水平程度较高，综合得分也相对较高，张家港市和江阴市分别为江苏省的临海港口和临江港口城市，都属于实力较强类；辽宁省的鞍山市和安徽省的马鞍山市都是以钢铁为主导产业的临港城市，其综合得分中等偏上，归因于产业结构项得分较高，尤其是马鞍山市的工业占比为第一，它们属于综合实力中等类；位于长三角的湖州市、连云港市、环渤海区的秦皇岛市、临沂市综合得分均在中等偏下，且差别较小，珠三角区的湛江市、钦州市、贵港市由于没有明显的区位优势，经济发展水平相比其他城市较低，因此综合排名靠后，都属于实力较弱区。总的来说，2011 年临沂市（包含县区）在全国的综合实力排名为第 13 名，所有指标得分基本处于中下，表明其还存在一定的进步空间。

2011 年对标临港经济开发区二级指标评分雷达图如图 4 - 2 所示，2011年 18 个临港市（区）二级指标排名如表 4 - 3 所示。

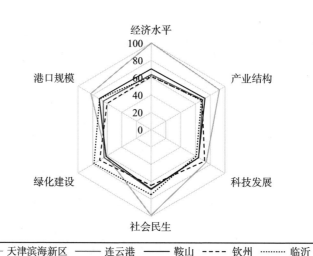

图 4 - 2　2011 年对标临港经济开发区二级指标评分雷达图

表 4 - 3 　　　　　　　　　2011 年 18 个临港市（区）二级指标排名

城市	经济水平	产业结构	科技发展	社会民生	绿化建设	港口规模
湛江	14	15	9	17	5	12
钦州	15	14	7	16	6	17
贵港	18	17	8	18	4	18
珠海	10	8	10	8	8	15
连云港	8	13	13	13	13	11
江阴	4	10	3	6	12	14
张家港	6	5	2	3	11	4
上海	2	9	1	4	1	2
马鞍山	7	5	11	5	14	16
宁波	5	3	6	1	10	1
湖州	17	12	4	12	3	13
瓦房店	16	2	18	10	9	6
天津	1	1	5	2	18	3
盘锦	9	7	17	11	16	8
鞍山	3	11	15	14	17	9
秦皇岛	11	18	14	15	15	7
青岛	13	4	12	7	7	5
临沂	12	16	16	9	2	10

　　根据表 4 - 3 看临港经济开发区的 6 个二级指标的得分排名情况，临沂的经济水平、产业结构、科技发展、社会民生、绿化建设、港口规模排名分别为第 12 名、第 16 名、第 16 名、第 9 名、第 2 名、第 10 名，其中绿化建设方面做得较好，经济水平、社会民生、港口规模（日照港）排名中等偏下，与经济状况较好的临港经济开发区还存在一定差距，而产业结构和科技发展处于落后地位，需要将其作为重点规划内容。

　　结合选择临港经济开发区的原因及综合实力排名情况，天津市滨海新区、连云港市、鞍山市和钦州市被选为与临沂对标的临港经济开发区，并用雷达图把它们二级指标的得分体现出来。可以看出，天津市滨海新区的各项指标评分除了绿化建设以外都较高，其他市（区）的指标得分较低且差别较小。其中，鞍山的经济水平和产业结构得分较高，钦州市的科技发展水平较高，临沂的绿化建设和社会民生得分较高。

综合来看，2011 年临沂市（包含县区）在对标市（区）中的经济水平、产业结构和科技发展方面有所不及，但绿色建设和社会民生方面值得其他城市学习，并且应该充分利用邻近多港口的区位优势提升自身经济水平。

2012 年临沂临港经济开发区综合实力分析如表 4 - 4 所示，2012 年临港经济开发区综合实力评分柱状图如图 4 - 3 所示。

表 4 - 4　　　　　2012 年临沂临港经济开发区综合实力分析

城市	具体地区	得分	排序	城市	具体地区	得分	排序
天津	滨海新区	88.34	1	大连下辖瓦房店	全市（包括：太平湾港区、长兴岛港区）	68.60	10
上海	浦东新区	87.70	2	珠海	全市（包括：金湾区）	68.52	11
宁波	全市（包括：北仑区、镇海区）	78.39	3	湖州	市区 + 安吉县	67.49	12
苏州下辖张家港	全市	74.27	4	临沂	兰山区 + 莒南县 + 临沂临港经济开发区 + 经开区	66.91	13
无锡下辖江阴	全市	72.10	5	连云港	市区 + 赣榆县 + 灌云县	66.62	14
青岛	黄岛区	71.11	6	钦州	全市	65.68	15
鞍山	全市（包括：大洋河经济区）	70.38	7	秦皇岛	全市	65.66	16
马鞍山	全市	69.44	8	湛江	市区（包括：开发区、霞山）	65.21	17
盘锦	全市（包括：大洼区）	69.04	9	贵港	全市	64.17	18

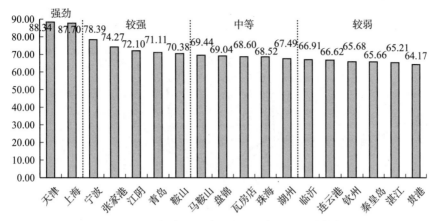

图 4 – 3 2012 年临港经济开发区综合实力评分柱状图

按照 60~67（不含 67）分、67~70（不含 70）分、70~80（不含 80）分、80~90（不含 90）分的分数段将 18 个临港经济开发区划分为实力较弱、实力中等、实力较强和实力强劲四类。天津市滨海新区、上海市浦东新区的综合得分依然位列第一、第二，与其他市（区）差别较大，属于实力强劲类；宁波市、苏州下辖张家港市、无锡下辖江阴市和青岛市黄岛区的综合得分都在 70 分以上，和上一年表现相差无几，依然属于实力较强类，而鞍山市得分和排名较前一年有所提升，从各项指标得分情况分析其发展较好的原因是：产业结构分数项得分较高，为综合实力贡献主要力量，更值得一提的是它的主导产业都是钢铁冶金工业，与临沂的情况颇为相似，临沂应该从其发展情况中汲取经验，弥补不足；马鞍山在实力中等类中得分最高，从指标分析看与鞍山市情况也较为相似，同样对于临沂有借鉴意义；位于长三角的连云港市、环渤海区的秦皇岛市、珠三角的湛江市、钦州市和贵港市综合得分均在中等偏下，且各项指标的得分也无突出贡献点，属于综合实力较弱类别。

总的来说，2012 年临沂市（包含县区）在全国的综合实力排名为第 13 名，和前一年保持同水平，产业结构分数略有增加，尤其是工业占比项得分较高。

2012 年对标临港经济开发区二级指标评分雷达图如图 4 – 4 所示，2012 年临港经济开发区二级指标得分及排名如表 4 – 5 所示。

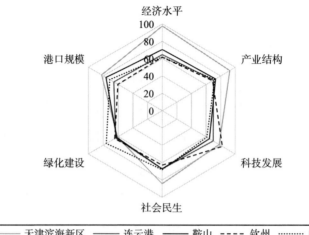

图4-4 2012年对标临港经济开发区二级指标评分雷达图

表4-5　　　　　　2012年临港经济开发区二级指标得分及排名

城市	经济水平	产业结构	科技发展	社会民生	绿化建设	港口规模
湛江	13	16	11	17	7	13
钦州	16	15	4	16	9	17
贵港	17	17	8	18	3	18
珠海	10	9	12	8	5	15
连云港	8	14	10	12	14	12
江阴	5	7	3	4	10	14
张家港	6	5	2	3	12	4
上海	2	6	1	1	1	2
马鞍山	7	4	9	7	13	16
宁波	4	3	5	2	11	1
湖州	18	11	7	10	4	11
瓦房店	14	10	18	9	8	6
天津	1	1	6	5	18	3
盘锦	9	8	17	14	16	7
鞍山	3	12	15	13	17	7

续表

城市	经济水平	产业结构	科技发展	社会民生	绿化建设	港口规模
秦皇岛	11	18	13	15	15	10
青岛	12	2	14	6	6	5
临沂	15	13	16	11	2	9

根据表4-5看临港经济开发区的6个二级指标的得分排名情况，临沂的经济水平、产业结构、科技发展、社会民生、绿化建设、港口规模排名分别为第15名、第13名、第16名、第11名、第2名、第9名，其中绿化建设方面保持稳定，经济水平排名略有下降、但产业结构排名有所提升，这得益于工业占比的增加，科技发展排名偏后，这也是制约临沂经济和产业发展的重要原因之一。

结合选择临港经济开发区的原因及综合实力排名情况，天津市滨海新区、连云港市、鞍山市和钦州市被选为与临沂对标的临沂临港经济开发区，并用雷达图把它们二级指标的得分体现出来。可以看出，天津市滨海新区的各项指标评分除了绿化建设以外都较高，鞍山的经济水平产业结构和港口规模得分较高，钦州市和连云港的科技发展水平较高，临沂的绿化建设和社会民生得分较高。

综合来看，2012年临沂市（包含县区）在对标市（区）中的经济水平、产业结构有所不及，但绿色建设和社会民生方面应该保持，并且应该充分利用邻近多港口的区位优势，同时应注重科技水平的提升，通过科技来带动经济的发展。

2013年临沂临港经济开发区综合实力分析如表4-6所示，2013年临港经济开发区综合实力评分柱状图如图4-5所示。

表4-6   2013年临沂临港经济开发区综合实力分析

城市	具体地区	得分	排序	城市	具体地区	得分	排序
上海	浦东新区	88.44	1	鞍山	全市（包括：大洋河经济区）	69.72	10

续表

城市	具体地区	得分	排序	城市	具体地区	得分	排序
天津	滨海新区	86.63	2	临沂	兰山区＋莒南县＋临沂临港经济开发区＋经开区	69.55	11
宁波	全市（包括：北仑区、镇海区）	77.03	3	连云港	市区＋赣榆县＋灌云县	68.82	12
苏州下辖张家港	全市	74.7	4	湖州	市区＋安吉县	68.77	13
青岛	黄岛区	74.54	5	盘锦	全市（包括：大洼区）	68.47	14
无锡下辖江阴	全市	73.21	6	湛江	市区（包括：开发区、霞山）	68.38	15
马鞍山	全市	72.28	7	钦州	全市	66.81	16
珠海	全市（包括：金湾区）	70.6	8	贵港	全市	65.36	17
大连下辖瓦房店	全市（包括：太平湾港区、长兴岛港区）	70.1	9	秦皇岛	全市	64.83	18

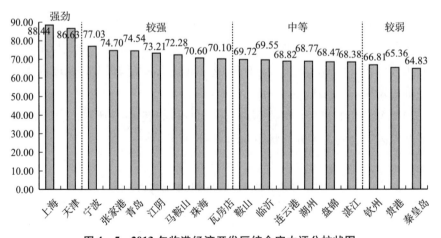

图4-5　2013年临港经济开发区综合实力评分柱状图

　　我们依然按照 60～67（不含 67）分、67～70（不含 70）分、70～80（不含 80）分、80～90（不含 90）分的分数段将 18 个临港经济开发区划分为实力较弱、实力中等、实力较强和实力强劲四类。上海市浦东新区、天津市滨海新区的综合得分位列第一、第二，依然与其他城市保持较大差距，属于实力强劲类；宁波市、苏州下辖张家港市等 7 个市（区）得分都在 70 分以上，除了珠海的排名有明显提升外，其他城市得分保持稳定，属于实力较强类，值得一提的是以木材为主导产业的江苏省的张家港和江阴市，其综合得分中等偏上，产业结构、科技发展和社会民生的得分也都较高，其发展特点和战略规划等可以作为借鉴。鞍山市、临沂市、连云港市和湖州市的得分和排名均属于中等水平，盘锦市和湛江市虽然排名较为靠后，但得分不低，说明该年整体实力有所提升。钦州市、贵港市、秦皇岛市的排名一直偏低，属于综合实力较弱类。

　　总的来说，2013 年临沂市（包含县区）的综合实力排名为第 11 名，较上年有小幅上升，得分从实力较弱类跃升到实力中等类，主要是经济水平和产业结构排名均有小幅提升，但也要注重其他方面的建设和发展情况。

　　2013 年对标临港经济开发区二级指标评分雷达图如图 4 - 6 所示，2013 年所有临港经济开发区二级指标排名如表 4 - 7 所示。

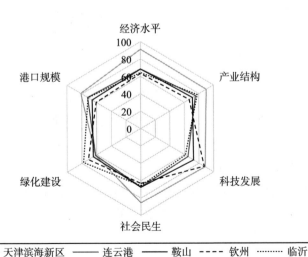

图 4 - 6　2013 年对标临港经济开发区二级指标评分雷达图

表 4 – 7   2013 年所有临港经济开发区二级指标排名

城市	经济水平	产业结构	科技发展	社会民生	绿化建设	港口规模
湛江	12	11	12	17	6	12
钦州	13	17	3	16	5	17
贵港	17	16	9	18	4	18
珠海	10	7	10	8	8	15
连云港	8	14	11	12	13	11
江阴	6	9	5	4	11	14
张家港	9	10	4	3	12	4
上海	1	4	1	1	1	3
马鞍山	5	5	8	7	14	16
宁波	3	15	6	2	10	1
湖州	15	13	7	11	3	13
瓦房店	18	2	18	9	9	6
天津	2	1	2	5	17	2
盘锦	14	6	17	10	15	7
鞍山	7	12	15	13	18	7
秦皇岛	16	18	13	15	16	10
青岛	4	3	14	6	7	5
临沂	11	8	16	14	2	9

根据表 4 – 7 看临港经济开发区的 6 个二级指标的得分排名情况，临沂的经济水平、产业结构、科技发展、社会民生、绿化建设、港口规模排名分别为第 11 名、第 8 名、第 16 名、第 14 名、第 2 名、第 9 名，其中绿化建设方面做得较好，经济水平、社会民生排名中等偏下，与经济状况较好的临港经济开发区还存在一定差距，科技发展依然处于落后地位，需要作为重点规划内容，但产业结构排名略有提升，处于中等水平，其中主要原因是第二、第三产业的增速得分增加。

结合选择临港经济开发区的原因及综合实力排名情况，天津市滨海新区、连云港市、鞍山市和钦州市被选为与临沂对标的临港经济开发区，并用雷达图把它们二级指标的得分体现出来。可以看出,天津市滨海新区的各项指标评分除了绿化建设以外都较高,鞍山市和连云港市的经济水平和产业结构得分较高,钦州市和鞍山市的科技发展水平较高,临沂的产业结构较优,绿化建设做得较好。

综合来看,2013年临沂市(包含县区)在对标市(区)中的科技发展和社会民生方面有所不及,但产业结构和绿化建设水平均有提升,仍需注重科技投入和产出。

2014年临沂临港经济开发区综合实力分析如表4-8所示,2014年临港经济开发区综合实力评分柱状图如图4-7所示。

表 4-8　　　　　　　2014 年临沂临港经济开发区综合实力分析

城市	具体地区	得分	排序	城市	具体地区	得分	排序
天津	滨海新区	88.35	1	盘锦	全市(包括:大洼区)	68.59	10
上海	浦东新区	85.41	2	鞍山	全市(包括大洋河经济区)	68.54	11
宁波	全市(包括:北仑区、镇海区)	75.97	3	大连下辖瓦房店	全市(包括:太平湾港区、长兴岛港区)	67.94	12
苏州下辖张家港	全市	73.87	4	临沂	兰山区+莒南县+临沂临港经济开发区+经开区	67.74	13
青岛	黄岛区	72.42	5	钦州	全市	67.47	14
无锡下辖江阴	全市	70.55	6	湖州	市区+安吉县	67.27	15
连云港	市区+赣榆县+灌云县	70.00	7	湛江	市区(包括:开发区、霞山)	66.08	16
马鞍山	全市	69.23	8	贵港	全市	65.05	17
珠海	全市(包括:金湾区)	68.75	9	秦皇岛	全市	64.72	18

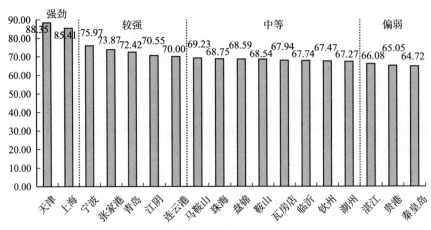

图 4 - 7   2014 年临港经济开发区综合实力评分柱状图

我们依然按照 60 ~ 67（不含 67）分、67 ~ 70（不含 70）分、70 ~ 80（不含 80）分、80 ~ 90（不含 90）分的分数段将 18 个临港经济开发区划分为实力较弱、实力中等、实力较强和实力强劲四类。天津市滨海新区、上海市浦东新区的综合得分位列第一、第二，依然属于实力强劲类；宁波市、苏州下属张家港市等 5 个市（区）的综合得分都在 70 分以上，除了连云港的排名连续两年均有明显提升外，其他城市得分保持稳定，综合实力较强，其中连云港 2012 ~ 2014 年的排名分别为第 14、第 12 和第 7 名，进步迅速，究其原因主要是产业结构中第三产业增速和科技发展的得分提升，这两点可以作为借鉴之处供其他落后城市学习。马鞍山市、珠海市、盘锦市、鞍山市、瓦房店市、临沂市、钦州市、湖州市得分均在 67 分以上，得分保持中等水平，其中盘锦市排名有小幅提升，这可以归因于产业结构项中第二、第三产业的发展，同时，湛江市、贵港市、秦皇岛市的排名一直偏低，属于综合实力较弱类。

总的来说，2014 年临沂市（包含县区）的综合实力排名第 13 名能够保持稳定，工业占比得分较高，但第三产增速得分较低，可以学习连云港市的产业发展模式，同时加快第二、第三产的产业占比和增速。

2014 年对标临港经济开发区二级指标评分雷达图如图 4 - 8 所示，2014年所有临港经济开发区二级指标排名如表 4 - 9 所示。

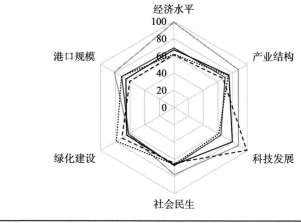

图4-8　2014年对标临港经济开发区二级指标评分雷达图

表4-9　　　　　2014年所有临港经济开发区二级指标排名

城市	经济水平	产业结构	科技发展	社会民生	绿化建设	港口规模
湛江	13	14	12	18	5	11
钦州	16	16	2	16	7	17
贵港	18	17	7	17	6	18
珠海	9	10	11	8	4	14
连云港	5	5	9	13	14	12
江阴	6	6	6	4	11	13
张家港	10	8	3	2	12	4
上海	2	11	1	1	1	2
马鞍山	8	4	10	10	13	16
宁波	4	12	8	3	9	1
湖州	17	15	5	9	2	15
瓦房店	15	7	18	7	10	6
天津	1	1	4	6	17	3
盘锦	11	3	17	11	15	8
鞍山	3	13	15	12	18	8

续表

城市	经济水平	产业结构	科技发展	社会民生	绿化建设	港口规模
秦皇岛	12	18	13	15	16	10
青岛	7	2	14	5	8	5
临沂	14	9	16	14	3	7

根据表 4-9 看临港经济开发区的 6 个二级指标的得分排名情况,临沂的经济水平、产业结构、科技发展、社会民生、绿化建设、港口规模排名分别为第 14 名、第 9 名、第 16 名、第 14 名、第 3 名、第 7 名,其中绿化建设方面保持良好,产业结构排名略有提升,但也可以看出,上述优势未能带动经济水平的提高,经济水平排名处于落后地位;其次,科技产出水平一直是发展短板,严重制约了临沂综合实力的提高。

结合选临港经济开发区的原因及综合实力排名情况,将天津市滨海新区、连云港市、鞍山钦州市选为与临沂对标的临港经济开发区,并用雷达图把它们二级指标的得分体现出来。可以看出,天津市滨海新区的经济水平依然最高,其他指标的得分与其他市(区)的差距逐步缩小。鞍山市和连云港市的经济水平和产业结构均较好,鞍山市和钦州市的科技发展水平较高,临沂市和钦州市的绿化建设和社会民生得分较高。

综合来看,2014 年临沂市(包含县区)在对标市(区)中的经济水平和科技发展方面有所不及,但绿色建设和产业结构方面稳定向好,仍然需要加大科技投入和产出,带动经济向高质量方向发展。

2015 年临沂临港经济开发区综合实力分析如表 4-10 所示,2015 年临港经济开发区综合实力评分柱状图如图 4-9 所示。

表 4-10　　　　　2015 年临沂临港经济开发区综合实力分析

城市	具体地区	得分	排序	城市	具体地区	得分	排序
天津	滨海新区	88.66	1	连云港	市区 + 赣榆县 + 灌云县	67.94	10
上海	浦东新区	85.12	2	钦州	全市	67.66	11

续表

城市	具体地区	得分	排序	城市	具体地区	得分	排序
宁波	全市（包括：北仑区、镇海区）	77.88	3	鞍山	全市（包括大洋河经济区）	67.17	12
青岛	黄岛区	71.65	4	湖州	市区＋安吉县	67.02	13
苏州下辖张家港	全市	71.47	5	临沂	兰山区＋莒南县＋临沂临港经济开发区＋经开区	66.74	14
马鞍山	全市	70.00	6	大连下辖瓦房店	全市（包括：太平湾港区、长兴岛港区）	66.06	15
无锡下辖江阴	全市	69.65	7	湛江	市区（包括：开发区、霞山）	65.69	16
珠海	全市（包括：金湾区）	68.68	8	盘锦	全市（包括：大洼区）	65.41	17
秦皇岛	全市	68.10	9	贵港	全市	65.08	18

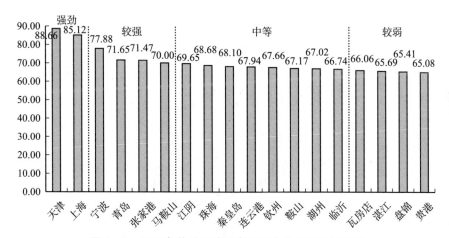

图 4 - 9　2015 年临港经济开发区综合实力评分柱状图

根据表 4 - 10 看临港经济开发区的 6 个二级指标的得分情况，我们依然按照 60～67（不含 67）分、67～70（不含 70）分、70～80（不含 80）分、80～90（不含 90）分的分数段将 18 个临港经济开发区划分为实力较弱、实力中等、实力较强和实力强劲四类。天津市滨海新区、上海市浦东新区的综合得分仍位列第一、第二，仍属于实力强劲类；宁波市、青岛市黄岛区、苏州下辖张家港市和马鞍山市的综合得分都在 70 分以上，除了青岛的排名有所提升外，其他城市综合得分稳定且保持较强实力；实力中等类中值得一提的是秦皇岛市，其综合排名有了很明显的上升，究其原因是产业结构得分有大幅度的上升，主要是工业增加值占 GDP 的比重大幅增加，带动其综合实力水平的上升，其发展特点和战略规划等可以作为借鉴，钦州市的排名也有小幅度上升。但是以往综合实力处于中等水平的瓦房店市和盘锦市有较大幅下降，主要是产业结构优化程度下降，其他方面被其他城市赶超所致；湛江市和贵港市的排名一直偏低，仍属于综合实力较弱类别。

总的来说，2015 年临沂市（包含县区）的综合实力排名为第 14 名，较上年有略微下降，社会民生排名有小幅提升，但产业结构和港口规模较上年都有所下降，说明更应当注重该方面的建设和发展情况。

2015 年对标临港经济开发区二级指标评分雷达图如图 4 – 10 所示，2015 年所有临港经济开发区二级指标排名如表 4 – 11 所示。

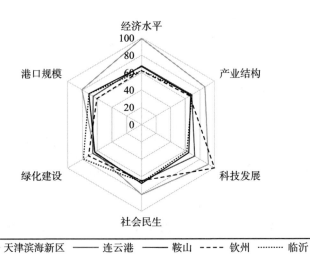

图 4 – 10　2015 年对标临港经济开发区二级指标评分雷达图

表 4-11　　　　　　　2015 年所有临港经济开发区二级指标排名

城市	经济水平	产业结构	科技发展	社会民生	绿化建设	港口规模
湛江	13	15	11	18	7	11
钦州	15	17	1	16	6	17
贵港	16	18	5	17	5	18
珠海	9	6	9	10	4	14
连云港	4	12	12	15	14	12
江阴	7	8	6	4	11	13
张家港	10	9	8	2	12	4
上海	2	5	2	1	1	2
马鞍山	8	3	4	8	13	15
宁波	3	7	10	3	8	1
湖州	17	13	7	9	2	16
瓦房店	18	11	18	7	10	6
天津	1	1	3	6	17	3
盘锦	12	16	17	11	16	7
鞍山	5	14	15	12	18	7
秦皇岛	11	2	13	14	15	10
青岛	6	4	14	5	9	5
临沂	14	10	16	13	3	9

　　根据表 4-11 看临港经济开发区的 6 个二级指标的得分排名情况,临沂的经济水平、产业结构、科技发展、社会民生、绿化建设、港口规模排名分别为第 14 名、第 10 名、第 16 名、第 13 名、第 3 名、第 9 名,其中绿化建设方面保持良好,产业结构排名略有下降,经济水平保持不变且排名处于落后地位,科技产出水平一直处于落后地位,这也是制约临沂综合实力提高的重要因素。

　　结合选择临港经济开发区的原因及综合实力排名情况,将天津市滨海新区、连云港市、鞍山市和钦州市选为与临沂对标的临港经济开发区,并用雷达图把它们二级指标的得分体现出来。可以看出,天津市滨海新区的经济水平、产业结构、社会民生和港口规模依然最高。鞍山市和连云港市各指标仍保持均衡发展，钦州市的科技发展仍保持较高水平，临沂市和钦州市的绿化建设得分较高。

综合来看，2015 年临沂市（包含县区）在对标市（区）中的经济水平和科技发展方面有所不及，但绿色建设和产业结构方面稳定向好，仍然需要加大科技投入和产出，带动经济向高质量方向发展。

2016 年临沂临港经济开发区综合实力分析如表 4 – 12 所示，2016 年临港经济开发区综合实力评分柱状图如图 4 – 11 所示。

表 4 – 12　　　　　　　2016 年临沂临港经济开发区综合实力分析

城市	具体地区	得分	排序	城市	具体地区	得分	排序
天津	滨海新区	89.16	1	大连下辖瓦房店	全市（包括：太平湾港区、长兴岛港区）	67.99	10
上海	浦东新区	86.69	2	湖州	市区＋安吉县	67.98	11
宁波	全市（包括：北仑区、镇海区）	74.91	3	连云港	市区＋赣榆县＋灌云县	66.65	12
青岛	黄岛区	74.23	4	湛江	市区（包括：开发区、霞山）	66.41	13
苏州下辖张家港	全市	71.79	5	贵港	全市	66.14	14
马鞍山	全市	70.40	6	盘锦	全市（包括：大洼区）	65.15	15
无锡下辖江阴	全市	69.87	7	鞍山	全市（包括：大洋河经济区）	65.05	16
珠海	全市（包括：金湾区）	69.32	8	秦皇岛	全市	65.01	17
临沂	兰山区＋莒南县＋临沂临港经济开发区＋经开区	68.74	9	钦州	全市	64.49	18

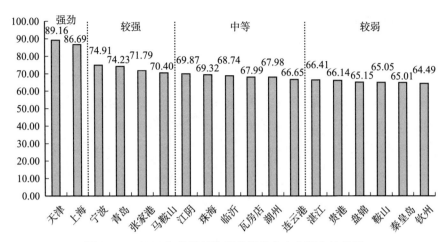

图4－11　2016年临港经济开发区综合实力评分柱状图

　　根据表4－12看临港经济开发区的6个二级指标的得分情况，我们依然按照60~67（不含67）分、67~70（不含70）分、70~80（不含80）分、80~90（不含90）分的分数段将18个临港经济开发区划分为实力较弱、实力中等、实力较强和实力强劲四类。可以看出：天津市滨海新区、上海市浦东新区依然位列第一、第二，属于实力强劲类；宁波市、苏州下辖张家港市、青岛市黄岛区的和马鞍山市综合得分都在70分以上，综合实力基本保持在前5名不变，属于实力较强类；综合实力中等类中，临沂市、大连市下辖瓦房店市排名提升幅度较大，主要系产业结构中第二产业占比和第三产业增速的分数提高所致；综合实力较弱类别中，湛江市的排名虽中等偏后但也有明显提升，得益于科技发展和社会民生水平的提高，说明湛江开始注重科技投入和产出水平的提高；鞍山市综合得分连年下滑，从中等下滑至尾部，从得分来看，鞍山市除了产业结构情况保持中等水平以外，其他指标落后于其他市（区），表明鞍山市在经济增长较为缓慢的同时其他方面也发展缓慢，导致综合实力不断下滑。

　　总的来说，2016年临沂市（包含县区）的综合实力排第9名，较往年有很大幅度提升，得益于产业结构水平的优化，尤其是工业占比增加。但仍需重点提升经济发展水平。

　　2016年对标临港经济开发区二级指标评分雷达图如图4－12所示，

2016 年所有临港经济开发区二级指标排名如表 4 - 13 所示。

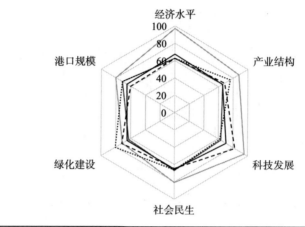

图 4 - 12　2016 年对标临港经济开发区二级指标评分雷达图

表 4 - 13　　　　　2016 年所有临港经济开发区二级指标排名

城市	经济水平	产业结构	科技发展	社会民生	绿化建设	港口规模
湛江	12	15	8	18	5	10
钦州	14	12	5	16	8	17
贵港	16	13	4	17	7	18
珠海	6	10	7	10	6	14
连云港	3	18	11	15	17	11
江阴	5	6	10	4	16	13
张家港	9	9	12	2	12	3
上海	2	3	1	1	1	2
马鞍山	7	7	3	7	10	15
宁波	8	8	9	3	15	1
湖州	15	11	6	9	3	16
瓦房店	18	4	18	8	11	6
天津	1	1	2	6	9	4
盘锦	17	14	17	11	14	7
鞍山	11	17	15	12	18	7

续表

城市	经济水平	产业结构	科技发展	社会民生	绿化建设	港口规模
秦皇岛	10	16	14	14	13	12
青岛	4	2	13	5	4	5
临沂	13	5	16	13	2	9

　　根据表 4 - 13 看临港经济开发区的 6 个二级指标的得分排名情况，临沂的经济水平、产业结构、科技发展、社会民生、绿化建设、港口规模排名分别第 13 名、第 5 名、第 16 名、第 13 名、第 2 名、第 9 名，其中产业结构排名大幅提升，但其他指标基本保持不变，因此总体水平也保持稳定。结合选择临港经济开发区的原因及综合实力排名情况，天津市滨海新区、连云港市、鞍山市和钦州市被选为与临沂对标的临港经济开发区，并用雷达图把它们二级指标的得分体现出来。可以看出，天津市滨海新区的经济水平依然最高，其他指标的得分与其他市（区）的差距逐步缩小。鞍山市经济水平较高，临沂的产业结构水平较高，鞍山市和钦州市的科技发展水平较高，临沂市和钦州市的绿化建设得分较高，社会民生方面各个市（区）差别不大。

　　综合来看，2016 年临沂市（包含县区）在对标市（区）中的经济水平和科技发展方面有所不及，其他方面差距不大且较为稳定。

　　2017 年临沂临港经济开发区综合实力分析如表 4 - 14 所示，2017 年其临港经济开发区综合实力评分柱状图如图 4 - 13 所示。

表 4 - 14　　　　　2017 年临沂临港经济开发区综合实力分析

城市	具体地区	得分	排序	城市	具体地区	得分	排序
上海	浦东新区	87.31	1	钦州	全市	69.95	10
天津	滨海新区	85.91	2	湖州	市区 + 安吉县	68.49	11
宁波	全市（包括：北仑区、镇海区）	74.81	3	秦皇岛	全市	67.54	12
青岛	黄岛区	74.77	4	临沂	兰山区 + 莒南县 + 临沂临港经济开发区 + 经开区	67.52	13

续表

城市	具体地区	得分	排序	城市	具体地区	得分	排序
苏州下辖张家港	全市	73.50	5	湛江	市区（包括：开发区、霞山）	67.44	14
珠海	全市（包括：金湾区）	73.30	6	贵港	全市	67.10	15
马鞍山	全市	72.59	7	大连下辖瓦房店	全市（包括：太平湾港区、长兴岛港区）	66.76	16
无锡下辖江阴	全市	72.14	8	盘锦	全市（包括：大洼区）	66.11	17
连云港	市区＋赣榆县＋灌云县	70.49	9	鞍山	全市（包括：大洋河经济区）	65.79	18

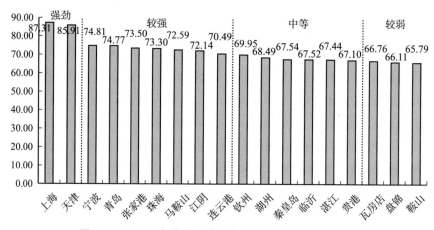

图 4 – 13　2017 年临港经济开发区综合实力评分柱状图

我们依然按照 60～67（不含 67）分、67～70（不含 70）分、70～80（不含 80）分、80～90（不含 90）分的分数段将 18 个临港经济开发区划分为实力较弱、实力中等、实力较强和实力强劲四类。可以看出：上海市浦东新区和天津市滨海新区可以分列前两位，属于实力强劲类；宁波市、青岛市黄岛区、苏州下辖张家港市、珠海市、马鞍山市、江阴市综合得分都在 70 分以上，属于实力较强类；钦州和秦皇岛的排名有大幅度提升，得益于第

二、第三产的占比提高，第三产的增速较快；鞍山市综合得分继续下滑，从中等下滑至最后，从得分来看，鞍山市除了产业结构情况保持中等水平以外，其他指标落后于其他市（区），表明鞍山市在经济增长较为缓慢的同时其他方面也发展缓慢，导致综合实力不断下滑；其他市（区）各项指标较为稳定，排名小幅度微调。

　　总的来说，2017 年临沂市（包含县区）的综合实力排名为第 13 名，回到往年的水平，应借鉴钦州市、秦皇岛的经验，对鞍山市的失败尝试进行反思，走新的健康的发展道路。

　　从 2011～2017 年来看，临沂市（区）的综合实力排名在第 10～第 13 名，属于偏后的地位，主要是经济水平不高，产业结构也处于缓慢优化阶段，尤其是科技投入和产出不能很好地支持产业转型和经济高质量发展，但是在绿化方面为其他城市标杆，应该保持优势，规划出绿色发展的道路。此外，临沂虽然不是港口城市，但其邻近连云港和日照港，可以利用特殊的区位优势来发展贸易，提升经济水平和综合实力。

　　2017 年对标临港经济开发区二级指标评分雷达图如图 4-14 所示，2017 年所有临港经济开发区二级指标排名如表 4-15 所示。

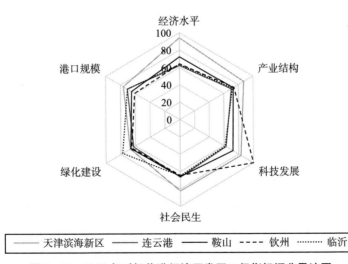

图 4-14　2017 年对标临港经济开发区二级指标评分雷达图

表 4-15　　　　　　　　2017 年所有临港经济开发区二级指标排名

城市	经济水平	产业结构	科技发展	社会民生	绿化建设	港口规模
湛江	12	17	8	18	7	10
钦州	10	11	1	16	14	17
贵港	14	15	6	17	6	18
珠海	6	6	5	9	1	14
连云港	4	13	9	14	12	12
江阴	7	2	12	4	15	13
张家港	9	3	11	1	16	3
上海	2	5	2	2	4	2
马鞍山	5	4	4	11	9	15
宁波	8	10	10	3	11	1
湖州	15	9	7	7	5	16
瓦房店	18	14	18	8	8	6
天津	1	1	3	6	10	5
盘锦	17	16	17	10	17	7
鞍山	16	18	15	12	18	7
秦皇岛	11	8	13	13	13	11
青岛	3	7	14	5	2	4
临沂	13	12	16	15	3	9

根据表 4-15 看临港经济开发区的 6 个二级指标的得分排名情况，临沂的经济水平、产业结构、科技发展、社会民生、绿化建设、港口规模排名分别为第 13 名、第 12 名、第 16 名、第 15 名、第 3 名、第 9 名，各项指标基本保持不变，因此总体水平也保持稳定。

结合选择临港经济开发区的原因及综合实力排名情况，天津市滨海新区、连云港市、鞍山市和钦州市被选为与临沂对标的临沂临港经济开发区，并用雷达图把它们二级指标的得分体现出来。可以看出，天津市滨海新区的经济水平依然最高，其他指标的得分与其他市（区）的差距逐步缩小。鞍山市经济水平保持较高水平，鞍山市和钦州市的科技发展水平较高，临沂市绿化建设得分较高，产业结构和社会民生方面得分各个市（区）差别不大。

综合来看，2017 年临沂市（包含县区）在对标市（区）中的经济水平和科技发展方面有所不及，其他方面差距不大且较为稳定，应该继续通过产业结构优化的途径来保持经济的稳定发展，通过提升科技水平助推综合实力的提升。

第二节　山东省主要沿海城市发展综合评价

一、山东省主要沿海城市（区）选取

山东省海岸线绵长，这为海港的选取提供了有利条件，同时海岸线大部分都是具备深水条件的良好选湾区。良好的区位优势以及优质的海洋资源条件促使现代物流区蓝色经济区的建设成为山东经济发展的主要路径之一，山东省都积极依托优质的港口条件发展地区经济，推动了山东省临港产业区、工业园等的发展。我们对有港口或离港口较近，并有临港工业园或者产业区的临沂临港经济开发区的综合实力进行评价。

（一）临沂市

临沂市位于日照西侧，连云港北侧，其区位条件为其发展工业提供了相当程度的便利，特别是第二产业，如钢铁业。临沂临港经济开发区占地面积较大、辖区内人口发展规模都较大。临沂市的物流园区的发展规划政策也已经落地，同时积极寻求与其他省市的合作发展。例如临沂市已与连云港市港口控股集团达成合作协议，共建道路、管道设施；中铁十二局也就铁路建设与临沂市达成了合作协议，临港产业物流发展优势日益凸显，整个临沂临港经济开发区的发展欣欣向荣。

（二）济南市历城区

历城区处于济南的中心腹部，面积 1298.57 平方公里，辖 21 个街道。

历城区内交通便利，交通干线包括四条省道和四条国道，城市境内多黄河经过，铁路畅通。济南临港经济开发区行政上隶属于历城区，其距离主要的港口如青岛港、日照港、天津港均小于 380 千米，距离略远的烟台港也仅有 500 千米左右，运输的时间可以控制在 3.5 小时以内。由此可见，济南市临港经济开发区具有明显的区位优势，并且近年来，开发区充分利用其区位优势，吸引外资，发展物流业。

（三）青岛市保税港区

青岛的整体发展战略是经济中心西移，青岛市的保税港区主要是为了青岛的城市规划战略而发展起来的。其主要的发展目标是打造世界著名的物流集散地，扭住生产加工和国际贸易两个发展重点，逐步成为国际化的采购核心地区，物流中心和 IT 产业发达的高端制造中心，并向着建设世界先进世贸区的目标努力。青岛保税港区以及周边区域，将实现港口、物流等方面协同发展，融合青岛港、保税区、物流园区功能，充分利用港口优势，发展物流业，并取得明显成效。

（四）威海市临港经济技术开发区

它起步于 2005 年，园区内含有建设用地 78 平方公里。开发区的发展主要是占据了独特且优秀的区位，毗邻威海港，位于青威高速起点，临近省级公路近，同时区内规划的道路也达到 40 多条，距离机场近。同时大力发展产业，打造产业都市，并将发展重点放在电子、医药等高科技、精细化产业。

（五）潍坊市滨海经济开发区

它是山东交通的中心区域和沟通南北经济的重要交通枢纽，同时也是国务院批准的国家级经济开发和生态工业示范园区，包括临港工业园，园内规划了能源、物流、造船、高科技四大临港产业板块。潍坊滨海经济开发区南距潍坊距离市区和港口均不到 30 千米，距离重要城市济南和青岛不到 200 千米，园区内陆路交通同样发达，具有益羊、德烟两条横贯东西的铁路干线和交织的高速公路网。

（六）烟台市福山区

福山区在黄海宾，面积 482.26 平方公里，辖 7 镇（街）、1 个高新技术产业区、239 个村落。烟台福山区同样交通便利，拥有比较完整的交通网，具备发展的基础。烟台福山区是烟台市所要重点突破的地区，其中着重强调的板块包括新兴工业、高端制造和整车整机的制造，临港开发区细分为 10 个区，其中既有传统工业的物流区、商业住宅区，也有高新产业园区。

（七）日照市岚山区

岚山区位优越，位于新欧亚大陆连桥经济带、同样也位于南北经济沟通的接合处，这种区位优势使其成为鲁南经济发展和对外开放的窗口。岚山区境内同时有多条铁路和省级、国家级高速公路经过，如坪岚铁路、瓦日铁路和青日连铁路。园区距离青岛等重要港口城市的车程均不超过两个小时，同时输油管道交错纵横，保证园区具有充足的资源条件。

（八）东营市河口区

东营市河口区坐落在山东北，本身资源相当丰富。目前，河口区已经布置蓝色经济开发区。河口独特的区位优势可以连接京津冀经济圈和山东经济圈，成为产业转移较好的目的地，承接北部经济的发展红利，促进其本土经济的发展。河口区蓝色经济开发区是推动河口区经济发展的重要一环，它也使得河口区发展更具有生机。

（九）滨州市北海经济开发区

北海经济开发区设立八大园区，利用区位优势，发展地区经济，重点对盐及盐化工、海水养殖等传统海洋产业进行结构调整升级和优化改造。

二、主要评价指标体系构建

对山东省的临港经济开发区的综合实力评价是基于山东省存在相似区位或发展特征的各临港经济开发区的经济发展水平、社会发展水平、生活质量水平和基建环境水平这四个二级指标进行的。然后通过选取经济、社会、民生和环境因素中具有代表性的指标作为三级指标合成二级指标的数值。各指标的选取和权重的确定使用德尔菲法和 AHP 法，结果如表 4 – 16 所示。

表 4 – 16　　　　山东省临港经济开发区综合实力评价指标体系

一级指标	二级指标	权重	三级指标	权重
综合实力	经济发展水平	0.4949	GDP	0.2668
			固定资产投资	0.0811
			公共财政预算收入	0.1471
	社会发展水平	0.2423	新增城镇就业	0.0808
			公共财政预算支出	0.1616
	生活质量水平	0.177	城镇人均可支配收入	0.0552
			农民人均纯收入	0.035
			社会消费品零售总额	0.0868
	基建环境水平	0.0857	道路里程数	0.0429
			建成区绿化覆盖率	0.0429

三、主要原始数据统计处理

对数据进行无量纲化处理，公式如下：

$$Z = \alpha e^{\beta(x-x_{min})/(x_{max}-x_{min})} \tag{4-2}$$

Z 为无量纲化指标，α、β 为待定参数，x_{max}、x_{min} 分别为上下界。设定 60 和 100 为 Z 的临界值以便于比较，确定待定参数 $\alpha = 60$，$\beta = -\ln 0.6$。

四、综合得分评价结果分析

2010 年山东省临港经济开发区二级指标排名如表 4 – 17 所示，2010 年山东省临港经济开发区二级指标得分雷达图如图 4 – 15 所示。

表4–17   2010 年山东省临港经济开发区二级指标排名

城市	经济发展	社会发展	生活质量	绿化建设	综合排名
临沂	9	9	9	9	9
济南	1	1	1	1	1
青岛	6	6	2	6	6
威海	7	8	5	8	8
潍坊	3	5	8	5	4
烟台	4	2	3	7	3
日照	2	3	4	3	2
东营	5	4	6	2	5
滨州	8	7	7	4	7

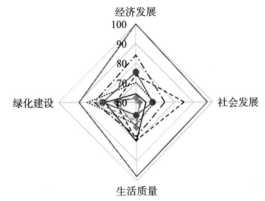

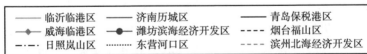

图4–15 2010 年山东省临港经济开发区二级指标得分雷达图

根据综合得分，我们按照 60 ~ 75（不含75）分、75 ~ 90（不含90）分和 90 分及以上把山东省临港经济开发区的综合实力划分为实力较弱、实力中等和实力强劲三类。根据综合实力得分来看，济南市历城区的得分在 90 分及以上，属于实力强劲类；烟台福山区、潍坊市滨海经济开发区、东营市河口区和日照岚山区属于实力中等类；临沂临港经济开发区、青岛市保税港区、威海市临港经济开发区和滨州市北海经济开发区均属于实力较弱类。其中临沂临港经济开发区排名最后，所有二级指标表现均不亮眼。再根据雷达图看所有临港经济开发区二级指标的水平对比情况：济南市历城区所有指标均为最高，除此之外日照岚山区经济发展较好；烟台福山区社会发展水平较高；滨州北海经济开发区生活质量较高；东营河口区绿化建设情况较好，临沂临港经济开发区各项指标均为最低，说明综合实力有待提升。

2011 年山东省临港经济开发区二级指标排名如表 4 – 18 所示，2011 年山东省临港经济开发区二级指标得分雷达图如图 4 – 16 所示。

表 4 – 18　　　　　2011 年山东省临港经济开发区二级指标排名

城市	经济发展	社会发展	生活质量	绿化建设	综合排名
临沂	9	9	9	9	9
济南	1	1	1	1	1
青岛	6	6	2	6	6
威海	7	7	5	8	7
潍坊	4	5	7	5	5
烟台	3	3	3	7	3
日照	2	2	4	3	2
东营	5	4	6	2	4
滨州	8	8	8	4	8

根据综合得分，我们按照 60 ~ 75（不含 75）分、70 ~ 90（不含 90）分和 90 分及以上把山东省临沂临港经济开发区的综合实力划分为实力较弱、实力中等和实力强劲三类。根据综合实力得分来看，济南市历城区的得分依然在 90 分及以上，属于实力强劲类；烟台福山区、日照岚山区、潍坊市滨海经济开发区、东营市河口区属于实力中等类；临沂市临港经济开发区等其余四区均属于实力较弱类。其中临沂市临港经济开发区排名仍在最后，所有二级指标表现均不亮眼。再根据雷达图看所有临港经济开发区二级指标的水平对比情况：济南市历城区所有指标均为最高，除此之外日照岚山区经济发展较好和社会发展水平较高；青岛市保税港区生活质量较高；东营河口区绿化建设情况较好，临沂临港经济开发区各项指标均为

最低，其中社会发展水平为二级指标中最高。

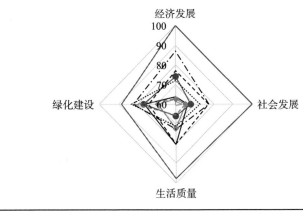

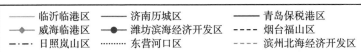

图 4 – 16　2011 年山东省临港经济开发区二级指标得分雷达图

　　2012 年山东省临港经济开发区二级指标排名如表 4 – 19 所示，2012 年山东省临港经济开发区二级指标得分雷达图如图 4 – 17 所示。

表 4 – 19　　　　　2012 年山东省临港经济开发区二级指标排名

城市	经济发展	社会发展	生活质量	绿化建设	综合排名
临沂	8	8	9	9	9
济南	1	1	1	1	1
青岛	6	6	3	4	6
威海	7	7	4	8	7
潍坊	4	5	7	5	5
烟台	3	3	2	7	3
日照	2	4	6	3	2
东营	5	2	5	6	4
滨州	9	9	8	2	8

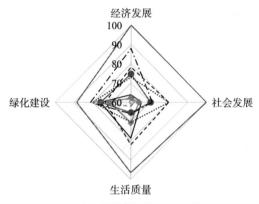

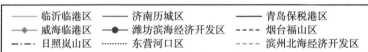

图 4 – 17　2012 年山东省临港经济开发区二级指标得分雷达图

　　根据综合得分，我们按照 60~70（不含 70）分、70~90（不含 90）分和 90 分及以上把山东省临港经济开发区的综合实力划分为实力较弱、实力中等和实力强劲三类。根据综合实力得分来看，济南市历城区的得分依然在 90 分及以上，属于实力强劲类；烟台福山区、日照岚山区、潍坊市滨海经济开发区、东营市河口区属于实力中等类；临沂市临港经济开发区等其余四区均属于实力较弱类。其中临沂市临港经济开发区排名最后，所有二级指标表现均不亮眼。再根据雷达图看所有临港经济开发区二级指标的水平对比情况：济南市历城区所有指标均为最高，除此之外日照岚山区经济发展较好、东营河口区社会发展水平较高；烟台福山区生活质量较高；滨州市北海经济开发区绿化建设情况较好；临沂临港经济开发区的所有二级指标都较为落后，但经济发展和社会发展水平略微有所提升，还需提升生活质量和绿化建设水平。

　　2013 年山东省临港经济开发区二级指标排名如表 4 – 20 所示，2013 年山东省临港经济开发区二级指标得分雷达图如图 4 – 18 所示。

表 4 – 20　　　　　2013 年山东省临港经济开发区二级指标排名

城市	经济发展	社会发展	生活质量	绿化建设	综合排名
临沂	7	8	8	9	9

续表

城市	经济发展	社会发展	生活质量	绿化建设	综合排名
济南	1	1	1	1	1
青岛	6	6	3	6	6
威海	9	7	5	8	7
潍坊	4	5	6	5	5
烟台	3	2	2	7	2
日照	2	3	7	2	3
东营	5	4	4	4	4
滨州	8	9	9	3	8

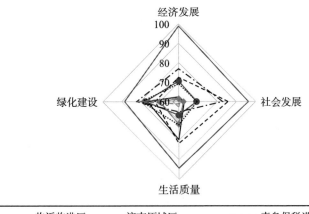

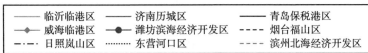

图 4 – 18　2013 年山东省临港经济开发区二级指标得分雷达图

根据综合得分，我们按照 60~70（不含 70）分、70~90（不含 90）分和 90 分及以上把山东省临港经济开发区的综合实力划分为实力较弱、实力中等和实力强劲三类。根据综合实力得分来看，济南市历城区属于实力强劲类；日照岚山区、烟台福山区、东营市的河口区、潍坊市滨海经济开发区属于实力中等类；临沂市临港经济开发区等其余四区均属于实力较弱类。其中临沂市临港经济开发区排名仍在最后，所有二级指标表现均不亮眼。再根据雷达图看所有临港经济开发区二级指标的水平对比情况：济南市历城区所有指标均为最高，除此之外日照岚山区经济发展较好，烟台福山区社会发展和生活质量水平较高；日照岚山区绿化建设情况较好；临沂临港经济开发区的所有二级指标仍较为落后，但经济发展连续两年小幅提升，生活质量也有所提高，但还需做好绿化建设。

2014 年山东省临港经济开发区二级指标排名如表 4 - 21 所示，2014 年山东省临港经济开发区二级指标得分雷达图如图 4 - 19 所示。

表 4 - 21　　　　　2014 年山东省临港经济开发区二级指标排名

城市	经济发展	社会发展	生活质量	绿化建设	综合排名
临沂	7	8	9	9	9
济南	1	1	1	1	1
青岛	6	6	2	5	6
威海	8	7	4	7	7
潍坊	3	4	6	4	4
烟台	4	2	3	8	3
日照	2	3	7	2	2
东营	5	5	5	6	5
滨州	9	9	8	3	8

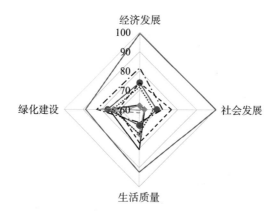

图 4 - 19　2014 年山东省临港经济开发区二级指标得分雷达图

　　根据综合得分，我们按照 60 ~ 70（不含 70）分、70 ~ 90（不含 90）分和 90 分及以上把山东省临港经济开发区的综合实力划分为实力较弱、实力中等和实力强劲三类。根据综合实力得分来看，济南市历城区的得分依然在 90 分及以上，属于实力强劲类；烟台福山区、日照岚山区、潍坊市滨海经济开发区、东营市河口区属于实力中等类；临沂市临港经济开发区等其余四区均属于实力较弱类。其中临沂市临港经济开发区排名仍在最后，所有二级指标表现均不亮眼。再根据雷达图看所有临沂临港经济开发区二级指标的水平对比情况：济南市历城区所有指标均为最高，除此之外日照岚山区经济发展较好、烟台市福山区社会发展水平较高；青岛市保税港区生活质量较高；日照岚山区绿化建设情况较好；临沂临港经济开发区的所有二级指标的排名与前一年相同，经济发展指标得分有明显增长，其中固定资产投资贡献度较高。

　　2015 年山东省临港经济开发区二级指标排名如表 4 - 22 所示，2015 年山东省临港经济开发区二级指标得分雷达图如图 4 - 20 所示。

表 4 - 22　　　　　　2015 年山东省临港经济开发区二级指标排名

城市	经济发展	社会发展	生活质量	绿化建设	综合排名
临沂	7	8	8	9	9
济南	1	1	1	1	1
青岛	6	9	2	8	6
威海	8	6	4	4	7
潍坊	3	4	6	5	4
烟台	4	3	3	7	3
日照	2	2	7	2	2
东营	5	5	5	6	5
滨州	9	7	9	3	8

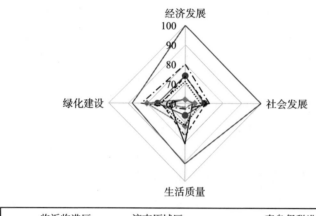

图 4 - 20 2015 年山东省临港经济开发区二级指标得分雷达图

根据综合得分，我们按照 60 ~ 70（不含 70）分、70 ~ 90（不含 90）分和 90 分及以上把山东省临港经济开发区的综合实力划分为实力较弱、实力中等和实力强劲三类。根据综合实力得分来看，济南市历城区的得分依然在 90 分及以上，属于实力强劲类；烟台福山区、日照岚山区、潍坊市滨海经济开发区、东营市河口区属于实力中等类；临沂市临港经济开发区等其余四区均属于实力较弱类。其中临沂市临港经济开发区排名仍在最后，所有二级指标表现均不亮眼。再根据雷达图看所有临港经济开发区二级指标的水平对比情况：济南市历城区所有指标均为最高，除此之外日照岚山区经济发展、社会发展水平和绿化建设情况均较好；青岛保税港区生活质量较高；临沂临港经济开发区的所有二级指标的排名变化不大，经济发展指标中的固定资产投资、社会发展中的新增城镇就业以及建成区绿化覆盖率指标的贡献度较高。

2016 年山东省临港经济开发区二级指标排名如表 4 - 23 所示，2016 年山东省临港经济开发区二级指标得分雷达图如图 4 - 21 所示。

表 4 – 23 2016 年山东省临港经济开发区二级指标排名

城市	经济发展	社会发展	生活质量	绿化建设	综合排名
临沂	8	9	7	9	9
济南	1	1	1	6	1
青岛	6	6	2	8	6
威海	9	8	4	2	7
潍坊	3	5	6	5	4
烟台	4	3	3	7	3
日照	2	2	8	1	2
东营	5	4	5	4	5
滨州	7	7	9	3	8

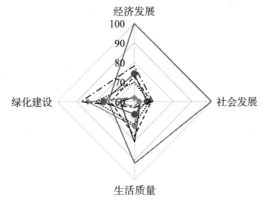

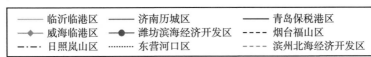

图 4 – 21 2016 年山东省临港经济开发区二级指标得分雷达图

根据综合得分，我们按照 60 ~ 70（不含 70）分、70 ~ 90（不含 90）分和 90 分及以上把山东省临港经济开发区的综合实力划分为实力较弱、实力中等和实力强劲三类。根据综合实力得分来看，济南市历城区的得分依然在 90 分及以上，属于实力强劲类；烟台福山区、日照岚山区、潍坊市滨海经济开发区、东营市河口区属于实力中等类；临沂市临港经济开发区等其余四区均属于实力较弱类。其中临沂市临港经济开发区排名仍在最后，所有二级指标表现均不亮眼。再根据雷达图看所有临港经济开发区二级指标的水平对比情况：济南市历城区绿化建设得分大幅减低，其余指标仍为最高，说明其他城市开始重视绿化问题；日照岚山区经济和社会发展保持良好，绿化建设跃居第一；青岛市保税港区生活质量较高；临沂临港经济开发区的所有二级指标都较为落后，经济发展和社会发展较上年略微下降，生活质量水平有所提升。

第三节 临沂市社会经济发展综合评价分析

一、临沂临港经济开发区综合评价

将临沂市 2010～2016 年经济发展、社会发展、生活质量及绿化建设这四个二级指标的得分绘制在一张折线图中，如图 4－22 所示，可以看出临沂市在这期间各项二级指标的发展情况。

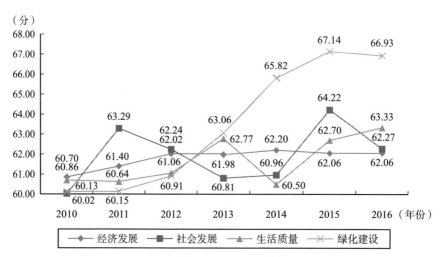

图 4－22 2010～2016 年临沂市临港经济开发区二级指标得分走势

由图 4 – 22 可知临沂市的绿化建设得分除了 2017 年略有下降之外，其他年份保持高速增长阶段，从 2010 年的落后状态急速攀升，2015 年峰值达到 67.14 分，成为四个二级指标中最强势的一个指标。从前文的雷达图中我们也可以看出，临沂市的绿化建设指标不仅是临沂市发展程度最高的指标，同其他临港经济开发区相比临沂市在绿化建设方面也处在较高的水平上。同时本书注意到，在 2011～2017 年间临沂市的经济发展处于低速增长的状态，虽经过 2011 年和 2012 年两年的较快增长，但在 2013 年过后经济发展又回到平稳状态，经济水平的落后也是制约临沂市发展的一个重要因素，应更加关注经济的发展，注重引进和留住高科技人才，稳步提高经济水平，以此带动临沂临港经济开发区的成长和发展。值得注意的是，临沂市的社会发展和生活质量指标在这 6 年内波动幅度较大，上升和下降的幅度都较为明显，应注意挖掘临沂市社会发展和生活质量波动幅度较大的原因，找出合理的解决方法，使临沂市的社会民生水平稳步上升。

总之，2010～2016 年，临沂市的经济发展相比于其他指标较为落后。因此应通过较高水平的社会整体发展程度以及高质量的居民生活水平来带动临沂市经济的总体发展，帮助其稳定在较高水平。最后在绿化建设方面也应注意始终保持高水平，夯实发展的生态基础。

二、临沂市综合评价分析

将临沂市 2011～2017 年经济水平、产业结构、科技发展、社会民生、绿化建设以及港口规模这六个二级指标的得分绘制在一张折线图中，如图 4 – 23 所示，可以看出临沂市在这期间各项二级指标的发展情况。

首先，临沂市的绿化建设一直处于较高水平，除了 2012 年和 2017 年略有下降之外，其他年份保持稳定增长。从前文的雷达图中也可以看出，临沂市的绿化建设指标不仅是临沂市发展程度最高的指标，同其他临港经济开发区相比临沂市在绿化建设方面也处在较高的水平上。同时，2011～2017 年临沂市的经济水平和科技发展水平比较落后，从未突破 65 分，2013 年经济水平虽有增长，但很快又回到平均水平，经济和科技水平的落后也是制约临沂市发展的两个重要因素，应更加关注经济和科技的发展，注重引进和留住高科技人才，稳步提高经济水平，以此带动临沂临港经济开发区的成长和发展。其次，2011～2017年，临沂市的社会民生指标大体上处于下降的状态，尤其在2011～2013年下降极为迅速，之后一直保持在较低水平上，应更加注意提高临沂市的社会民生水平，为临沂临港经济开发区的发展提供坚实的民生基础。值得注意的是，临沂市的产业结构指标在这7年内波动较大，2011年起有两年的明显上升趋势，但在2013～2015年又呈现出明显的下降趋势，之后也一直处于大幅度波动状态，应注意挖掘临沂市产业结构波动幅度较大的原因，找出合理的解决方法，使临沂市的产业结构保持稳步上升。最后，临沂市的港口规模一直保持平稳，且得分长期处于70分以上，应在此基础上进一步提高港口规模。

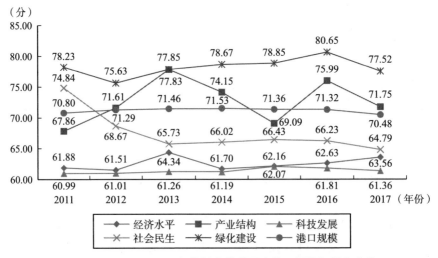

图4-23　2011～2017年临沂市临港区建设二级指标得分走势

总之，2011～2017年，临沂市的经济水平和科技发展相比于其他指标较为落后，应重点加强经济和科技的发展。同时应提高社会民生使其恢复到较高水平。最后应注意保持产业结构的稳定，为临沂临港经济开发区的发展奠定坚实的产业基础。

三、综合实力发展评价

构建了包括经济、产业、科技、民生、绿化、港口的综合实力评价指标体系，对选取的 18 个全国临港经济开发区的综合实力进行排名，临沂市（包括县区）的排名基本稳定在第 13 名，属于实力中等类，其中经济、科技、民生的指标排名均较为落后，说明经济投入量和产值仍未达到较好的发展水平、科技投入和产出量很低，居民生活质量也有待提高，但绿化建设到位，产业结构逐年优化，主要体现工业增加值占比的提升以及第三产占比及增速的提升，临沂市应继续规划产业优化发展路径，促进整体经济的发展，并加大科研经费和人才的投入，产业结构的优化和经济的良好转型发展都必须由科技创新作为驱动力，如此才能实现经济的高质量增长。

构建了包括经济、社会、民生和绿化的综合实力评价指标体系，对选取的山东省的 9 个临港经济开发区的综合实力进行排名，结果显示：2010 ~ 2016 年临沂临港经济开发区的排名一直为最末，且各项指标排名均落后，尽管经济和社会指标在 2013 年及以后有小幅度提升，生活质量指标在 2015 年及以后有小幅提升，但总体排名仍处于末位，说明临沂的经济发展水平和人民的生活质量仍不高，不足以带动综合评价的提升。

总的来说，临沂市整体发展水平在临港城市中处于中等偏后的地位，尤其需要以科技创新去推动产业结构优化和经济的高质量发展，临沂临港经济开发区在山东省内排名也在落后地位，需要政府对其产业发展进行整体规划，并且加大人才和科技的投入，促进经济增长。

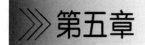

第五章

中国主要沿海城市临港产业评价

中国主要沿海城市临港产业实力评价包括以下两个方面：

一方面，基于产业的代表性和数据的可得性，筛选了全国 10 个临港市（包含县区），建立指标体系对其 2013～2017 年冶金产业、化工产业、木材产业和物流产业的发展水平进行测算，并从时间与空间进行对比评价。我们在每个产业中选取了 3 个代表性行业作为二级指标，并以每个行业的企业数量、工业总产值和资产总计 3 个三级指标来衡量行业发展水平，再进一步由行业发展测算产业发展水平，最终根据测算结果确定临沂市在全国的产业发展排名，并对其做出评价及分析。

另一方面，基于山东省综合实力评价中临港经济开发区的选择，我们依然选取了山东省 9 个临港市（包含县区），建立指标体系测算其 2013～2017年冶金产业、化工产业、木材产业和物流产业的发展水平，计算出得分，然后排名，并进行对比评价。我们在每个产业中选取了 3 个代表性行业作为二级指标，并又从每个行业中选取 6 个三级指标来衡量行业发展水平，再进一步由行业发展测算产业发展水平，最终根据测算结果确定临沂市在全山东省的产业发展排名，并对其做出评价及分析。①

---

① 特别说明：基于数据的可得性和可比较性，在评价全国和全省临港经济开发区的产业实力时，采用的数据都是包含县区在内的临港市的数据。

第一节　中国陆海统筹相关产业概况

中国共产党第十九次全国代表大会为新时代海洋事业发展和海洋力量建设提供了指导，迅速推进的"一带一路"倡议，进一步明确了海洋强国战略重点和方向，中国已经开始全面进入陆海产业一体化发展的新阶段，并开始集中精力发展陆上和海洋统筹产业，主要集中于大力发展物流行业、化工产业与冶金产业以及木材产业。

中国目前陆海统筹产业主要依托于海洋港口物流产业带动发展的冶金化工产业与木材产业，因此本部分先对中国的陆海产业进行简要介绍，主要包括冶金产业、化工产业、物流产业以及木材产业发展概况，再对山东省以及更细的临港陆海统筹产业进行分析。

一、冶金产业发展概况

从 21 世纪开始，冶金化工产业的原材料及产品运输就需要大量物流产业与港口行业支撑，因此必然是陆海统筹大力发展的产业之一，而中国同时也是国际上强大的钢铁强国，粗钢产量在世界上已经 13 年蝉联第一，以下是近年来中国冶金业的发展。

根据统计年鉴数据，中国金属冶炼及压延加工业的企业数量在三年内逐渐下降，而金属制品行业呈大幅上升趋势。同时，2018 年黑色金属领域加工的企业的总资产比 2016 年减少更多；有色金属和金属制品业的总资产总体稳定，如图 5-1 和图 5-2 所示。

根据中国统计年鉴数据表明，中国生铁、粗钢、钢材作为冶金产业的主要工业产出总量在三年里都呈现上升趋势，如图 5-3 所示。

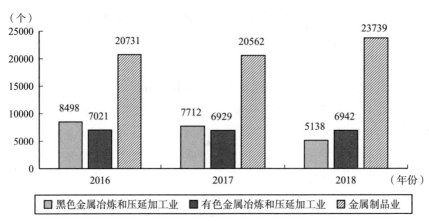

图 5-1　2016~2018 年中国冶金产业相关工业企业单位数

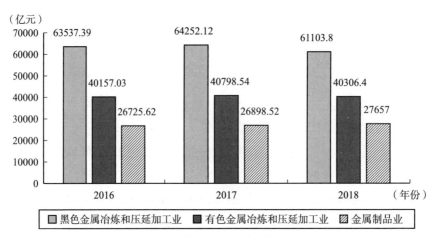

图 5-2　2016~2018 年中国冶金产业相关工业资产总额

资料来源：2016~2018 年《中国钢铁工业年鉴》。

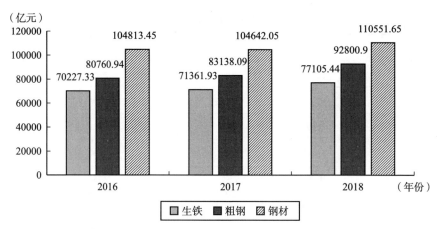

图 5 - 3　2016 ~ 2018 年中国冶金产业工业产出量

资料来源：2016 ~ 2018 年《中国钢铁工业年鉴》。

　　中国在冶金领域既是生产大国也是消费大国。冶金产品基本满足中国需求，部分关键品种达到国际先进水平。近年来，中国的冶金工业已达到世界产量第一，出口第一，消费第一，促进了相关产业的发展和社会就业，并已成为世界主要的冶金生产国。但是，中国作为世界主要冶金生产国尚未成为冶金生产强国，在全球冶金产业结构中并无发言权，因此中国还需继续加强冶金行业的产业结构升级及转型，增强中国的话语权。

二、化工产业发展概况

　　化学工业是许多国家的基础产业和支柱产业，同样也是中国陆地和海洋总体发展中需要大力发展的产业之一。根据最新的《世界化学工业年鉴》数据，全球化学产品的累计年产值已超过 1.5 万亿美元。化学工业在国民经济中不仅是有着重要地位的基础产业，它与各行各业的发展之间也有着密不可分的关系。近年来，中国在化工行业发展也取得了长足的进步。2018 年中国的主要化工产品产量情况如表 5 - 1、图 5 - 4 和图 5 - 5 所示。

表 5 – 1　　　　　　　　2018 年中国主要化工产品产量　　　　　单位：万吨

化工产品类别	产量
化肥	5459.6
硫酸	8636.4
烧碱	3420.2
多晶硅	32.5
甲醇	4756.0
合成材料	15800.0
轮胎	81600.0
乙烯	1841.0
纯苯	827.6

资料来源：2019 年《中国化学工业年鉴》。

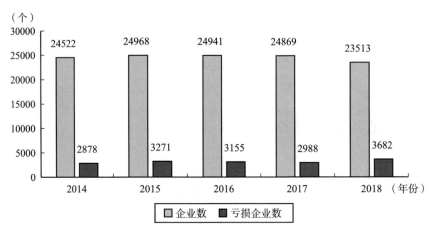

图 5 – 4　2014 ~ 2018 年中国化工行业企业数及亏损企业数走势

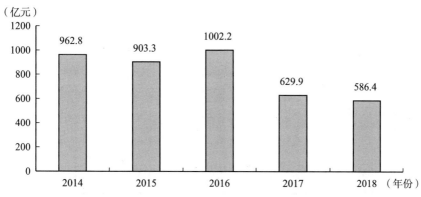

图 5 - 5　2014～2018 年中国化工行业亏损总额走势

资料来源：2015～2019 年《中国化学工业年鉴》。

　　根据以上数据，截至 2018 年 12 月底，化工企业共有 23513 家。其中，亏损企业 3682 家，亏损总额 586.4 亿元。可以看出，中国化工行业的公司数量每年在减少，并且 2018 年亏损企业数较其他年份也增加较多，但与此同时，亏损总额有了下降的趋势。

　　2014～2017 年，中国化工业的获利水平趋于平稳，化工业的销售利润率呈上升趋势，只在 2018 年出现微弱下降，如图 5 - 6～图 5 - 8 所示。

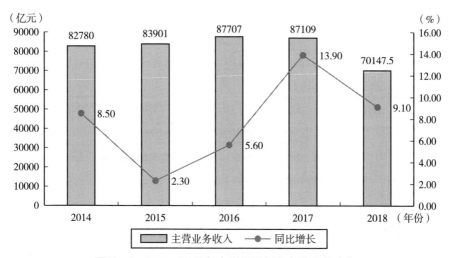

图 5 - 6　2014～2018 年中国化工行业主营业务收入

资料来源：2015～2019 年《中国化学工业年鉴》。

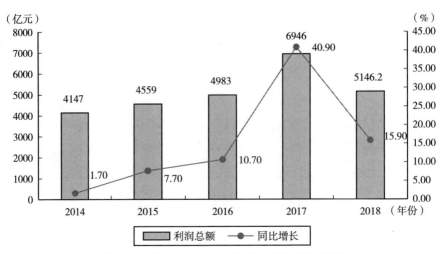

图 5 – 7　2014 ~ 2018 年中国化工行业利润总额

资料来源：2015 ~ 2019 年《中国化学工业年鉴》。

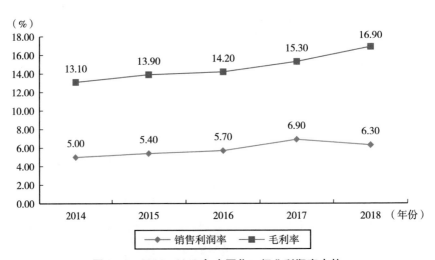

图 5 – 8　2014 ~ 2018 年中国化工行业利润率走势

资料来源：2015 ~ 2019 年《中国化学工业年鉴》。

中国化工产业主要采取园区发展模式，可以充分发挥产业集群效应，优化产业链分布，降低污染成本。但是，中国大多数化学园区的规模都很小，由于缺乏国家或地区的化工园区总体布局计划，导致某些地区的化工园区过于密集，园区之间的产业规划非常相似，无法形成差异化的发展。因此，中国的化工产业正处于亟须转型发展的状态。

三、物流产业发展概况

物流业是中国近年来陆海统筹大力发展的产业之一，物流产业可以很好地将陆域产业与海洋产业结合起来，最大限度地发挥陆海统筹发展的优势，近年来中国物流产业的发展情况如图 5 – 9 所示。

根据中国物流与采购联合会的统计，2014 ～ 2018 年中国社会物流行业的总需求呈现稳定增长态势。2018 年，全国物流总额为 283.1 万亿元，对物流需求总体保持稳定增长，但由于宏观经济存在着下行的压力，增长率略有下降。

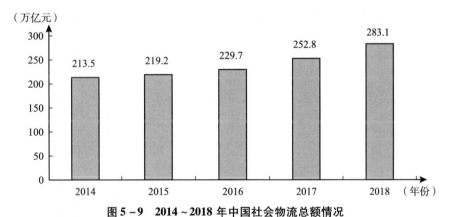

图 5 – 9　2014 ～ 2018 年中国社会物流总额情况

资料来源：2014 ～ 2018 年《全国物流运行情况通报》。

根据中国物流与采购联合会的统计，2014 ～ 2018 年中国物流行业的总收入处于稳步上升阶段，由图 5 – 10 可以直观地得出该结论。

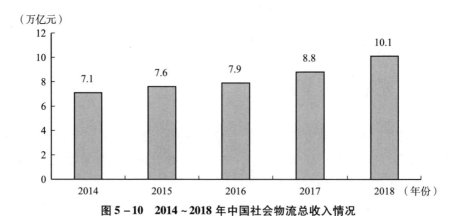

图 5 – 10　2014～2018 年中国社会物流总收入情况

资料来源：2014～2018 年《全国物流运行情况通报》。

　　根据中国物流与采购联合会的统计，2014～2018 年中国公路货物运输量除在 2016 年有所下降之外，货物周转量和货运量在其余年份都呈上升趋势。而中国水路货物运输量在这期间一直呈上升趋势，如图 5 – 11 和图 5 – 12 所示。

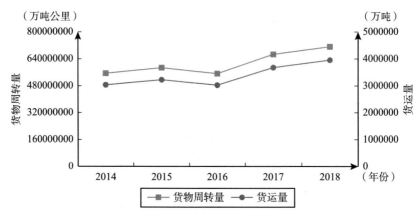

图 5 – 11　2014～2018 年中国公路货物运输量

资料来源：2014～2018 年《全国物流运行情况通报》。

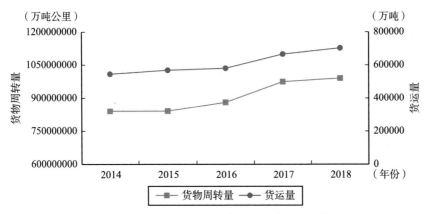

图 5 – 12　2014～2018 年中国水路货物运输量

资料来源：2014～2018 年《全国物流运行情况通报》。

　　两种运输方式相比之下，公路货物运输量多，但是货物的周转慢；而水路的货运量与公路相差极大，其周转量较大，并且在近五年来增长迅速。总体而言，中国的物流业仍然处在重要时期，面对国外形势的紧逼及各种因素的影响，物流业的发展有很大的压力。

四、木材产业发展概况

　　同时受到物流行业与港口行业优势带动的还有木材行业，港口物流优势同样有助于促进有较高运输要求的木材的发展。自对外开放以来，中国的木材加工行业快速发展，为世界上的很多国家提供服务。根据《中国林业统计年鉴》，2010～2016 年，木材加工业快速发展，其销售收入呈现出快速增长的趋势，超过 2000 亿元。2017 年，其销售收入降到 1930.81 亿元，同比下降 4.72%；2018 年达到 1999.35 亿元，略微有所回升，如图 5 – 13 所示。

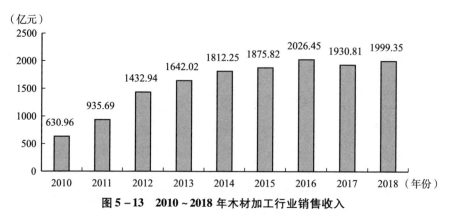

图 5 - 13　2010 ~ 2018 年木材加工行业销售收入

资料来源：2011 ~ 2019 年《中国林业统计年鉴》。

　　中国的木材加工业在发展中呈现出独特的优势，首先，在相关政策的指导下，木材加工行业的规模小、结构乱等状况有所改善，行业内部较强的企业逐步显露出头角。但进入木材加工业的企业仍然很多，大多数是中小企业，价格竞争依旧激烈，来自竞争的压力更加严峻。其次，从粗加工到深加工的过渡增加了发展压力，原因是松散的粗加工和低附加值的生产方法面临淘汰。最后，木材加工业发展过程中涉及资源和环境问题、生态问题及经济发展问题。在这些问题的影响下，中国被迫加大进口力度。2017 年，进口木材总量达到10849.7 万立方米，首次突破了 1 亿立方米，如图 5 - 14 所示。

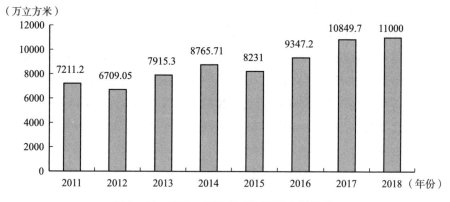

图 5 - 14　2011 ~ 2018 年中国进口木材总量

资料来源：2012 ~ 2019 年《中国林业统计年鉴》。

第二节　中国主要沿海城市临港产业评价

一、中国主要沿海城市选取

根据综合实力评价中18个临港经济开发区的排名结果、与临沂临港经济开发区发展环境的相似度以及各临沂临港经济开发区四大产业数据的可得性选取了10个临港经济开发区进行产业实力评价，分别是宁波市、湖州市、秦皇岛、天津滨海新区、江阴市、连云港、珠海市、马鞍山市、青岛市和临沂市。

二、主要评价指标体系构建

本书对临港经济开发区的产业实力评价是基于临沂临港经济开发区的四大支柱产业进行的，具体包括钢铁冶金产业、化工产业、木材产业和物流产业。对于该四大产业的评价是通过选取各产业中具有代表性的三个行业作为二级指标，具体选择内容见表5–2。二级指标中，对于交通运输业的评价选取了货运量和货运周转量作为三级指标，其余各行业的评价选取了每个行业的企业数量、工业总产值以及资产总计作为三级指标来衡量各个行业的发展水平。最终将三个代表性行业的发展水平加权平均对四大产业的实力进行评价。

表5–2　　　　　中国临港经济开发区产业实力评价指标体系

一级指标	二级指标	权重	三级指标	权重
钢铁冶金产业	黑色金属冶炼和压延加工业	0.33	企业单位数	0.0659
			工业总产值	0.1635
			资产总计	0.1040

续表

一级指标	二级指标	权重	三级指标	权重
钢铁冶金产业	有色金属冶炼和压延加工业	0.33	企业单位数	0.0659
			工业总产值	0.1635
			资产总计	0.1040
	金属制品业	0.33	企业单位数	0.0659
			工业总产值	0.1635
			资产总计	0.1040
化工产业	化学原料和化学制品制造业	0.33	企业单位数	0.0659
			工业总产值	0.1635
			资产总计	0.1040
	化学纤维制造业	0.33	企业单位数	0.0659
			工业总产值	0.1635
			资产总计	0.1040
	石油加工、炼焦和核燃料加工业	0.33	企业单位数	0.0659
			工业总产值	0.1635
			资产总计	0.1040
木材产业	木材加工和木、竹、藤、棕、草制品业	0.33	企业单位数	0.0659
			工业总产值	0.1635
			资产总计	0.1040
	家具制造业	0.33	企业单位数	0.0659
			工业总产值	0.1635
			资产总计	0.1040
	造纸和纸制品业	0.33	企业单位数	0.0659
			工业总产值	0.1635
			资产总计	0.1040
物流产业	汽车制造业	0.25	企业单位数	0.0494
			工业总产值	0.1226
			资产总计	0.0780

续表

一级指标	二级指标	权重	三级指标	权重
物流产业	交通运输业	0.50	货运量	0.2500
			货运周转量	0.2500
	造纸和纸制品业	0.25	企业单位数	0.0494
			工业总产值	0.1226
			资产总计	0.0780

综上，临港经济开发区产业实力评价指标体系构建完成，各指标的选取和权重的确定使用了主观与客观相结合的方法：主观上采用德尔菲专家群组构权法，德尔菲法能够充分发挥专家的作用，集中专家意见并通过测算不断修改和完善权重结构；客观上运用 AHP 层次分析法，熵值法则是利用判断矩阵来反映各指标下的两两子指标之间的相对重要程度。

三、主要原始数据统计处理

利用"指数功效函数法"对原始数据进行无量纲化处理。许多指标实际数值的等量变化，在不同的阶段会具有与原来阶段相比不相同的意义，因此选用此方法也符合指数功效函数的特点。公式如下：

$$Z = \alpha e^{\beta(x - x_{min})/(x_{max} - x_{min})} \tag{5-1}$$

其中，Z 为无量纲化指标，α、β 为待定参数，x_{max}、x_{min} 分别为上下界。设定 60 和 100 为 Z 的临界值以便于比较，确定待定参数 $\alpha = 60$，$\beta = -\ln 0.6$。

四、综合得分评价结果分析

2013～2017 年临港经济开发区钢铁冶金产业得分如表 5-3 所示，中国 2013～2017 年临港经济开发区钢铁冶金产业排名，如图 5-15 所示。根据 2013～2017 年各临港经济开发区钢铁冶金产业的最终得分和排名，对其钢铁冶金产业实力进行评价。

表 5 – 3   2013～2017 年临港经济开发区钢铁冶金产业得分

地区	2013 年	2014 年	2015 年	2016 年	2017 年
宁波	85.38	84.9	85.85	84.9	88.59
湖州	64.89	64.7	65.77	66.06	65.58
秦皇岛	62.69	62.46	63.55	62.53	62.58
天津滨海新区	81.15	80.51	73.94	72.73	72.92
江阴	79.61	77.64	78.24	78.3	82.33
连云港	64.78	65.43	65.76	66.52	65.18
珠海	61.17	60.62	61.17	60.96	61.2
马鞍山	66.61	66.51	68.27	68.06	69.69
青岛	75.86	75.68	78.17	76.38	74.28
临沂	74.19	74.2	75.27	74.31	74.9

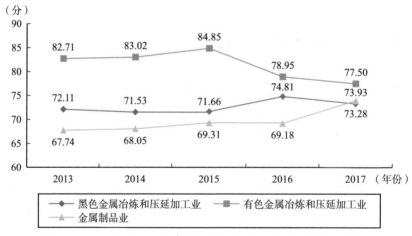

图 5 – 15   2013～2017 年中国临港经济开发区钢铁冶金产业排名

由产业排名的折线图可以看出，宁波市的钢铁冶金产业在 2013～2017 年稳居第一，得分稳定在 80 分以上，与其他临港经济开发区保持较大差距。临沂市的钢铁冶金产业得分稳定在 74～76 分，排名有所上升，说明临沂市钢铁冶金产业实力水平有所提高。同时注意到，天津滨海新区的钢铁冶金实力在 2015 年有明显的下降，可能是由于 2015 年钢铁冶金产业中三个代表性行业的工业总产值和资产总计都有不同程度的下降。同时有明显上升趋势的是马鞍山市。连云港市、湖州市、秦皇岛市和珠海市的得分和排名均较低，原因是钢铁冶金产业并不是它们的支柱产业，因此不具有很好的借鉴意义。

　　总之，临沂市的钢铁冶金产业实力在 2013～2017 年没有较大的变化，可以借鉴马鞍山市的发展经验，提高自身钢铁冶金产业的实力。

　　2013～2017 年临港经济开发区化工产业得分如表 5－4 所示，中国 2013～2017 年临港经济开发区化工产业排名如图 5－16 所示。根据 2013～2017 年各临港经济开发区化工产业的最终得分和排名，对其化工产业实力进行评价。

表 5－4　　　　2013～2017 年临港经济开发区化工产业得分

地区	2013 年	2014 年	2015 年	2016 年	2017 年
宁波	90.27	91.64	90.90	90.44	91.15
湖州	64.97	66.56	67.18	68.13	69.52
秦皇岛	60.23	60.19	60.21	60.14	60.17
天津滨海新区	80.94	80.27	81.24	80.36	77.77
江阴	78.01	77.98	77.72	77.83	78.34
连云港	68.29	69.18	70.17	71.52	69.03
珠海	63.31	64.29	64.13	64.14	64.67
马鞍山	60.76	61.12	61.07	61.31	61.45
青岛	72.65	73.27	72.29	71.24	70.13
临沂	70.20	71.60	71.01	71.34	71.56

　　由化工产业排名的折线图可以看出，天津滨海新区的化工产业在 2013～2016 年一直排名第一，得分稳定在 80 分以上，与其他临港经济开发区保持较大差距，但是其化工产业的得分在 2017 年与以前年份相比有明显的下降，原因可能是其中的石油加工业与炼焦和核燃料加工业在 2017 年产值有所下降。临沂市的化工产业得分保持在 70 分以上，除了 2015 年有轻微的下降之外，一直保持上升的趋势，2017 年排名跃居第三，说明临沂市化工产业实力保持较高的水平且一直稳步增长。同时注意到，青岛的化工

实力在 2014 年之后一直呈下降趋势，在 2017 年，连云港市的化工水平出现了明显的降低。马鞍山市、秦皇岛市和珠海市的得分和排名均较低，原因是化工产业并不是它们的支柱产业，因此不具有很好的借鉴意义。

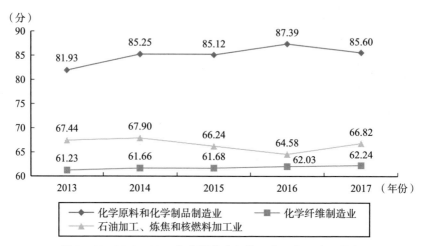

图 5 – 16　2013 ~ 2017 年中国临港经济开发区化工产业排名

总之，临沂市的化工产业实力在 2013 ~ 2017 年大体处于上升的趋势，应继续保持并进一步提高自身化工产业的实力。

2013 ~ 2017 年临港经济开发区木材产业得分如表 5 – 5 所示，中国 2013 ~ 2017 年临港经济开发区木材产业排名如图 5 – 17 所示。根据 2013 ~ 2017 年各临港经济开发区木材产业的最终得分和排名，对其木材产业实力进行评价。

表 5 – 5　　　　　　　2013 ~ 2017 年临港经济开发区木材产业得分

地区	2013 年	2014 年	2015 年	2016 年	2017 年
宁波	80.97	82.15	81.74	80.90	80.23
湖州	79.10	79.16	79.12	78.93	78.65
秦皇岛	60.23	60.17	60.08	60.12	60.19

续表

地区	2013 年	2014 年	2015 年	2016 年	2017 年
天津滨海新区	62.46	62.21	62.73	62.37	62.08
江阴	62.11	61.92	61.73	61.66	60.66
连云港	62.25	61.61	61.90	61.98	61.65
珠海	63.28	63.47	63.13	63.22	62.62
马鞍山	62.25	62.82	63.58	64.59	64.26
青岛	79.66	75.88	75.36	74.14	66.43
临沂	83.48	84.78	86.48	86.35	85.92

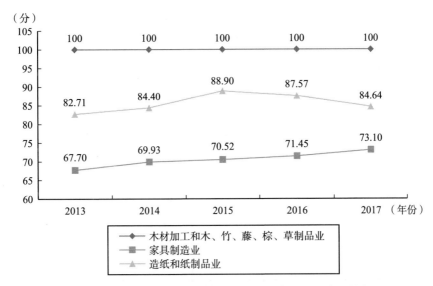

图 5-17　2013～2017 年中国临港经济开发区木材产业排名

由产业排名的折线图可以看出，临沂市的木材产业在 2013～2017 年一直稳居第一，且与其他临港经济开发区保持较大差距，在 2015 年之后虽有所下降，但仍保持较高水准。其次，宁波市和湖州市的木材产业水平较为稳定，排名保持在第二、第三。值得注意的是，青岛市的木材产业水平在这五年内发生了明显的下降，尤其是 2014 年和 2017 年下降尤为明显，原因是木材产业的三个代表性行业的水平都发生了不同程度的下降。马鞍山市、连云港市、天津滨海新区、江阴市、秦皇岛市和珠海市的得分和排名均较低，原因是木材产业并不是它们的支柱产业，因此不具有很好的借鉴意义。

总之，木材产业目前是临沂市的龙头产业，在 2013～2017 年也一直处于较高的实力水平，应继续发挥其产业优势，因此带动临沂市综合实力水平的上升。

2013～2017 年临港经济开发区物流产业得分如表 5－6 所示，中国 2013～2017 年临港经济开发区物流产业排名如图 5－18 所示。根据 2013～ 2017 年各临港经济开发区物流产业的最终得分和排名，对其物流产业实力进行评价。

表 5－6 2013～2017 年临港经济开发区物流产业得分

地区	2013 年	2014 年	2015 年	2016 年	2017 年
宁波	90.33	90.80	91.09	91.89	91.96
湖州	65.06	63.64	62.50	62.07	61.99
秦皇岛	65.78	65.77	65.72	65.06	64.42
天津滨海新区	78.68	75.10	73.73	71.75	69.40
江阴	64.33	63.28	62.91	61.91	62.26
连云港	64.37	65.50	63.50	62.10	62.28
珠海	61.52	61.84	61.98	61.88	61.66
马鞍山	64.93	61.56	61.58	61.88	61.80
青岛	87.78	84.02	83.84	83.96	83.32
临沂	74.46	71.45	70.82	70.65	69.27

根据 2013～2017 年各临港经济开发区物流产业的最终得分和排名，对其物流产业实力进行评价。由产业排名的折线图可以看出，青岛市的物流产业实力在 2013～2017 年稳居第一，且得分稳定在 80 分以上，与其他临港经济开发区保持较大差距，但在 2014 年有明显下降的趋势。其中尤其值得注意的是，临沂市的物流产业实力虽稳居第三，但在 2013～2017 年一直处于下降趋势，说明临沂市物流产业实力仍有待提高。同时注意到，天津滨海新区的物流水平实力也一直呈下降趋势，可能是由于其交通运输业的实力收

缩。连云港市、江阴市、湖州市、马鞍山市和珠海市的得分和排名均较低，原因是物流产业并不是它们的支柱产业，因此不具有很好的借鉴意义。

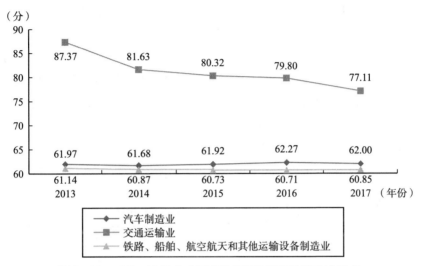

图 5-18　2013～2017 年中国临港经济开发区物流产业排名

总之，临沂市的物流产业实力在 2013～2017 年大体处于下降的趋势，应积极提高自身物流产业的实力。

第三节　山东省主要沿海城市临港产业评价

一、山东省主要沿海城市选取

在产业实力评价中，根据综合实力评价中 9 个临港经济开发区的排名结果、与临沂市临港经济开发区发展环境的相似度以及各临港经济开发区四大产业数据的可得性，本书依然选择了山东省内包括临沂市在内的 9 个临港市进行产业实力评价。

二、主要评价指标体系构建

对山东省临港经济开发区的产业实力的评价是基于临沂市临港经济开发区的四大支柱产业进行的，具体包括钢铁冶金产业、化工产业、木材产业和物流产业。对于该四大产业的评价是通过选取各产业中具有代表性的三个行业作为二级指标，具体选择内容见表5-7。其中对于物流产业中的交通运输业的评价选取了公路通车里程和公路货运周转量作为三级指标，对于其余各行业的评价选取了每个行业的企业数量、工业总产值和销售产值、单位产值耗煤量、用电量以及资产总计作为三级指标来衡量各个行业的发展水平。最终将四个代表性行业的发展水平加权平均来对四大产业的实力进行评价。

表5-7 山东省临港经济开发区产业实力评价指标体系

一级指标	二级指标	权重	三级指标	权重
钢铁冶金产业	黑色金属冶炼和压延加工业	0.40	企业单位数	0.0354
			工业总产值	0.1226
			工业销售产值	0.0757
			资产总计	0.0757
			单位产值能源消耗量	0.0552
			电力使用量	0.0354
	有色金属冶炼和压延加工业	0.40	企业单位数	0.0354
			工业总产值	0.1226
			工业销售产值	0.0757
			资产总计	0.0757
			单位产值能源消耗量	0.0552
			电力使用量	0.0354
	金属制品业	0.20	企业单位数	0.0177
			工业总产值	0.0613
			工业销售产值	0.0378
			资产总计	0.0378
			单位产值能源消耗量	0.0276
			电力使用量	0.0177

续表

一级指标	二级指标	权重	三级指标	权重
化工产业	化学原料和化学制品制造业	0.40	企业单位数	0.0354
			工业总产值	0.1226
			工业销售产值	0.0757
			资产总计	0.0757
			单位产值能源消耗量	0.0552
			电力使用量	0.0354
	化学纤维制造业	0.20	企业单位数	0.0177
			工业总产值	0.0613
			工业销售产值	0.0378
			资产总计	0.0378
			单位产值能源消耗量	0.0276
			电力使用量	0.0177
	石油加工、炼焦和核燃料加工业	0.40	企业单位数	0.0354
			工业总产值	0.1226
			工业销售产值	0.0757
			资产总计	0.0757
			单位产值能源消耗量	0.0552
			电力使用量	0.0354
木材产业	木材加工和木、竹、藤、棕、草制品业	0.40	企业单位数	0.0354
			工业总产值	0.1226
			工业销售产值	0.0757
			资产总计	0.0757
			单位产值能源消耗量	0.0552
			电力使用量	0.0354
	家具制造业	0.20	企业单位数	0.0177
			工业总产值	0.0613
			工业销售产值	0.0378
			资产总计	0.0378
			单位产值能源消耗量	0.0276
			电力使用量	0.0177

一级指标	二级指标	权重	三级指标	权重
木材产业	造纸和纸制品业	0.40	企业单位数	0.0354
			工业总产值	0.1226
			工业销售产值	0.0757
			资产总计	0.0757
			单位产值能源消耗量	0.0552
			电力使用量	0.0354
物流产业	交通运输业	0.33	公路通车里程	0.1667
			公路货运周转量	0.1667
	汽车制造业	0.33	企业单位数	0.0295
			工业总产值	0.1021
			工业销售产值	0.0631
			资产总计	0.0631
			单位产值能源消耗量	0.0460
			电力使用量	0.0295
	铁路、船舶、航空航天和其他运输设备制造业	0.33	企业单位数	0.0295
			工业总产值	0.1021
			工业销售产值	0.0631
			资产总计	0.0631
			单位产值能源消耗量	0.0460
			电力使用量	0.0295

综上，临港经济开发区产业实力评价指标体系构建完成，各指标权重的确定同样使用了主观与客观相结合的方法：主观上采用德尔菲专家群组构权法；客观上运用 AHP 层次分析法，熵值法则是利用判断矩阵来反映各指标下的两两子指标之间的相对重要程度。

三、主要原始数据统计处理

需要对数据进行无量纲化处理，"指数功效函数法"的公式如下：

$$Z = \alpha e^{\beta(x - x_{min})/(x_{max} - x_{min})} \qquad (5-2)$$

其中各字母的含义与式（5-1）相同。为便于比较，设定 60 和 100 为 Z 的临界值，确定待定参数 $\alpha = 60$，$\beta = -\ln 0.6$。

四、综合得分评价结果分析

（一）钢铁冶金业

2013~2017 年山东省钢铁冶金产业得分及排名如表 5-8 所示，2013~2017 年山东省临港经济开发区钢铁冶金产业评分如图 5-19 所示。根据 2013~2017 年山东省各临港市钢铁冶金产业的最终得分和排名，对其钢铁冶金产业实力进行评价。

表 5-8　　　　　　　2013~2017 年山东省钢铁冶金产业得分及排名

城市	2013 年		2014 年		2015 年		2016 年		2017 年	
	得分	排序	得分	排序	得分	排序	得分	排序	得分	排序
临沂	77.74	2	77.25	2	78.31	1	78.24	1	77.12	2
济南	68.38	7	67.64	7	70.91	7	66.91	8	69.8	8
青岛	75.69	3	74.63	3	78.14	2	75.06	3	72	7
威海	62.19	9	62.4	9	63.65	9	63.68	9	62.42	9
潍坊	72.17	5	71.12	5	76.55	4	72.06	5	72.01	6
烟台	78.66	1	78.09	1	77.53	3	75.94	2	76.49	3
日照	67.07	8	66.59	8	69.43	8	69.06	7	72.36	5
东营	70.06	6	70.11	6	72.34	6	70.71	6	73.97	4
滨州	72.78	4	74.47	4	74.51	5	73.25	4	80.72	1

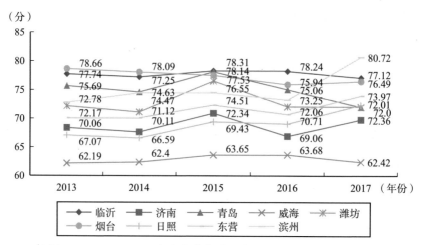

图 5 − 19　2013 ~ 2017 年山东省临港经济开发区钢铁冶金产业评分

由产业排名的折线图可以看出，临沂市的钢铁冶金产业得分稳定在 75 分以上，排名也稳定在第一或者第二，说明临沂市钢铁冶金产业实力水平在山东省较高，且依然有进步空间。同时注意到，青岛市和滨州市在 2013 ~ 2017 年的钢铁冶金产业排名中变化都较大，但是变化方向相反，青岛市从第二名变化为 2017 年的第七名，而滨州市从第五名成长为第一名。从整体趋势来看，除青岛市之外的所有其他临港市的产业实力都在波动中提高，而青岛市虽然产业排名较高，但是呈现出产业实力降低的趋势，甚至在 2017 年与滨州市的钢铁冶金产业评分非常相近。临沂市可以借鉴滨州的发展经验，并吸取青岛市的经验教训，根据地缘优势来重点发展钢铁冶金工业。

（二）化工业

2013 ~ 2017 年山东省临港市化工产业得分及排名如表 5 − 9 所示，2013 ~ 2017 年山东省临港经济开发区化工产业评分如图 5 − 20 所示。根据 2013 ~ 2017 年山东省各临港市化工产业的最终得分和排名，对其化工产业实力进行评价。

表 5-9　　　　　　　2013～2017 年山东省临港市化工产业得分及排名

城市	2013 年		2014 年		2015 年		2016 年		2017 年	
	得分	排序	得分	排序	得分	排序	得分	排序	得分	排序
临沂	68.83	6	67.52	6	69.49	4	69.81	3	70.82	3
济南	64.49	7	64.04	7	65.24	7	64.19	7	63.72	7
青岛	69.97	4	68.52	5	68.66	6	68.54	5	68.02	6
威海	61.73	9	61.49	9	61.41	9	61.68	8	62.11	9
潍坊	86.06	1	84.88	2	84.35	1	82.55	2	82.01	2
烟台	70.21	3	68.60	4	69.23	5	68.52	6	70.12	4
日照	62.45	8	61.86	8	61.76	8	61.34	9	62.49	8
东营	82.07	2	85.49	1	82.14	2	83.65	1	83.02	1
滨州	69.92	5	68.95	3	70.00	3	68.65	4	69.36	5

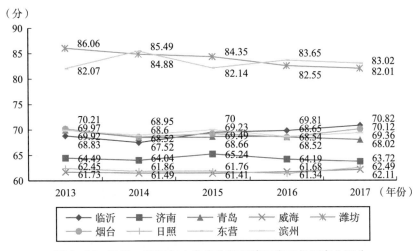

图 5-20　2013～2017 年山东省临港经济开发区化工产业评分

　　由化工产业排名的折线图可以看出，东营市和潍坊市的化工产业在 2013～2017 年排名前列，得分稳定在 80 分以上，与山东省其他临港市保持较大差距，其原因可能在于东营市丰富的石油资源的推动作用。临沂市的化工产业得分保持在 65 分以上，一直保持上升的趋势，2017 年排名跃居第三，说明临沂市化工产业增长潜力不断被激发且一直稳步增长。另外，青岛的化工实力在 2013～2017 年一直呈下降趋势，排名也从第三位降到第五位，这可能与青岛近年来的产业结构调整有关。济南市、威海市和日照市的得分和排名均较低，原因可能在于化工产业并不是它们的支柱产业，因此不具有很好的借鉴意义。

总之，临沂市的化工产业实力在 2013～2017 年大体处于上升的趋势，但是增长速度需要进一步提高，应继续保持并进一步提高自身化工产业的实力。

（三）木材业

2013～2017 年山东省临港市木材产业得分如表 5-10 所示，2013～2017 年山东省临港经济开发区木材产业评分如图 5-21 所示。根据 2013～2017 年山东省各临港市木材产业的最终得分和排名，对其木材产业实力进行评价。

表 5-10　　　　2013～2017 年山东省木材产业得分及排名

城市	2013 年		2014 年		2015 年		2016 年		2017 年	
	得分	排序	得分	排序	得分	排序	得分	排序	得分	排序
临沂	79.05	1	80.22	1	80.73	1	83.18	1	91.08	1
济南	62.33	8	63.16	9	64.39	6	62.11	8	63.5	6
青岛	76.86	2	76.43	2	74.88	3	76.45	3	72.39	3
威海	61.35	9	63.88	8	61.72	9	61.46	9	60.98	9
潍坊	74.39	3	76.05	3	76.33	2	78.02	2	79.68	2
烟台	67.55	4	65.14	6	66.63	4	67.41	5	69.27	4
日照	63.66	7	64	7	63.42	8	63.42	7	62.68	8
东营	66.05	5	65.37	5	64.12	7	67.59	4	65.73	5
滨州	64.15	6	66.33	4	65.02	5	63.57	6	62.68	7

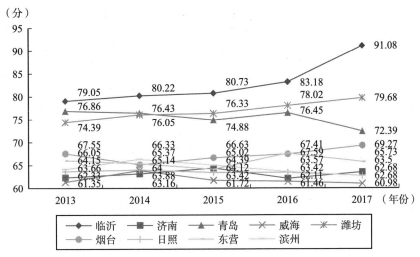

图 5 – 21　2013 ~ 2017 年山东省临港经济开发区木材产业评分

　　根据 2013 ~ 2017 年山东省各临港市木材产业的最终得分和排名，对其木材产业实力进行评价。由产业排名的折线图可以看出，首先，临沂市的木材产业在 2013 ~ 2017 年一直稳居第一，且与其他临港经济开发区保持较大差距。其次，潍坊市和青岛市的木材产业水平比较稳定，排名保持在第二、第三。虽然青岛市的木材产业实力排名比较靠前，但是 2013 ~ 2017 年的评价得分显示，这五年内青岛市的木材产业水平在不断下降，尤其是在 2016 年下降趋势尤为明显，这可能是由于近年来青岛市的产业战略目标调整了。得分较低的是日照市、威海市和济南市，这可能与这些地区的产业布局和产业发展重点有关，木材产业并不是它们的支柱产业，因此不具有很好的借鉴意义。

　　总之，木材产业目前是临沂市的龙头产业，在 2013 ~ 2017 年也一直处于较高的实力水平，应继续发挥其产业优势，带动临沂市综合实力水平的上升。

（四）物流业

　　2013 ~ 2017 年山东省临港市物流产业得分及排名如表 5 – 11 所示，2013 ~ 2017 年山东省临港经济开发区物流产业评分如图 5 – 22 所示。根据 2013 ~ 2017 年山东省各临港市物流产业的最终得分和排名，对其物流产业实力进行评价。

表 5 – 11   2013 ~ 2017 年山东省临港市物流产业得分及排名

城市	2013 年		2014 年		2015 年		2016 年		2017 年	
	得分	排序	得分	排序	得分	排序	得分	排序	得分	排序
临沂	74.50	3	75.82	3	76.24	3	76.08	3	76.67	2
济南	71.23	5	70.79	5	70.21	5	70.56	5	74.80	3
青岛	80.25	1	79.86	1	80.47	1	80.60	1	80.90	1
威海	64.77	8	65.25	7	65.42	7	65.23	7	65.38	6
潍坊	76.51	2	75.69	4	73.42	4	73.15	4	73.54	4
烟台	73.94	4	76.25	2	76.73	2	78.58	2	72.91	5
日照	65.49	7	64.54	8	64.60	8	64.10	8	64.34	8
东营	63.85	9	64.13	9	64.08	9	64.05	9	61.78	9
滨州	67.03	6	65.36	6	65.53	6	65.56	6	64.93	7

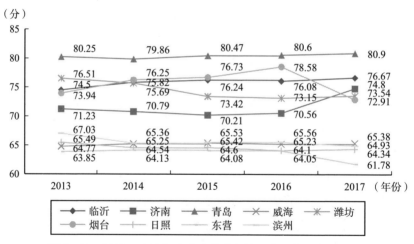

图 5 – 22 2013 ~ 2017 年山东省临港经济开发区物流产业评分

　　由产业排名的折线图可以看出，青岛市的物流产业实力在 2013 ~ 2014 年排名第一，而 2015 ~ 2017 年临沂市的物流实力稳定在山东省的第三名，这表明临沂市的物流产业实力在山东省非常具有竞争优势。从整体来看，山东省各临港市的物流产业实力都比较稳定，只有东营市和烟台市分别在

2017年出现了明显的下降趋势。日照市、威海市和滨州市的得分和排名均较低，原因是物流产业并不是它们的支柱产业，因此不具有很好的借鉴意义。

总之，临沂市的物流产业实力在2013~2017年呈现出缓慢的增长趋势，并且在山东省占据有利地位。

第四节　临沂市临港产业发展综合评价分析

一、临沂市产业实力发展评价分析

2013~2017年临沂市四大产业得分折线图如图5-23所示。由图可见，临沂市木材产业得分较高且走势平稳，维持在83~87分，是四大产业中发展较好的产业；钢铁冶金产业，得分基本在74分，5年内保持稳定发展水平；化工和物流产业得分相差不大，都在70分左右，但是化工产业走势向好，而物流产业发展态势走低。从2017年来看，四大产业得分从高到低依次为木材、钢铁冶金、化工和物流。

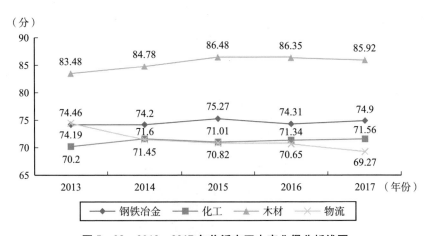

图5-23　2013~2017年临沂市四大产业得分折线图

2013~2017年临沂市四大产业得分贡献比如图5-24所示。根据

2013~2017 年临沂市四大产业得分占比来看，木材产业得分占比最大，为 28% 左右，其次是钢铁冶金占比为 24.5% 左右，最后是物流和化工相差无几，为 23% 左右。总的来看，木材产业得分贡献度最大，钢铁冶金产业居中，物流化工贡献度位于四大产业最后。

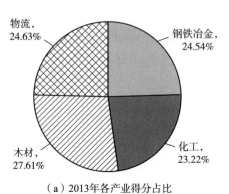

（a）2013年各产业得分占比

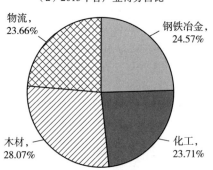

（b）2014年各产业得分占比

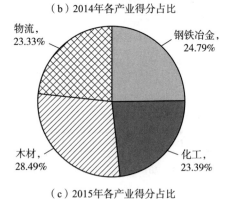

（c）2015年各产业得分占比

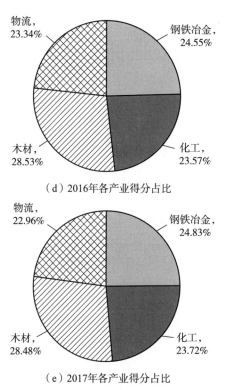

（d）2016年各产业得分占比

（e）2017年各产业得分占比

图 5 – 24　2013 ~ 2017 年临沂市四大产业得分贡献比

2013 ~ 2017 年临沂市钢铁冶金产业各行业得分折线图如图 5 – 25 所示。在钢铁冶金产业之中，金属冶炼和压延加工业得分相对较高，其中整体得分最高的是黑色金属领域，且对临沂市的钢铁冶金产业得分贡献度最高，但在 2016 ~ 2017 年其得分与原先年份相比是下降的；得分居中的是黑色金属冶炼和压延加工业，其得分发展平稳向好，后两年总体呈增长态；金属制品业得分相对较低，但走势稳步上升，逐步赶上金属冶炼行业发展水平。

2013 ~ 2017 年临沂市化工产业各行业得分折线图如图 5 – 26 所示。在化工产业之中，化学原料和化学制品制造业整体实力较强，其对临沂市化工产业贡献度最高，前 4 年稳步增长但 2017 年有所回落；石油加工、炼焦和核燃料加工业的得分居中，走势变化不大；化学纤维制造业得分则一直保持较低水平，无明显变化。

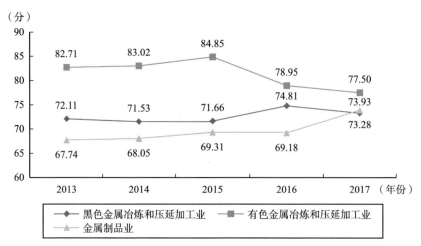

图5-25　2013～2017年临沂市钢铁冶金产业各行业得分折线图

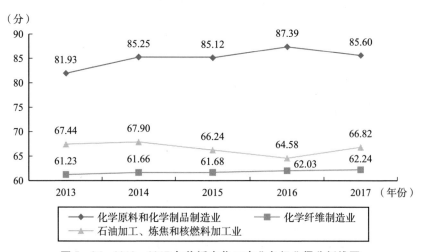

图5-26　2013～2017年临沂市化工产业各行业得分折线图

2013～2017年临沂市木材产业各行业得分折线图如图5-27所示。在木材产业之中,得分最高的是木材加工业,对临沂市木材产业贡献度最高,也处于所有参与比较的临港经济开发区中领先水平;造纸和纸制品业的得分居中,2015年得分较高,随后有所回落,但依然处于较高水平;家具制造业得分相对较低,但连年增长,具有一定的发展潜力。

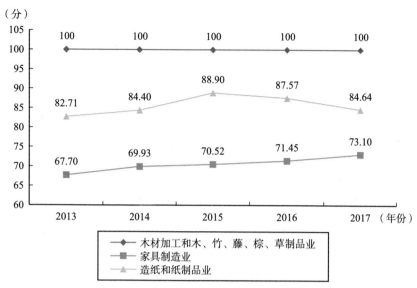

（分）

图 5 – 27 **2013 ～ 2017 年临沂市木材产业各行业得分折线图**

2013 ～ 2017 临沂市物流产业各行业得分折线图如图 5 – 28 所示。在物流产业之中，交通运输业的得分整体最高，即货运量和货运周转量对临沂市物流产业贡献度最高，但走势呈现整体下降趋势且幅度较大，对本产业及其他相关产业的整体发展存在不利影响；其余两个行业得分偏低，相差不大，走势变化不大，原因可能是这两个行业非重点发展行业且无过多战略规划，导致发展水平一直处于较低水平，但物流业离不开该产业的发展，因此临沂需要提高对此类行业的关注以提升物流行业的整体发展水平。

二、临沂市产业发展实力评价总结

第一，本章构建了包括企业数量、资产总计和产值的评价指标体系，对选取的 10 个全国临港经济开发区的冶金、化工、木材和物流进行了排名和评价。从产业实力对比来看，临沂市的冶金、化工排名均在中等水平，木材位居第一，物流排名中上；从得分绝对值来看，四大产业得分从高到低依次为：木材、钢铁冶金、化工和物流；从得分占比来看，木材产业得分贡献度最大，钢铁冶金产业居中，物流化工位于最后。同时，我们还对临沂市各产

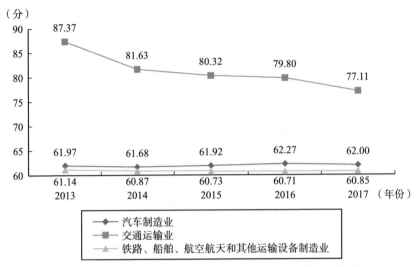

（分）

图 5 – 28　2013～2017 年临沂市物流产业各行业得分折线图

业的细分行业情况做出评论分析。

第二，本章构建了包括企业数量，资产总计和产值、单位产值耗煤量、用电量和销售值的评价指标体系，对选取的 9 个山东省的临港经济开发区的冶金、化工、木材和物流进行了排名和评价。从产业实力对比来看，临沂市的冶金排名为中上、化工排名为中等，木材位居第一，物流排名较上；从得分的绝对值来看，四大产业得分从高到低依次为：木材、物流、钢铁冶金和化工，与中国整体排名有一定差异；从得分占比来看，木材产业得分贡献度最大，物流和钢铁冶金产业居中，化工产业贡献度位于四大产业最后。同样，我们还对临沂市各产业的细分行业情况做出评价：除了化工产业中得分贡献度占比最高的变为化学纤维制造业以外，其余产业得分贡献度最高的行业均不变。

总的来说，无论是全国遴选出的临港经济开发区还是全省的临港经济开发区，临沂市的四大产业中木材的发展首屈一指，冶金、化工和物流产业表现也不俗，临沂市政府应该进一步规划其发展路径，真正发挥主导产业的优势，带活地区经济发展。

第六章

临沂临港经济开发区产业关联分析

第一节　产业关联的主要研究方法

一、临沂临港经济开发区临港产业发展背景

临沂临港经济开发区在发展过程中积极利用自身优势地位，例如依靠临港建立起以工业为主导，突破性发展四大战略性新兴产业。产业园区在创新发展过程中十分关注对于高端钢材、绿色化工两大核心产业的发展。未来规划建立临港物流园、铁路物流园、都市工业园、现代农业示范区及生态旅游区。临沂临港经济开发区涉及多个产业，通过对产业关联度的分析，可有效掌握各产业之间的联系进而进行有效合理的产业规划。比如研究钢铁产业与物流产业的关联度，可以寻找钢铁产业在产业转型升级中物流方向上着重发力点，因此分析临沂临港经济开发区各产业之间的关联度，对于相关经济计划的开展以及经济预测的推进有着十分重要的意义。

经过统计数据分析发现，临沂市和临港开发区的产业结构相似度较高。因为临港开发区各产业的详细数据缺失，因此本部分在数据方面选用的是临沂市的产业数据。先通过 SMM – 区位熵方法确定临沂市的主导产业，得到

工业为主导产业，进一步将属于工业的 7 个细分产业进行主导产业分析，根据得分选取前两个产业作为临沂市的主导产业，然后运用灰色关联度分析方法分别计算两个主导产业与其他几个产业之间的关联度系数，为避免单一方法结果的片面性，又采用相关关系研究方法，分两步计算产业之间的相关系数和偏相关系数，综合分析产业间关联程度，重点关注临沂临港经济开发区核心产业、战略性新兴产业与主导产业的关联效应，从而发现其在发展中存在的薄弱环节，最后提出相应的建议，为制定产业政策提供依据。

二、产业关联的研究文献分析

（一）关于产业关联的研究

对于产业关联的研究，中外学者大体上从以下几个方面展开。从空间角度来看，一是从不同层次来剖析城市内部的产业关联及其结构。二是深入研究尘世间产业联系的各类具体情形。三是以不同国家或地区为对象进行产业关联性分析。从产业角度来看，许多学者对某些特定产业和其他产业进行关联分析。另外一些学者把研究区域内的所有产业当作对象进行研究。

（二）关于港口城市的研究

有关港口城市的研究主要集中在以下几个方面。一是港口城市之间的经验借鉴。二是港口对区域经济的作用。三是有关港口城市竞争力的评价。

（三）关于关联方法的研究

在研究过程中主要集中于灰色关联分析、投入产出分析法来分析产业关联效应。在产业关联分析上，采用投入产出法，通过各类研究表明该方法具有科学性可以用来进行分析，但由于投入产出表的发布时间跨度大等问题，最新数据更新到 2012 年，而本章主要测度临沂市的产业关联效应，所以不适用此方法，初步采用针对信息量少、样本小的系统具有广泛的适应性的灰色关联方法对产业关联效应进行分析。灰色关联度分析计算的关联系数无论从时效性还是从可比性上而言，均比投入产出具有比较优势，但对具体分析过程汇总，其最终目的也是非常浅显易见，即用来弥补灰色关联分析中关联系数的深层次精确度上的现有缺陷。

三、产业关联的主要研究方法

（一）相关分析方法

在经济统计学中经常会使用到相关系数和偏相关系数，而在研究变量之间的关系时经常涉及的个数往往较多，此时采用相关系数就会出现一定的误差。因为，在这种情况下，想要准确地反映两个变量之间的关系，采用相关系数就无法排除其他变量的干扰，从而影响变量之间真正的本质关系。此时，就可以采用偏相关系数来代替相关系数的不足，从而达到消除其他变量的干扰的目的。

（二）区位熵法

区域规模优势指数通常可以反映在某一地区的某一产业部门的规模化水平和专业化程度，我们将这种方法又称为区位熵法。在分析区域产业布局和产业优势时，区位熵法是一种客观的方法，可以用来评价某一个地区的产业部门的发展状况。因此，根据定义可知临沂市产业结构内部某一行业区位熵的计算公式可以表示为：

$$LQ_j = (P_{aj}/P_a)/(P_{Aj}/P_A) \qquad (6-1)$$

其中，P_{aj}为临沂市 j 产业产值，P_a为临沂市产业生产总值，P_{Aj}表示山东省 j 产业产值，P_A表示山东省产业生产总值，LQ_j就是临沂市 j 产业在山东省的区位熵值，$LQ_j > 1$，说明临沂市 j 产业具有区域比较优势，数值越大，优势越明显；$LQ_j = 1$，说明临沂市 j 产业无明显优势，在产业内部处于一个供需均衡状态；$LQ_j < 1$，说明临沂市 j 产业处于劣势，数值越小，劣势越明显。

（三）SSM – 区位熵法

通过对偏离份额分析法和区位熵法的分析，虽然在基准产业的选择上区位熵法是一个传统的方法，也存在一些缺点。它的缺点是不能准确地描述产业部门的动态状况，只能单独地从该区域的某一个特征来反映主导产业，偏离份额分析法能够弥补区位熵法存在的不能描述主导产业动态特征的缺陷。偏离份额分析法把研究区域的某一产业的变化当作一个动态变化的过程，进而综合考虑该区域的产业部门的基础情况。

虽然采用区位熵法作为基准来选择主导产业具有一定的缺陷，但是该方法仍然是一种很重要的方法并且具有不可替代的作用。此外，偏离份额分析法在选择主导产业时与区位熵法具有一定的联系，所以可以将这两种方法结合起来，这样就可以避免区位熵法的不足，可以更加客观地、准确地选择主导产业。反映海洋产业部门目前的基础情况和动态的变化特点，则采用偏离份额分析法，这会使研究结果具有综合性与动态性。

目前中国很多学者都采用将两者相结合的方法来研究某一区域的主导产业，并且都取得相应的成果。SSM－区位熵法就是将偏离份额分析法中分解出来的三个部分（N、P、D）和利用区位熵法计算出来的区位熵值作为综合指标确定海洋主导产业，然后标准化处理研究的数据并将指标的权重考虑进去，进而综合评估研究区域的海洋各产业特征。

（四）偏离份额分析法

偏离份额分析法（shift-share method，SSM）是由一位美国的经济学家丹尼尔（Daniel）首次提出来的。翻译成中文就是偏离份额分析法，之后一些学者又对该理论进行了完善和总结，最终成为了被广泛接受的分析方法。SSM主要用于研究产业结构和区域经济发展，通过偏离份额分析法对影响临沂市经济发展的相关因素进行说明，分析经济发展过程的优劣部分，进而找到临沂市经济发展的方向以及产业结构的调整策略。

如果份额分量（N）的值为正，说明该区域的产业的发展前景比较好，正的数值越大，就代表着这个区域的产业发展前景就越好。当研究区域的产业增长率与大区域的产业增长率存在差异时，对研究区域的产业或者经济产生的影响，将这种由于增长率差异而引起的变化叫作结构偏离分量（P）。当P大于0时，则说明该产业部门的产业结构对该区域的经济总量的贡献大，正值越大，说明该区域的产业结构状况越好。研究区域的产业部门在增长量方面的实际差异对该区域产业部门变化的影响用竞争力偏离分量（D）代表，可以用来衡量该区域内的产业部门的竞争实力，当该值为正时，表示该产业部门具有较强的竞争力，当 D 的数值越大，则代表该产业部门在竞争力方面越处于有利地位。P + D = PD 表示总偏离分量，通过该分量可以进一步剖析该研究区域的产业部门在市场上所具有的发展潜力。若该值大于 0 且数值越大，说明研究区域的产业部门相比较于大区域具有比较竞争优势，而且市场发展潜力越好。

区域的产业结构特征可以用以下三个指数来评价，分别是 U、L、W。当 L 的值大于 1 时，表示临沂临港经济开发区的产业部门在山东省具有较强的竞争力，未来的产业结构也有很好的趋势；区域相对增长率指数大于 1 时，说明该区域的产业增长率大于山东省的产业增长率；当区域结构效果指数大于 1 时，说明区临沂临港经济开发区产业结构比较合理，朝阳产业对产业结构的贡献较大，对该地区的产业经济的增长具有重要的推动作用。

（五）灰色关联度分析

对临沂市产业的发展采用灰色关联度的分析方法，将能反映临沂市系统特征行为的主导产业当作参考序列，比较序列则选择其余的 47 个细分指标。考虑数据的可得性，本书选取临沂市主导产业主营业务收入代表临沂市产业发展状况，将其作为参考序列。

第二节　临沂临港产业关联实证分析

本章选择 2013～2017 年为样本研究期，对临沂进行产业关联分析。

一、临港主导产业选择分析

根据临沂市统计年鉴的产业分类，计算各产业的份额分量、结构偏离分量、竞争力偏离分量、区位熵，得出综合得分，结果如表 6 - 1 所示。

表 6 – 1   临沂市产业 SSM – 区位熵分析

类型	份额分量	结构偏离分量	竞争力偏离分量	区位熵	综合得分
农林牧渔业	3.26	35.70	15.84	1.24	15.88
工业	106.71	133.42	– 1.14	0.90	96.97
建筑业	5.66	90.75	– 34.07	1.37	34.92
批发和零售业	16.07	103.10	– 48.51	0.95	43.28
交通运输业	1.95	38.95	6.94	1.07	16.02
住宿和餐饮业	0.81	42.45	– 4.94	1.08	16.19
金融业	3.16	75.67	51.92	1.14	32.83
房地产业	1.64	34.58	14.64	1.05	14.66

从整体来看，由于其他服务业包含的产业较多，综合得分最高，但不具有参考价值。排除其他服务业的 8 个产业里，工业在各产业中的综合得分最高，高达 96.9711，比第二名批发零售业高出一倍，因此确定工业为主导产业。各产业的份额分量都是正数，表明产业具有光明的未来，其中工业数值最大为 106.7102，发展势头最好；各产业的结构偏离分量也都为正数，表示产业拥有良好的产业基础，其中工业数值最大，农林牧渔业数值最小；竞争力偏离分量衡量了产业部门的相对竞争力，有 4 项产业为正，具有竞争力优势。对区位熵分析表明除工业和批发零售业以外，其余的 LQ 数值均大于 1，具有比较优势。

由于工业细分产业较多，因此为了保证研究结果的精准性，本章根据临沂市的产业发展状况和临沂市各工业生产总值占比份额，选择农副食品加工业、木材加工业等 7 个相关产业作为主导产业的研究对象。采用 SSM – 区位熵分析法确定工业的主导产业，结果见表 6 – 2。

表 6 – 2   临沂市工业 SSM – 区位熵分析

类型	份额分量	结构偏离分量	竞争力偏离分量	区位熵	综合得分
农副食品加工业	6.111	21.26	52.91	1.30	15.82
木材加工业	8.61	225.58	– 7.23	4.26	40.40

续表

类型	份额分量	结构偏离分量	竞争力偏离分量	区位熵	综合得分
化学工业	6.99	17.70	81.42	0.61	20.80
黑色金属加工业	-7.82	-59.33	-61.90	1.26	-23.05
有色金属加工业	8.86	72.23	-68.41	0.70	-0.43
金属制品业	0.69	6.51	25.29	0.58	6.69
设备制造业	1.64	10.41	169.09	0.60	37.08

从整体来看，排名第一位的是木材加工业。排名第二位的是设备制造业。其余 5 个产业的综合得分均在 20 以下，因此本章选择木材加工业、设备制造业分别作为主导产业，计算其他产业与其关联度。从各分量数值来看，黑色金属加工业不同于其他产业，其份额分量和结构偏离分量这两个指标均为负值，说明该产业的发展并不理想。其中，有色金属加工业的份额分量数值最大为 8.864，木材加工业的结构偏离分量数值最大为 225.576，竞争力偏离分量 7 个产业中有 3 个产业的数值为负，说明临沂市工业各细分产业的竞争力有待提升。从区位熵的分析来看，木材加工业数值最大为4.2616，大于 1 具有相对优势。

二、临港产业关联效应分析

（一）评价指标

如表 6 - 3 所示，选取了临沂市 2013 ~ 2017 年 12 个产业 47 个指标分别与通用设备产业、木材加工产业进行关联度分析。基本包含临沂市具有比较优势的相关产业，如冶金新材料产业采用黑色金属加工业、设备制造业等代替；绿色化工产业采用化学工业代替；现代物流产业采用交通运输业代替；文化旅游产业采用旅游业代替；农业"新六产"产业采用农林牧渔业等代替。

表6-3 　　　　　　　　　　临沂市产业关联效应指标体系

产业	指标
旅游业	全年中国旅游人数（万人）
	全年中国旅游收入（亿元/人民币）
	全年旅游外汇收入（万美元）
	住宿和餐饮从业人员人数（人）
	住宿和餐饮业税收（万元/人民币）
农林牧渔业	粮食产量（万吨）
	农林牧渔业从业人员人数（人）
	农林牧渔业总产值（万元/人民币）
	第一产业地税收入情况（万元/人民币）
金融业	金融机构贷款余额（万元/人民币）
	金融业从业人员人数（人）
	金融业地税收入情况（万元/人民币）
高科技产业	科学研究、技术服务和地质勘查业人数（人）
	专利申请授权量（件）
	科学研究和技术服务业税收收入情况（万元/人民币）
交通与运输业	交通运输业从业人员人数（人）
	客运量（万人）
	货运量（万吨）
	交通运输业地税收入情况（万元/人民币）
建筑业	建筑业总产值（万元/人民币）
	企业个数（个）
	建筑业从业人员人数（人）
	建筑业地税收入情况（万元/人民币）
农副食品加工业	企业单位数（个）
	资产总计（亿元/人民币）
	主营业务收入（亿元/人民币）
	固定资产投资（亿元/人民币）

产业	指标
化学工业	企业单位数（个）
	资产总计（亿元/人民币）
	主营业务收入（亿元/人民币）
	固定资产投资（亿元/人民币）
黑色金属加工业	企业单位数（个）
	资产总计（亿元/人民币）
	主营业务收入（亿元/人民币）
	固定资产投资（亿元/人民币）
有色金属工业	企业单位数（个）
	资产总计（亿元/人民币）
	主营业务收入（亿元/人民币）
	固定资产投资（亿元/人民币）
金属制品业	企业单位数（个）
	资产总计（亿元/人民币）
	主营业务收入（亿元/人民币）
	固定资产投资（亿元/人民币）
木材加工业	企业单位数（个）
	资产总计（亿元/人民币）
	主营业务收入（亿元/人民币）
	固定资产投资（亿元/人民币）

（二）具体分析

关联度计算结果如表 6 - 4、表 6 - 5 和图 6 - 1 所示。

表 6 - 4　　临沂市主要产业与木材加工业的灰色关联度排序

排序	产业	灰色关联度
1	化学工业	0.79
2	设备制造业	0.76

续表

排序	产业	灰色关联度
3	农副食品加工业	0.75
4	金属制品业	0.70
5	金融业	0.65
6	高科技产业	0.64
7	有色金属冶炼加工业	0.64
8	农林牧渔业	0.62
9	建筑业	0.60
10	黑色金属加工业	0.59
11	旅游业	0.56
12	交通运输业	0.44

表6-5　临沂市主要产业与设备制造业的灰色关联度排序

排序	产业	灰色关联度
1	木材加工业	0.82
2	化学工业	0.81
3	农副食品加工业	0.72
4	金融业	0.71
5	金属制品业	0.70
6	高科技产业	0.67
7	有色金属加工业	0.67
8	农林牧渔业	0.64
9	建筑业	0.63
10	旅游业	0.59
11	黑色金属加工业	0.57
12	交通运输业	0.45

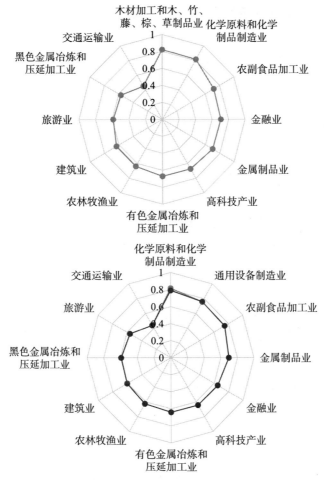

图6-1 临沂市主导产业的灰色关联分析

根据关联度分析，两者关联度数值超过0.7可以形成产业链，由设备制造业和其他产业的关联度数值、木材加工业和其他产业关联度数值得到临沂市基本上可以形成木材加工业、化学工业、农副产品加工业以及设备制造业的产业链。

现代物流、文化旅游是临沂市的战略性新兴产业，但从表6-4和表6-5中可以看出，两大产业排名均在最后，说明其与主导产业的关联效应低，战略性新兴产业的优势未完全发挥，以后要加大运输业的发展，加强与各港口的交流，同时要注重旅游景点的管理，做好周边配套设施工作，提高旅游服务水平。

不锈钢及先进特钢是临沂市的核心产业，但其与主导产业的关联度均不高，说明核心产业的带动效应较弱。

三、临港产业相关系数分析

（一）各产业相关分析

对产业进行相关分析时需要采用统一口径的指标，衡量产业常用的指标为产业增加值，因此本章选取了 2009～2017 年各产业的产业增加值进行相关分析。原始数据见表 6-6，计算的相关系数结果如表 6-7 所示。

表 6-6　　　　　　　　2009～2017 年临沂市主要产业增加值　　　单位：亿元人民币

类型	2009 年	2010 年	2011 年	2012 年	2013 年	2014 年	2015 年	2016 年	2017 年
农林牧渔业	250.46	264	279.01	291.34	324.3	340.84	357.2	371.3	379
工业	899.29	1009.3	1146.08	1202.68	1297.31	1373.67	1403	1437.91	1536.3
建筑业	164.12	197	235.97	260.77	286.56	275.25	285	299.25	348.9
批发和零售业	199.99	240.51	317.92	385.56	452.65	494.97	476.5	511.08	523.3
交通业	150.85	151.86	138.36	148.58	160.06	166.37	180.2	201.74	207.9
住宿和餐饮业	36.57	44.05	54.22	63.86	68.57	70.24	93.7	98.39	106.9
金融业	63.13	57.18	80.66	96.63	117.35	141.57	192.7	219.5	248.1
房地产业	73.69	90.15	111.36	120.91	141.94	151.85	164	170.43	192.8
其他服务业	272.08	345.94	406.87	442.48	488.07	555.04	610.9	717.15	802.2

资料来源：2010～2018 年《临沂统计年鉴》，临沂市统计局。

从产业增加值总量看，各产业的产业增加值逐年增长。其中工业每年产值最大，住宿和餐饮业最小。分产业看，工业在近些年增长迅速，有进一步加速的趋势。其他服务业包含的种类较多，增长较快，农林牧渔业以及交通业保持匀速增长。

由于 2011 年往后产业无法进行相关分析，所以添加两年数据，将时间往前追溯到 2009 年，再次进行分析，结果如表 6-7 所示。

表 6-7　　2009~2017 年临沂临港经济开发区主导产业之间的相关系数

类型	项目	农林牧渔业	工业	建筑业	批发和零售业	交通业	住宿和餐饮业	金融业	房地产业	其他服务业
农林牧渔业	皮尔逊相关性	1.00	0.97**	0.93**	0.96**	0.89**	0.97**	0.96**	0.98**	0.97**
	Sig.（双尾）	—	0.000	0.000	0.000	0.001	0.000	0.000	0.000	0.000
	个案数	9	9	9	9	9	9	9	9	9
工业	皮尔逊相关性	0.97**	1.00	0.97**	0.98**	0.80**	0.95**	0.92**	0.99**	0.96**
	Sig.（双尾）	0.000	—	0.000	0.000	0.009	0.000	0.000	0.000	0.000
	个案数	9	9	9	9	9	9	9	9	9
建筑业	皮尔逊相关性	0.93**	0.97**	1.00	0.95**	0.76*	0.93**	0.88**	0.97**	0.93**
	Sig.（双尾）	0.000	0.000	—	0.000	0.016	0.000	0.002	0.000	0.000
	个案数	9	9	9	9	9	9	9	9	9
批发和零售业	皮尔逊相关性	0.96**	0.98**	0.95**	1.00	0.75*	0.91**	0.87**	0.96**	0.91**
	Sig.（双尾）	0.000	0.000	0.000	—	0.020	0.001	0.002	0.000	0.001
	个案数	9	9	9	9	9	9	9	9	9
交通运输、仓储和邮政业	皮尔逊相关性	0.89**	0.80**	0.76*	0.75*	1.00	0.90**	0.95**	0.85**	0.92**
	Sig.（双尾）	0.001	0.009	0.016	0.020	—	0.001	0.000	0.003	0.000
	个案数	9	9	9	9	9	9	9	9	9

续表

类型	项目	农林牧渔业	工业	建筑业	批发和零售业	交通业	住宿和餐饮业	金融业	房地产业	其他服务业
住宿和餐饮业	皮尔逊相关性	0.97**	0.95**	0.93**	0.91**	0.90**	1.00	0.98**	0.97**	0.98**
	Sig.（双尾）	0.000	0.000	0.000	0.001	0.001	—	0.000	0.000	0.000
	个案数	9	9	9	9	9	9	9	9	9
金融业	皮尔逊相关性	0.96**	0.92**	0.88**	0.87**	0.95**	0.98**	1.00	0.95**	0.98**
	Sig.（双尾）	0.000	0.000	0.002	0.002	0.000	0.000	—	0.000	0.000
	个案数	9	9	9	9	9	9	9	9	9
房地产业	皮尔逊相关性	0.98**	0.99**	0.97**	0.96**	0.85**	0.97**	0.95**	1.00	0.97**
	Sig.（双尾）	0.000	0.000	0.000	0.000	0.003	0.000	0.000	—	0.000
	个案数	9	9	9	9	9	9	9	9	9
其他服务业	皮尔逊相关性	0.97**	0.96**	0.93**	0.91**	0.92**	0.98**	0.98**	0.97**	1
	Sig.（双尾）	0.000	0.000	0.000	0.001	0.000	0.000	0.000	0.000	—
	个案数	9	9	9	9	9	9	9	9	9

注：** 在 0.01 相关性显著、* 在 0.05 相关性显著。

（二）工业产业关联分析

如表 6-7 所示，交通运输、仓储和邮政业与各产业关联性不强。这与前文灰色关联分析法得出的结果一致，说明临沂临港经济开发区往后需要多关注交通运输、仓储和邮政业的发展，以促进临沂临港经济开发区经济整体协调发展。各产业之间相关系数都较高，说明产业之间关联性很强。而在计算各产业偏相关系数时未得到结论。我们基于前文 SSM - 区位熵法确定工业为主导产业的基础上，进一步分析工业细分产业之间的关联性。选取主营业务收入作为分析指标，原始数据见表6-8。

表6-8 　　　　　2009~2017年临沂市主要工业产业的主营业务收入

单位：亿元人民币

类型	2017年	2016年	2015年	2014年	2013年	2012年	2011年	2010年	2009年
农副食品加工业	1513.70	1901.50	1841.06	1761.50	1433.42	1200.70	909.65	843.05	696.56
木材加工业	1034.20	1134.30	1072.03	957.30	807.24	664.23	535.64	398.20	363.65
化学工业	912.50	1104.90	1017.43	979.10	806.40	655.91	487.76	431.09	355.97
黑色金属加工业	686.60	726.90	488.13	808.70	815.65	737.06	505.81	372.05	269.34
有色加工业	462.30	502.70	567.50	542.00	449.62	398.27	246.59	169.40	130.02
金属制品业	287.80	362.60	363.85	301.50	255.32	219.16	145.15	107.33	91.15
设备制造业	436.90	427.30	385.31	359.70	254.87	187.23	260.79	188.37	131.60

从主营业务收入总量看，农副产品加工业收入最高，金属制品业收入最低。设备制造业、有色金属加工业保持匀速增长。对各产业进行分析，结果如表6-9所示。

表6-9 　　　　　　　临沂市主要工业产业之间的相关系数

类型	项目	农副食品加工业	木材加工业	化学原料和化学制品制造业	黑色金属加工业	有色金属加工业	金属制品业	设备制造业
农副食品加工业	皮尔逊相关性	1.00	0.97**	0.99**	0.67*	0.96**	0.99**	0.86**
	Sig.（双尾）	—	0.000	0.000	0.046	0.000	0.000	0.003
	个案数	9	9	9	9	9	9	9

类型	项目	农副食品加工业	木材加工业	化学原料和化学制品制造业	黑色金属加工业	有色金属加工业	金属制品业	设备制造业
木材加工业	皮尔逊相关性	0.97 **	1.00	0.98 **	0.65	0.94 **	0.98 **	0.93 **
	Sig.（双尾）	0.000		0.000	0.054	0.000	0.000	0.000
	个案数	9	9	9	9	9	9	9
化学原料和化学制品制造业	皮尔逊相关性	0.99 **	0.98 **	1.00	0.69 *	0.96 **	0.99 **	0.89 **
	Sig.（双尾）	0.000	0.000	—	0.039	0.000	0.000	0.001
	个案数	9	9	9	9	9	9	9
黑色金属加工业	皮尔逊相关性	0.67 *	0.65	0.69 *	1.00	0.75 *	0.65	0.50
	Sig.（双尾）	0.046	0.054	0.039	—	0.018	0.056	0.166
	个案数	9	9	9	9	9	9	9
有色金属加工业	皮尔逊相关性	0.96 **	0.94 **	0.96 **	0.75 *	1.00	0.96 **	0.80 **
	Sig.（双尾）	0.000	0.000	0.000	0.018	—	0.000	0.009
	个案数	9	9	9	9	9	9	9
金属制品业	皮尔逊相关性	0.99 **	0.98 **	0.99 **	0.65	0.96 **	1.00	0.86 **
	Sig.（双尾）	0.000	0.000	0.000	0.056	0.000	—	0.002
	个案数	9	9	9	9	9	9	9
设备制造业	皮尔逊相关性	0.86 **	0.93 **	0.89 **	0.50	0.80 **	0.86 **	1
	Sig.（双尾）	0.003	0.000	0.001	0.166	0.009	0.002	—
	个案数	9	9	9	9	9	9	9

如表 6-9 所示，化学工业其他各产业具有较大的灰色关联度，黑色金属加工业与各产业的灰色关联较弱。木材加工业与化学工业关联度最高，与黑色金属加工业关联度较低，基本与灰色关联分析吻合。

为更好衡量两个产业之间的相关性，需要剔除其他产业影响，单个分析两个产业之间的关系，计算偏相关系数。结果如表 6-10 所示。

表 6-10　　　　　临沂市主要工业产业之间的偏相关系数

类型	农副食品加工业	木材加工业	化学原料和化学制品制造业	黑色金属加工业	有色金属加工业	金属制品业	设备制造业
农副食品加工业	1.00	-0.98	1.00	-0.90	0.94	0.86	0.85
木材加工业	-0.98	1.00	0.98	-0.85	0.90	0.91	0.93
化学原料和化学制品制造业	1.00	0.98	1.00	0.92	-0.94	-0.83	-0.84
黑色金属加工业	-0.90	-0.85	0.92	1.00	0.94	0.62	0.66
有色金属加工业	0.94	0.90	-0.94	0.94	1.00	-0.70	-0.79
金属制品业	0.86	0.91	-0.83	0.62	-0.70	1.00	-0.91
设备制造业	0.85	0.93	-0.84	0.66	-0.79	-0.91	1.00

表 6-10 中的两产业之间的关联度去除了其他产业的影响，因此相比于相关系数更加精确。本章所测算的关联度存在负数，意味着两产业之间呈现出负向相关关系。有八组行业间存在着偏相关系数为负值的现象，相关关系的时正时负在某种水平上阻碍了经济的进一步发展。

化学工业和农副食品加工业的相关系数和偏相关系数最为密切，相关系数为 0.995，偏相关系数高达 0.996，具有较好的互惠发展能力。木材加工业与化学工业关联度最高，与设备制造业的关联度上升，与黑色金属加工业关联度仍最低。

四、临港产业关联发展措施

针对临沂临港经济开发区产业关联效应存在的问题，本章主要从以下五个方面提出具体的政策意见。

1. 加大吸引外商投资的力度

充分利用临沂临港经济开发区独特优势招商引资等，吸引更多外商投资到通用设备制造业等支柱行业，促进支柱产业经济水平的进一步提高，从而推动临沂临港经济开发区经济综合实力的提高。

2. 大力发展旅游业

旅游业是临沂临港经济开发区的特色产业之一，需要从不同层面来规划管理各类旅游景点，将旅游环境无论从生态还是从文明上进行优化，从而进一步推动旅游收入的提高。

3. 完善交通基础设施建设

针对现代物流业与主导产业发展路径低关联的问题，必须加快对于邻近港口区域的建设，加快改造交通基础设施，早日争取完成综合性交通运输体系的建设；构建立体型公交体系及海陆空结构的总体发展模式，为临沂临港经济开发区的物流建设提供关键的助力措施，同时政策的出台也可以进一步推动物流企业的发展。

4. 从不同程度上进一步提高科研教育水平

注重人才队伍建设，加大力度吸引和培养各类人才，总体来说，人才的"留住难"的问题仍然需要及时解决。所以更要在建设过程中注重创新型项目的研发，以高新项目来吸引人才，争取人才。加强推进发展高新技术产业，鼓励企业自主创新，推动企业与高校开展创新合作项目的陆续开展。

5. 推动劳动密集型产业转型升级

临沂临港经济开发区产业大多属于劳动密集型产业。由于我国人口老龄化速度加快，传统的劳动力优势逐渐削弱，依靠劳动密集型产业来提高经济效率的传统做法必须改变，要充分发挥资本优势、人口质量优势、产业配套能力，逐步推进劳动密集型产业的转型升级。

根据关联度分析，两者关联度数值超过 0.7 可以形成产业链，由设备制造业和其他产业的关联度数值、木材加工业和其他产业关联度数值得到临沂临港经济开发区基本上可以形成木材加工业、化学工业、农副产品加工业以及设备制造业的产业链。

现代物流、文化旅游是临沂临港经济开发区的战略性新兴产业，但两大产业排名均在最后，说明其与主导产业的关联效应低，战略性新兴产业的优势未完全发挥，以后要加大运输业的发展，加强与各港口的交流，同时要注重旅游景点的管理，做好周边配套设施工作，提高旅游服务水平。不锈钢及先进特钢是临沂临港经济开发区的核心产业，但其与主导产业的关联度均不高，说明核心产业的带动效应较弱。

第三节 陆海统筹临港经济开发区产业贡献分析

一、临港经济开发区产业发展贡献度总体分析

（一）背景分析

临港经济开发区主要的四大产业为化工、特钢、木材以及物流，四大支柱产业为临港经济开发区经济发展的主要推动力。通过对临港经济开发区四大产业对经济贡献的定量分析，从数量上准确地判断出临港经济开发区四大产业与地区发展的互动关系，明确四大产业在临港经济开发区经济发展中的地位和作用，可以对当前临港经济开发区发展状况作出准确的判断，并且对未来临港经济开发区的产业布局提出合理的规划。

因此，全面科学地探索临港经济开发区四个产业对临沂市经济发展的产业贡献度，为未来临港经济开发区全新的未来发展做出准确全面的数据规划具有重要意义。

对山东省临沂市的临港经济开发区的主要工业产业的实力进行分析评价，主要对临港经济开发区的四大支柱产业进行产业贡献分析，探讨主要

工业产业对工业生产增加值的影响程度，从而对临沂的主要工业产业进行贡献度的排名，测算出贡献度最大的产业。临港经济开发区主要产业包括钢铁冶金产业、化工产业、木材产业和物流产业。分别从这四个产业中选取具有代表性的主要产业作为分析对象研究，例如木材产业中的木材加工业。

根据临沂市统计年鉴及数据统计的统一性，先分析主要产业对临沂市GDP的贡献程度，再分析主要工业产业对工业的贡献度。其中根据统计年鉴的统计口径的统一性，对工业产业的分析基于主营业务收入，根据主要产业的主营业务收入分析贡献度。综上，从临沂城市统计年鉴中找到有关临沂GDP年度生产总值的数据，从数据中可以发现第二产业和第三产业占比较大，因此首先分析工业对临沂市GDP的贡献度，由图6-2可知第二产业中工业所占比重最大，对经济增长的贡献也最为突出。2009～2017年临沂市三产业产值如图6-2所示，2009～2017年临沂市第二产业构成如图6-3所示。

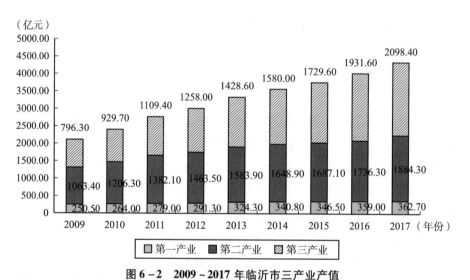

图6-2　2009～2017年临沂市三产业产值

资料来源：2010～2018年《临沂市统计年鉴》，山东省临沂市统计局。

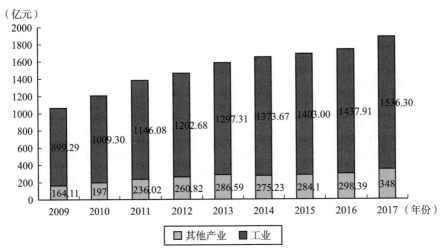

图 6-3　2009～2017 年临沂市第二产业构成

资料来源：2010～2018 年《临沂市统计年鉴》，山东省临沂市统计局。

（二）综合计算结果分析

本章分别采用回归分析法、投入产出法和灰色关联度法对临港地区产业贡献度进行总体分析。选取临沂市生产总值（GDP）作为衡量指标，选取 2009～2017 年临沂市工业生产总值作为时间序列数据进行回归分析，回归分析结果显示临沂市工业生产总值和地区生产总值的变化趋势之间具有高度的一致性；投入产出法结果中，如果影响力系数大于 1，则说明该产业对经济波动的带动程度要大于社会平均水平，木材加工业、化学工业、金属冶炼三个产业的数值大于 1，木材加工业、化学工业、金属冶炼对经济的拉动作用很大；灰色关联度分析中，交通运输和物流产业与 GDP 的关联程度最为密切，关联度为 0.8541。综合来看，第三产业中的运输和物流的贡献度最大，第二产业中的化学和木材加工业对 GDP 的贡献排在次位，最后是金属加工业。

（三）结论启示

临港经济开发区的产业构成与经济发展是一个同时进行的相适应过程，通过分析可以得出结论，在催动临沂经济发展的产业中，工业占很大比重。

在对工业产业的贡献度分析中，驱动临沂工业经济增长的产业中，通过协整检验得出化学产业对工业增长的效果最为明显，长期弹性为0.63，其次为金属加工业，长期弹性为0.18。

根据分析，基本上可以形成从通用设备的制造，到木、竹、藤、棕、草等木材的加工，以及化学原料开采到化学制品生产的工业产业链。物流业和交通运输业是临沂临港经济开发区另一个重要的产业，在贡献度上处于较后排名，说明产业对经济的贡献度较低，战略性新兴产业没有起到很好的促进经济增长的作用，临沂临港经济开发区靠近港口，要更好地发挥临港经济开发区的优势，促进临港经济开发区内工业产业集群发展。

建议：在发挥主导产业优势的基础上，加快产业融合，促进产业绿色化升级。同时金属加工业也是临沂主导产业，要以国内外先进技术为标准，加快产业升级。

二、临港产业贡献分析－回归分析法

回归分析法是广泛应用于计量经济学分析中的一种方法，应用数学方法建立自变量和因变量间的函数表达关系，通过代入大量数据求出相应的待估参数。建立模型具体步骤如下：

总产出模型 $Y = F(X_1, X_1, \cdots, X_k, A)$，其中 Y、X_i、A 分别表示总产出、第 i 产业的总产出和技术水平、经济制度。对上述模型进行全微分处理后得到以下模型：

$$\log(Y) = \beta_0 + \beta_1 \log(X_1) + \beta_2 \log(X_2) + \cdots + \beta_n \log(X_n) + \varepsilon \quad (6-2)$$

其中，β_i 表示第 i 产业对总产出（GDP）的贡献率。

根据回归分析方法，本章首先选取临沂市生产总值（GDP）作为衡量指标，选取 2009~2017 年临沂市工业生产总值作为时间序列数据。所有数据均来源于《临沂市统计局》。利用 Eviews 软件分析经济增长和产业增长的关系，如图6-4所示，并求出两者间的函数表达式。从图6-4中可以看出，临沂市工业生产总值和地区生产总值之间相关系数为0.995496，具有高度一致性，表明临沂市工业生产总值与经济增长有高度相关性。

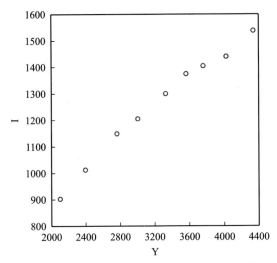

图6-4　临沂市工业总产值与地区生产总值散点图

（一）平稳性检验

本次分析采用的是时间序列数据，首先要进行平稳性检验。检验方法中 ADF 检验更适合运用于数据具有高阶自相关问题，而对本次数据进行处理后发现这两组时间序列数据存在高阶自相关，所以下面将进行平稳性检验。首先对工业产值和 GDP 取自然对数，来消除异方差对建模的影响，变换后的变量名为 lnGDP 和 lni，一阶差分变量用 ΔlnGDP、Δlni 表示。Eviews 软件对这些序列进行单位根检验，该检验中假设原序列存在单位根，可以得到表 6-11 中显示的结果，从中可以看出 lnGDP 序列和 lni 的序列也是不平稳的。当原序列非平稳时，可以采用取差分的方式继续进行检验，结果如表 6-11 所示。

表6-11　　　　　　　　　　　　一阶单整序列检验结果

项目	检验工具	类型（C，T，K）	统计量（T）	P 值	结论
lnGDP	ADF--Fisher	（C，T，1）	1.135289	0.9133	不平稳
lni	ADF--Fisher	（C，T，1）	4.706484	0.9996	不平稳
ΔlnGDP	ADF--Fisher	（C，T，1）	-2.27213	0.0331	平稳

续表

项目	检验工具	类型（C，T，K）	统计量（T）	P值	结论
Δlni	ADF – – Fisher	（C，T，1）	– 2.0891	0.0446	平稳
ε_t	ADF – – Fisher	（C，T，1）	– 2.059342	0.0455	平稳

利用 Eviews 软件检验 lnGDP 和 lni 之间的长期均衡关系，计算回归方程和非均衡误差项 ε_t，对非均衡误差项做单位根 ADF 检验。

Eviews 最小二乘估计结果如表 6 – 12 所示。方程的拟合度较高，所对应的 P 值趋近于 0，说明效果很显著，该方程的估计系数均通过显著性检验。

表 6 – 12 　　　　　　　　Eviews 最小二乘估计结果

Dependent Variable：lnGDP				
Independent Variable	Coefficient	Std. Error	t-Statistic	Prob.
lnI	1.363982	0.049093	27.78340	0.0000
C	– 1.650615	0.349762	– 4.719255	0.0022
R^2	0.991013	Mean dependent var		8.064314
Adjusted R^2	0.989729	S. D. dependent var		0.241498
S. E. of regression	0.024474	Akaike info criterion		– 4.389244
Sum squared resid	0.004193	Schwarz criterion		– 4.345416
Log likelihood	21.75160	Hannan – Quinn criter.		– 4.483824
F-statistic	771.9173	Durbin – Watson stat		0.977129
Prob（F-statistic）	0.000000	—		—

（二）协整性检验

令 $\varepsilon_t = \text{lnGDP} - (- 1.650615 + 1.36392\text{lni})$，$\varepsilon_t$ 单位根检验结果如表 6 – 13 所示。

表6-13 ε_t 单位根检验结果

变量	t 值	1% 临界值	5% 临界值	10% 临界值	P 值	检验结果
ε_t	-2.059342	-2.937216	-2.006292	-1.598068	0.0455	平稳

从表6-13中的结果可以看出，检验的t值为-2.059342，而检验的5%显著性水平下的临界值是-2.006292，二者相比还是t值较小，说明 ε_t 是平稳的序列，说明临沂市工业增长与经济增长之间存在长期均衡关系。这个数据分析表明临沂市工业增长对临沂市的经济增长贡献是很大的。

（三）各工业产业对工业经济增加值的贡献度

基于数据的可取性统计口径的一致性，用工业主营业务收入和产业的主营业务收入分析产业贡献度。

通过临沂统计年鉴统计了上述所列工业产业，对其主营业务收入进行分析的结果如表6-14~表6-16所示。

表6-14 主营业务收入分析结果

lnINDUS	ADF -- Fisher	(C, T, 1)	0.094509	0.6804	不平稳
lnX1	ADF -- Fisher	(C, T, 1)	0.758758	0.8527	不平稳
lnX2	ADF -- Fisher	(C, T, 1)	4.809749	0.9996	不平稳
lnX3	ADF -- Fisher	(C, T, 1)	1.940075	0.9756	不平稳
lnX4	ADF -- Fisher	(C, T, 1)	3.467883	0.9977	不平稳

继续取二阶差分后进行检验，得到表6-15。

表6-15 二阶差分序列检验结果

D(lnINDUS, 2)	ADF -- Fisher	(C, T, 2)	-2.67519	0.0168	平稳
D(lnX1, 2)	ADF -- Fisher	(C, T, 2)	-4.66152	0.001	平稳
D(lnX2, 2)	ADF -- Fisher	(C, T, 2)	-3.34027	0.0072	平稳
D(lnX3, 2)	ADF -- Fisher	(C, T, 2)	-3.66629	0.0038	平稳
D(lnX4, 2)	ADF -- Fisher	(C, T, 2)	-4.05534	0.0023	平稳

对其残差进行分析得到表 6 – 16。

表 6 – 16　　　　　　　残差分析结果

变量	t 值	1% 临界值	5% 临界值	10% 临界值	P 值	检验结果
$\varepsilon_t 1$	– 2.892870	– 2.886101	– 1.995865	– 1.599088	0.0099	平稳
$\varepsilon_t 2$	– 2.976076	– 2.937216	– 2.006292	– 1.598068	0.0198	平稳
$\varepsilon_t 3$	– 2.016417	– 2.937216	– 2.006292	– 1.598068	0.0492	平稳
$\varepsilon_t 4$	– 4.753791	– 2.937216	– 2.006292	– 1.598068	0.0006	平稳

由此可以得出 lnINDUS 和 lnX1、lnX2、lnX3 和 lnX4 之间存在着长期的协整关系。对各工业产业与工业生产总值之间的关联程度进行分析，结果如表 6 – 17 ~ 表 6 – 19 所示。

表 6 – 17　　　　临沂市工业产业与工业生产总值关联度分析结果

Covariance Analysis：Ordinary

Covariance

Correlation	lnINDUS	lnX1	lnX2	lnX3	lnX4
lnINDUS	0.141853				
	1.000000				
lnX1	0.160167	0.183713			
	0.992167	1.000000			
lnX2	0.171673	0.201465	0.250020		
	0.911580	0.940029	1.000000		
lnX3	0.152772	0.167674	0.169267	0.177309	
	0.963298	0.929033	0.803929	1.000000	
lnX4	0.147111	0.166646	0.178415	0.156604	0.153084
	0.998305	0.993713	0.911966	0.950542	1.000000

从表 6 – 17 可以看出，化工产业的关联系数最高，其次是木材制造。

表6-18 　　　　　　临沂市工业主营业务关联度分析结果

变量	Coefficient	Std. Error	t-Statistic	Prob.
lnX1	0.076887	0.106817	0.719805	0.5115
lnX2	0.050079	0.025709	1.947926	0.1233
lnX3	0.184601	0.030524	6.047778	0.0038
lnX4	0.630076	0.111330	5.659532	0.0048
C	2.715385	0.076306	35.58566	0.0000
R^2	0.999667	Mean dependent var		8.930194
Adjusted R^2	0.999334	S. D. dependent var		0.399480
S. E. of regression	0.010309	Akaike info criterion		-6.011421
Sum squared resid	0.000425	Schwarz criterion		-5.901852
Log likelihood	32.05140	Hannan-Quinn criter.		-6.247871
F-statistic	3002.226	Durbin-Watson stat		2.233151
Prob（F-statistic）	0.000000			

Dependent Variable：lnINDUS

根据输出结果，可得 lnINDUS 与 lnX1、lnX2、lnX3 和 lnX4 之间存在长期均衡关系，表达式如下：

$$lnINDUS = 0.0769 \times lnX1 + 0.0501 \times lnX2 + 0.1846 \times lnX3$$
$$+ 0.6301 \times lnX4 + 2.7154 \qquad (6-3)$$

可以看出在对工业主营业务收入的影响程度中，化工产业（X4）的影响最大，长期弹性为0.63；其次是金属加工业（X3），长期弹性为0.18；木材加工业（X1）的影响要大于物流业（X2），长期弹性分别为0.08和0.05。对回归结果的残差进行分析，结果如表6-19所示。

表6-19 　　　　　　工业主营业务收入残差分析结果

变量	t 值	1%临界值	5%临界值	10%临界值	P 值	检验结果
ε_t	-4.064868	-2.886101	-1.995865	-1.599088	0.0014	平稳

通过以上回归分析可以得出结论，化工产业、木材加工业、金属加工业和物流业增长对工业产业的增长存在长期均衡关系。

三、临港产业贡献分析 – 投入产出法

分析临沂市产业对经济的波及效应，可以利用以投入产出表为主要研究要素的投入产出分析法。投入产出表因用途不同而有所分类，目前运用最为成熟的是中国价值型的静态投入产出表。因此，为了更好地反映临沂各产业对 GDP 的贡献，本章将使用该方法开展研究。投入产出表主要计算影响力和影响力系数、感应度和贡献度两组数据来分析产业对经济的作用。投入产出法分析步骤如图 6 – 5 所示。

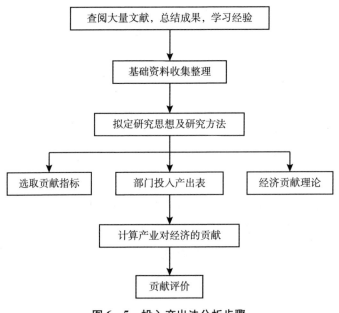

图 6 – 5　投入产出法分析步骤

（一）临沂市产业的影响力和影响力系数分析

工业产业对国民经济的拉动影响包括绝对影响和相对影响。绝对影响的

大小可以用影响力来表示，而相对影响的大小可以用影响力系数来表示。影响力表示的是当经济整体其中一个部门产量增加一单位时，所引起的其他部门商品和劳务增加的数量。影响力大小可用式（6-4）表示。

$$b_j = \sum_{i=1}^{n} b_{ij} \ (i=1, 2, \cdots, n; j=1, 2, \cdots, m; m=n) \quad (6-4)$$

影响力系数是两个影响力之比，分子是某一产业的影响力大小，分子是整个经济整体各个产业影响力的平均数。

$$F_j = \frac{\sum_{i=1}^{n} b_{ij}}{\frac{1}{n} \sum_{j=1}^{m} \sum_{i=1}^{n} b_{ij}} \ (i=1, 2, \cdots, n; j=1, 2, \cdots, m; m=n)$$

$$(6-5)$$

式中，F_j 为 j 产业的影响力系数；b_{ij} 为第 j 产业对第 i 产业的完全需要系数。影响力大的产业对工业增长具有较大的促进作用，影响力系数达到一定的标准，可以将该产业作为主导产业。通过查阅数据可知，山东省投入产出表分别有 2002 年、2007 年和 2012 年，并且 2002 年和 2007 年投入产出表数据缺失较多，因此选取最新的 2012 年山东省投入产出表进行静态投入产出分析，并从中选取化学工业、交通运输、金属冶炼、木材加工和批发零售五个代表性行业进行分析。

将化学工业、交通运输、金属冶炼、木材加工和批发零售五个产业对产业贡献度进行分析，利用 Excel 矩阵分别计算五个产业的直接消耗系数和完全消耗系数如表6-20～表6-24所示。

化学工业直接消耗系数和完全消耗系数如表6-20所示。根据表6-20直接消耗系数可以看出，首先化学工业对自身的依赖度最高，达到3.35，排名第二的是交通运输业0.13，排名第三的是批发零售业0.12。由此看来，化学工业每增加1万元的产出，其对其他四种产业的消耗分别为1304元、1228元、302元和26元，表明化学工业对交通运输业和批发零售业的带动作用比较明显。根据表6-20中化学工业的完全消耗系数可知，化学工业基本不依赖于其他四个行业的中间投入。

表 6 - 20   化学工业直接消耗系数和完全消耗系数

产业分类	直接消耗系数	完全消耗系数
化学工业	3.345898295	- 1.42576954
交通运输	0.130432126	- 0.070227863
金属冶炼	0.030165796	0.005235898
木材加工	0.002558078	0.001874732
批发零售	0.122277656	- 0.05276715

交通运输业直接消耗系数和完全消耗系数如表 6 - 21 所示。根据表 6 - 21 直接消耗系数可以看出，交通运输业对自身的依赖程度比较高，对化学工业依赖度为 0.04，对批发零售业依赖度为 0.02，数值较小。由此看来，该行业每支出 1 万元，其对其他四种行业消耗分别为 422 元、63 元、51 元和 167 元，表明交通运输业对化学工业和批发零售业的带动作用比较明显。

表 6 - 21   交通运输业直接消耗系数和完全消耗系数

产业分类	直接消耗系数	完全消耗系数
化学工业	0.042230808	- 0.018755607
交通运输	0.129206134	0.146193
金属冶炼	0.006325278	- 0.002610744
木材加工	0.005115553	- 0.00790872
批发零售	0.016661711	0.016035577

金属冶炼直接消耗系数和完全消耗系数如表 6 - 22 所示。根据表 6 - 22 直接消耗系数可以看出，金属冶炼对自身的依赖度最高，为 3.53，接着是交通运输业和化学工业，分别为 0.21 和 0.16。由此看来，金属冶炼每增加 1 万元的产出，其对其他四者消耗分别为 1596 元、2147 元、164 元和 631 元，表明金属冶炼对交通运输业和化学工业的带动作用比较明显。金属冶炼的完全消耗系数可以看出，金属冶炼仅对化学工业的中间投入依赖较多，为 0.027。

表 6 - 22   金属冶炼直接消耗系数和完全消耗系数

产业分类	直接消耗系数	完全消耗系数
化学工业	0.15962233	0.026533614
交通运输	0.214742947	− 0.095361282
金属冶炼	3.534963784	− 1.394591889
木材加工	0.016419826	0.009452664
批发零售	0.063104828	− 0.022523954

木材加工直接消耗系数和完全消耗系数如表 6 - 23 所示。根据表 6 - 23 直接消耗系数可以看出，木材加工业对自身的依赖度最高，为 1.73，接着是化学工业和交通运输业，分别为 0.50 和 0.13。由此看来，木材加工业每增加 1 万元的产出，其对化学工业、交通运输业、金属冶炼和批发零售的消耗分别为 5046 元、1287 元、84 元和 767 元，表明木材加工业对化学工业和交通运输业的带动作用比较明显。从木材加工业的完全消耗系数可以看出，木材加工业仅对化学工业的中间投入依赖较多，为 0.30。

表 6 - 23   木材加工直接消耗系数和完全消耗系数

产业分类	直接消耗系数	完全消耗系数
化学工业	0.50455001	0.297481193
交通运输	0.128730252	− 0.168399097
金属冶炼	0.008378363	0.001406814
木材加工	1.730144308	− 2.369474454
批发零售	0.076699208	− 0.0713917

批发零售业直接消耗系数和完全消耗系数如表 6 - 24 所示。根据表 6 - 24 中综合看出，批发零售业对交通运输业的直接消耗和中间消耗比较多，而对于其他行业关联性很低。

表 6 – 24　　　　　　　批发零售业直接消耗系数和完全消耗系数

产业分类	直接消耗系数	完全消耗系数
化学工业	7.28806E – 05	– 0.002478101
交通运输	0.132386781	0.151740407
金属冶炼	1.19661E – 05	– 0.000349858
木材加工	0.000121133	– 0.001212859
批发零售	0.000173085	0.002283616

（二）基于投入产出的分析

通过各行业的直接消耗系数和完全消耗系数利用 Excel 矩阵计算，结果如表 6 – 25 所示。

表 6 – 25　　　　　临港经济开发区主要行业影响力系数和感应度系数

产业分类	影响力系数	感应度系数
化学工业	1.527725556	1.112842588
交通运输	– 0.131752312	0.03572909
金属冶炼	1.463151208	1.37834334
木材加工	2.289503701	2.345881096
批发零售	– 0.148628152	0.127203886

根据表 6 – 25 中数据可以看出，木材加工业、化学工业、金属冶炼的影响力系数分别约为 2.29、1.53 和 1.46，均大于 1，说明其对经济的促进作用较大，明显高于平均水平，木材加工业的影响力系数达到 2.29，即社会平均水平的 2.29 倍，木材加工业对经济发展的拉动作用最为明显；交通运输业和批发零售业的影响力系数均小于 1，即这两个产业对经济发展的带动效果差。木材加工业、金属冶炼、化学工业的感应度系数均大于 1，表明经济整体增长时，对三个产业的需求高于社会的平均需求水平，说明经济的发展对这三个产业的带动作用较强，即经济增长带动这三个产业的发展。

四、临港产业贡献分析－灰色关联法

2009～2017年临沂市GDP、临港区规模企业主营业务收入，如表6－26所示。

表6－26　　　　临沂市GDP、临港区规模企业主营业务收入　　　单位：亿元

序列 X		2009 年	2010 年	2011 年	2012 年	2013 年	2014 年	2015 年	2016 年	2017 年
GDP	0 临沂市 GDP	2110.2	2400.0	2770.5	3012.8	3336.8	3569.8	3763.2	4026.8	4345.4
木材	1 木材加工及木、竹、藤、棕、草制品	363.6	398.2	535.6	664.2	807.2	957.3	1072.0	1134.3	1168.7
	2 家具制造业	13.9	16.7	19.1	31.8	43.6	58.6	70.4	76.7	101.8
	3 造纸及纸制品业	61.0	62.5	76.8	96.0	117.7	137.8	169.0	155.8	162.6
金属	4 黑色金属冶炼及压延加工业	269.3	372.1	505.8	737.1	815.7	808.7	496.5	726.9	732.8
	5 有色金属冶炼及压延加工业	130.0	169.4	246.6	398.3	449.6	542.0	567.5	502.7	490.7
	6 金属制品业	91.1	107.3	145.1	219.2	255.3	301.5	363.9	362.6	325.0
化学	7 化学原料及化学制品制造业	356.0	431.1	487.8	655.9	806.4	979.1	1027.5	1104.9	1048.6
	8 化学纤维制造业	7.9	8.6	33.2	16.9	12.5	17.7	17.2	23.3	23.5
物流	9 交通运输、仓储和邮政业	150.9	151.9	138.4	148.6	160.1	166.6	180.2	201.7	207.9

资料来源：2010～2018年《临沂市统计年鉴》，山东省临沂市统计局。

关联度大小比较的分界点为0.3、0.5、0.8；如果关联度小于0.3，则表明关联度非常微弱，若关联度位于0.3～0.5，则表明两者的关联度可能存在低相关性，若关联度位于0.5～0.8，则两者的关联度存在一般关联关系，若关联度位于0.8～1，则两者的关联度存在高度关联关系。

将原始数据通过 Excel 软件进行处理后得到表 6 - 27 和表 6 - 28。

表 6 - 27　　　　临沂市各主要工业产业与 GDP 增长灰色关联系数列

m 产业	2009 年	2010 年	2011 年	2012 年	2013 年	2014 年	2015 年	2016 年	2017 年
1 木材加工及木、竹、藤、棕、草制品	0.7314	0.6866	0.7480	0.8608	1.0000	0.8117	0.7132	0.7152	0.7744
2 家具制造业	0.5863	0.5659	0.5280	0.6593	0.8128	0.8040	0.6208	0.5845	0.3922
3 造纸及纸制品业	0.8101	0.7221	0.7332	0.8455	0.9932	0.8382	0.6213	0.8170	0.8716
4 黑色金属冶炼及压延加工业	0.7135	0.8045	0.9688	0.6366	0.6134	0.6820	0.6008	0.9308	0.8011
5 有色金属冶炼及压延加工业	0.6185	0.6281	0.7021	0.8349	0.7920	0.6285	0.6236	0.8975	0.8792
6 金属制品业	0.6530	0.6351	0.6714	0.9709	0.9370	0.7667	0.5890	0.6545	0.9740
7 化学原料及化学制品制造业	0.7352	0.7451	0.7039	0.8819	0.9478	0.7357	0.7317	0.7110	0.9362
8 化学纤维制造业	0.7100	0.6658	0.3338	0.9625	0.6106	0.8296	0.7257	0.8816	0.9669
9 交通运输、仓储和邮政业	0.6662	0.7478	0.9575	0.9341	0.8839	0.8346	0.8680	0.9456	0.8490

表 6 - 28　　　　　临沂市各工业产业与 GDP 增长灰色关联度

产业	1 木材加工及木、竹、藤、棕、草制品	2 家具制造业	3 造纸及纸制品业	4 黑色金属冶炼及压延加工业	5 有色金属冶炼及压延加工业	6 金属制品业	7 化学原料及化学制品制造业	8 化学纤维制造业	9 交通运输、仓储和邮政业
关联系数	0.7824	0.6171	0.8058	0.7502	0.7338	0.7613	0.7920	0.7429	0.8541
排名	4	9	2	6	8	5	3	7	1

通过以上分析可以得出如下结论：

对 GDP 贡献较大的几个产业中，交通运输和物流产业与 GDP 的关联程度最为密切，关联度为 0.8541，排名第二的是造纸及纸制品业，关联度为 0.8058。综合来看，第三产业中的运输和物流的贡献度最大，第二产业中的化学和木材加工业对 GDP 的贡献排在次位，最后是金属加工业。

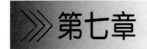

第七章

临港陆海统筹产业发展思路和目标

第一节　临港产业发展的指导思想

　　深入贯彻习近平新时代中国特色社会主义思想，深入实践国家治理体系和治理能力现代化，根据《山东省新旧动能转换重大工程实施规划》的相关精神，以新旧动能转换重大工程为依托，遵循五大新发展理念，坚持推动高质量发展，坚持创新引领，深入挖掘增长潜力，推动陆海联动发展，以建设"智慧化"产业园区为目标，使得临港区的区位优势得到充分的体现，着力打造"一基、两中心、三园区"的不锈钢与特钢基地，推进绿色化工产业园区建设，壮大发展节能环保、创新建筑材料，大力发展现代物流、农业"新六产"，拓展发展空间，挖掘发展动能，不断完善产业链，提高产业集聚度，打造产业集群，不断提升产业竞争力、区域影响力，构筑具有国际标准的高效和谐的产业生态系统，实现持续、创新、集聚、生态、开放、错位发展，不断完善各个产业园区的"三生"配套基础设施建设，推进产城融合建设，努力将临港打造成全国临港产业发展模范区。

第二节　临港产业发展的基本原则

一、坚持陆海统筹，增强发展活力

根据陆海联动发展的基本要求，将海洋和陆地相互促进、优势互补作为目标，借助临港的海洋优势，将临港产业园区的资源要素、生态系统、优势产业等统筹起来，不断提高陆海经济的综合发展水平。着力构建"济南—临港—青岛"陆海产业圈，推动海洋产业突破发展，优化区域功能布局，持续增强发展的整体性。

二、坚持创新引领，挖掘增长动力

通过不断创新来引领经济发展，探究发展潜力，提高发展动力，集聚发展资源，突破发展瓶颈，不断提高临港各个产业的可持续发展能力以及核心竞争力。首先要坚持产业创新，将产业与科技紧密联系起来，打造"临港智造"品牌和以高端不锈钢及现金特钢与绿色化工为核心的先进制造业示范区；其次着力人才创新，集聚人力、资本、科技等创新要素，提高要素间的配置效率以及开放共享，建设成为高效率、低成本的全球化科技产业创新基地；着力制度创新，不断优化行政审批及服务管理体制，完善容错纠错机制，形成良好的创新环境。

三、坚持链条延伸，释放发展潜力

依托"保障上游、做精中游、开拓下游"原则，发展壮大高端不锈钢和先进特钢及绿色化工优势产业，积极推动龙头企业和重要项目落地，构建合理有效的政策保障体系，持续改善钢铁、化工等的相关产业条件、完善产业园区的公共基础设施、优化产业发展市场环境，提高容纳和辐射园区外相关企业的能力，促进产业园区的流动性保持动态均衡、园区外企业入园率高效提升，推动形成以钢铁产业和化工产业为龙头、具有规模化和集聚性的产业核心链条，打造以钢铁产业和化工产业为主、上下游产业延伸为辅的集约式链条，有效释放产业园区高质量发展、循环式发展的活力和潜力。

四、坚持区域联动，实现错位发展

切实贯彻实现临沂区域联动发展的目标，并进一步做到各个区域错位发展。以临港为发展中心，大力推动高端不锈钢及先进特钢等强势产业经济，以产业发展为基石，催动临港地区加快配套设施及服务的更新换代。同时抓住"省会+胶东+鲁南"三个经济圈协同推进发展的宝贵机遇，带动临沂甚至整个山东的新一轮产业升级，实现社会、经济、环境的协调发展，切实发挥特钢产业中高端不锈钢等存在的比较优势，有效提高临港高端不锈钢及先进特钢产业的集聚度和优势显示度，着力于创新建设区域内发展的新机制，从而实现区域联动、错位发展。

五、坚持开放招商，助推产业发展

深入实践"双循环"新发展格局，双向打通国际、国内市场，充分利用国际、国内资源，注重统筹产业园区企业的"流入"与"流出"的流动均衡，引导产业园区开放国际化视野、开展现代化经营，深化临港区与高新技术开发区的合作交流程度，促使临港区的招商引资机制规范化，实现招商精准化。进一步扩大各个产业尤其钢铁产业、化工产业的对外开放程度，鼓励国内外知名企业参股和投资临港本地企业或项目；聚焦冶金产业下游链条和化工产业绿色领域，通过设立研发中心与院士流动站来提升企业综合实力。

六、坚持三力合一，提供优质环境

以支持企业创新、发挥企业主体作用为原则，为企业研发及创新活动提供税收及财政支持；有效规避不适应市场需求结构变化的无效供给，加快产能过剩企业的市场出清；政府设立专项基金引导产业发展，为企业高质量品质化发展提供良好营商环境。

第三节 临港产业发展的目标定位

一、临港产业发展的定位分析

（一）临港产业发展环境分析

基于SWOT模型分析法，对临沂临港进行内外部环境分析（见表7-1、图7-1），找出发展的机会，规避威胁。

表7-1　　　　　　　　　临港产业发展环境 SWOT 模型要素分析

要素	临港表现
优势（S）	（1）地理位置优越。该区位于临沂、连云港、日照三市交界处。 （2）交通优势。该区与临沂机场、连云港机场等地临近，便于货物运输且交通较为便利。 （3）资源优势。临港区高端钢产业发展优势得天独厚。 （4）地区经济发展与产业结构之间具有较强的关联关系，产业结构对临港区经济发展有着较大的促进作用
劣势（W）	（1）高科技转化成果比率较低，多为资金密集型产业，技术含量不高。 （2）人才储备规模较小，由于经济开发区生活、医疗卫生配套设施发展有限，很难吸引人才。 （3）产业多处于孵化阶段，现有的产业结构较为单一
机会（O）	政府政策的大力支持
威胁（T）	（1）产业技术升级换代速度加快。 （2）临港城市群的人才、技术、产业、资本竞争日渐激烈

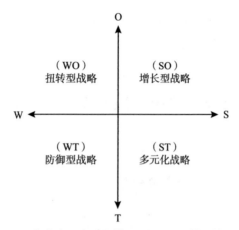

图 7 − 1　临港产业发展环境 SWOT 分析模型战略选择

基于上述分析，临沂临港主要采用多元化战略和扭转型战略：

在政府相关政策的大力支持下，适应可持续性经济发展的需要，利用好自然资源的优势并大力发展相关技术，加强人才引进力度，对大多数经济园区进行产业升级，引进新技术，构建以工业为主导、临港产业为重点的动能转换引领区。

（二）产业发展波士顿矩阵分析

为了明确临沂临港的发展定位，整合产业能力和资源，运用波士顿矩阵对临沂临港发展定位进行分析（见图 7 − 2）。

以临沂临港为分析对象，分析临沂临港经济开发区主要业务在山东省内的发展情况，选用市场增长率和市场占有率为两个基本因素，根据对临沂临港各主要业务产业产值相关数据的研究，得出临沂临港各产业的市场增长率和市场占有率，从而判断各产业的业务组合类型。

根据波士顿矩阵，以 2013 ~ 2017 年为时间线，以钢铁产业、化工产业、木材产业以及物流产业四大产业为研究对象，基于每个产业的市场增长率和市场占有率，分为"高增长—强竞争力""高增长—弱竞争力""低增长—强竞争力""低增长—弱竞争力"四大类产业。

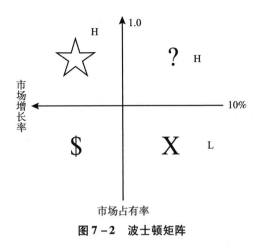

图 7 - 2　波士顿矩阵

根据表 7 - 2 的数据，得出 2013 ~ 2017 年临沂四大产业总产值的变化情况。近年来，四大产业产值变化较为平稳，并呈现上升趋势，但其中，钢铁产业发展势头较其他产业略微不足。

表 7 - 2

2013 ~ 2017 年临沂市钢铁、化工、木材
和物流四大产业总产值　　单位：亿元

年份	钢铁	化工	木材	物流
2013	1636.55	944.21	1035.06	147.85
2014	1678.09	1125.97	1173.13	159.57
2015	1413.45	1041.29	1331.41	180.22
2016	1610.9	1149.9	1409.2	262.9
2017	1567.6	1129.6	1463	327.4

根据表 7 - 3 的数据，得出 2013 ~ 2017 年山东省内四大产业最大总产值的变化情况。总体来看，除了钢铁产业在 2017 年产值有所下降之外，其余产业均平稳上升，发展势头良好，这一定程度上反映了"供给侧"改革对产业产能的影响。

表 7 - 3　　　　　　　**2013～2017 年山东省内港口最大总产值**　　　　单位：亿元

年份	钢铁	化工	木材	物流
2013	2465.792	4820.02	1035.06	1385.64
2014	2687.444	5813.3	1173.13	1780.96
2015	2650.743	6081.18	1331.41	1934.1
2016	2884.485	6617.97	1409.2	2020.57
2017	2308.1	6673.27	1463	1865.89

　　基于表 7 - 4 的数据，清晰地发现：四大产业中只有钢铁产业和化工产业在 2014～2015 年和 2016～2017 年出现了产能的负增长，其他产业均在相关年份呈现正增长趋势。

表 7 - 4　　　　　**2013～2017 年临沂钢铁、化工、木材和物流四大产业增长率**

年份	钢铁	化工	木材	物流
2013～2014	0.025383	0.1925	0.133393	0.07927
2014～2015	- 0.1577	- 0.07521	0.134921	0.12941
2015～2016	0.139694	0.104303	0.058427	0.458773
2016～2017	- 0.02688	- 0.01765	0.038178	0.24534

（三）具体产业发展路径分析

1. 临沂临港钢铁产业分析

　　通过波士顿矩阵对临沂临港钢铁产业进行分析，钢铁产业在 2013～2014 年的增长率为 2.54%，2014～2015 年的增长率下降为 - 15.77%，2015～2016 年的增长率又上升至 13.97%，2016～2017 年的增长率为 - 2.69%，4 年的相对市场占有率均小于 1，在这 4 年期间，钢铁产业在 2013～2014 年、2014～2015 年、2016～2017 年属于"瘦狗"产业，2015～2016 年属于"问题"产业。总的来看，钢铁行业伴随着中央"三去一降一补"政策的实施，将面临巨大的调整，调整过后会有一波新的发展机遇。

　　临沂临港要利用好自身区位优势，对于钢铁产业里面的行业进行选择性投资，对有可能成长为"明星"的新兴高新技术或环保型钢铁产业实行定向扶持的产业政策，增加对产业内重点企业和部门的投资力度，促进其市场占有率进一步增长。这是一项长期的工作，改进与扶持政策一般应列入临港的长期计划中。

对于问题产业的管理，组织、寻求有经验的人员或专家组成智囊团，通过项目组织的形式进行管理，同时最好是选择敢于冒险、具备改革创新精神的员工作为项目组的负责人。而对于慢慢走向衰退的传统型、高污染高能耗低产出的"问题"钢铁产业，逐渐减少对其投资或者设置严厉的行业准入规范和环保规定。对于整个钢铁产业而言，要做到以下三点：

（1）逐渐提升产品档次。健全钢材深加工项目，重点发展优质管材、钢材。积极开拓钢轨、钢板、型钢、棒材棒线材中厚板、焊管、无缝管等高端产品。初步形成从采矿到冶炼、轧延及相关附属产业配套发展的钢铁工业生产体系。鼓励钢铁企业与上、下游企业合资合作与谋划。

（2）鼓励园区内中小规模钢铁企业进行资产重组。这个过程可以通过联合同类型企业共同持有大型钢铁企业股票来进行，各小型企业以其参股比例来行使表决等权利，共同享有大型钢铁企业在融资、对外合作、获得政府产业定向扶持等方面的便利条件。

（3）积极发展相关配套产业，增强产业间的协作能力。比如加快发展冶金业等上游产业以降低原材料获取成本、完善机器设备维修和保养等配套服务以不断提升综合发展能力等。同时，大力发展钢铁物流业，为钢铁企业原料采购、产品销售提供综合配套服务。

2. 临沂临港化工产业分析

通过波士顿矩阵对临沂临港化工产业进行分析，化工产业在2013～2014年的增长率为19.25%，但2014～2015年的增长率下降为-7.52%，2015～2016年的增长率又上升至10.43%，2016～2017年的增长率为-1.77%，4年的相对市场占有率均小于1，在这4年中，化工产业在2013～2014年、2015～2016年属于"问题"产业，2014～2015年、2016～2017年属于"瘦狗"产业。作为重要的国有经济支柱，临沂的化工产业一直是大而不强，大而不精，而且对环境污染严重，对此，山东省政府出台政策，要做大做强高端化工产业。

临沂临港地区要充分利用区位优势，积极与大型化工企业寻求合作，发展精细、高端化工产品，增加市场占有率，使其发展为"明星"产业。对于那些污染大、能耗高的问题产业，要适时淘汰，减少对其的投资，严格把控化工污染，积极响应国家"建设美丽中国"的号召。具体主要包括以下两点：

（1）充分利用临沂临港地区的区位优势，同时抓住目前有利于化工企业发展的两大契机，即目前国内化工产业由内陆地区不断向沿海地区转移以谋求实现产业集聚发展和临沂附近的岚山港由于发展面积有限而不得不寻求港口内部产业对外转移，积极谋求与国内外大型化工企业达成战略合作，引进规模大、科技含量高、前景好的发展项目，作为临港园区对周边化工企业对口接收的基础。

（2）转变发展理念，积极进行化工产业结构优化升级，摒弃传统的污染型、粗糙型发展模式，向效率化、绿色化发展转变。同时不断加深化工产业链链条，抓住目前新型化工和精细化工产业产品短缺的现状，优先重点发展此类化工产品，开拓市场份额，提高产品市场占有率，形成以石油化工、生物化工和精细化工为特色的产业发展模式。

3. 临沂临港木材产业分析

通过波士顿矩阵对临沂临港木材产业进行分析，木材产业在 2013～2014 年的增长率为 13.34%，2014～2015 年的增长率为 13.49%，2015～2016 年的增长率下降为 5.84%，2016～2017 年的增长率为 3.82%，4 年的相对市场占有率均为 1，在这 4 年期间，木材产业在 2013～2014 年、2014～2015 年属于"明星"产业，在 2015～2016 年、2016～2017 年属于"现金牛"产业。

临沂地区的木材产业在省内一直保持着第一位的市场占有率，为临沂地区的其他产业发展提供了稳定的资金来源，但随着经济发展和人民生活水平的提高，传统木材加工业的市场增长率逐年下降。除此之外，临沂地区只有木材一个"明星"产业，如果市场环境一旦变化，极易导致其市场份额迅速下跌。因此，必须保证足够的资金流入，保持"现金牛"产业的领导地位，转换发展观念，在维持市场占有率的同时，开拓高端建材制造，积极推进木材深加工，寻求新的增长点。具体包括以下两个方面：

（1）延长木材产业链，由传统木材粗加工向现代深加工转变，依托原来的木材产业来发展优质建材产业。重点发展高档加工地板、家具、厨具等家居产品，同时向高端建材行业转型，以产品高端定位、生产绿色清洁、适配现代化装修风格为特色，开发新型装饰板材、复合材料地板等高技术含量产品。

（2）充分发挥临沂临港地区的地理位置优势，培育壮大龙头企业，吸引明星企业入驻园区，增加产业集聚效应。积极扶持立晟、隆盛、新港、正晟等木材物流企业发展，改造和提升现有木材初加工企业，提升临港地区木材产业集聚程度和发展专业化程度，努力把木材物流园区打造成为全国重要的木材产品生产加工集散地。

4. 临沂临港物流产业分析

通过波士顿矩阵对临沂临港物流产业进行分析，物流产业在2013~2014年的增长率为7.93%，2014~2015年的增长率上升为12.94%，2015~2016年的增长率又上升至45.88%，2016~2017年的增长率为24.53%，4年的相对市场占有率均小于1，在这4年期间，物流产业在2013~2014年属于"瘦狗"产业，在2014~2015年、2015~2016年、2016~2017年属于"问题"产业。作为临沂地区重要的经济增长点，物流产业对临沂的重要性不言而喻，自2014年后，物流产业的市场增长率有了很大程度的增长，但市场占有率仍不理想，说明临沂地区的物流产业的营销手段存在问题。对于问题产业，要增加对新产品的投入，改变传统物流业的发展模式，加强产业集聚，发展涵盖多种行业的现代物流产业。具体包括以下三个方面：

（1）扩大物流产业发展规模，政府给予定向扶持以吸引全国优秀物流企业入园区开展业务，以带动临港地区原有物流企业发展。同时积极推进物流企业发展现代化转型，摒弃传统的工业企业自带物流部门的发展模式，转而建设独立运营、核算的第三方物流企业，以全面化发展为特色，尽量满足所有类型企业的物流运输需求，并不断提高信息化处理能力，以大数据为依托，发展现代资本、信息和科技密集度高的新兴物流企业。

（2）加快配套市政、交通等基础设施建设，消除基础设施瓶颈。积极培育木材物流园区为核心的物流中心建设；加强与临沂小商品市场的沟通对接，争取设立临港分市场；同时提高辐射到周围村镇的物流运输能力，建立相应的集散中心和物流驿站，建设辐射范围达全省乃至全国的农产品运输网络。

（3）以配套钢铁产业、化工产业以及装备制造发展为重点，大力发展以钢铁原料供应和钢铁加工配送为核心的钢铁物流业，在开展钢铁贸易、仓储、配送、结算和原材料供应等物流业务的同时，大力开展钢铁材料清理、剪切、开平和按照钢铁需求进行简单加工等业务，将现代物流业延伸到加工制造领域，促进工业与现代物流业融合发展。

二、临港产业发展的定位选择

（一）临沂临港定位选择

作为临沂市重点发展的产业园区，临沂临港区要依托临港优势，抓住"鲁南经济带"和"山东半岛蓝色经济区"的重要机遇，加强生态环境保护和治理，构建优良的现代化产业城市，构建以工业为主导、临港产业为重点的产业发展新高地和动能转换引领区。

1. 新丝绸之路的辐射源

依托临沂市"一带一路"综合试验区，临港经济开发区应以港口为核心，以新丝绸之路为支撑，依托鲁南高铁以及疏港物流铁路专线，优化海运、公路、铁路等运输方式的配合，充分发挥地理区位优势，统筹推进钢铁、化工、物流等产业互动并进建设，完善发展临港工业的基础设施与配套设施，打造宽松良好的投资环境，强化临沂、环渤海、长三角经济带的联通效应，增强对新丝绸之路经济带的辐射能力。

2. 鲁南工业创新增长极

依照区域协调发展的要求，实施产品的差异化与专业化制造，在现有1400万吨钢铁产能的基础上，推动钢铁末端企业的深加工，降低产能过剩产品的生产数量，形成高质量、特殊化、专业化、精细化的产品结构，建成国内乃至全球一流的高端装备制造配套加工基地，包括机械设备、医疗设备、化工设备、装饰、家电等的不锈钢制品产业基地，推进钢铁产业向数字化、网络化、智能化方向发展。针对化工产业进行绿色技术的开发，选择纯净、安全、可再生的原料，在企业中推行先进绿色化工技术，建立生态与经济效益相统一的绿色化工转型示范区。

3. 现代物流集散枢纽带

以打造智慧物流为主线，整合临港经济开发区现有的可利用资源，加大公路铁路网络基础设施投资力度，以"需求梳理、功能打造、平台支撑"为具体抓手，加速实现"运输、储存、配送、客户服务"一体化的现代物流模式；扶持引导物流企业装备技术水平和管理手段，积极培育电商平台，优化创新物流发展环境，逐步提升中高端服务供给能力，带动物流产业和高端装备制造、绿色化工等产业的双向发展，形成产业联动的现代供应链体系，打造鲁南地区物流集散中心。

4. 智慧数字制造新高地

以政府为主导建立具有国际水准、领先行业的技术孵化中心，在政策资金的引导下吸引更多资金投入临沂临港区高端不锈钢基地与精细化工产业的转型升级中。发展与互联网、物联网、人工智能深度融合发展的智慧物流体系，以智慧园区建设为着力点打造智慧城市。智慧园区建设是争创国家级经济开发区的战略需要，也是园区企业提升综合竞争力的重要手段。要积极运用互联网技术发展成果，不断提升智能制造和智慧管理水平。

5. 产城融合发展示范区

随着城镇化的不断发展，针对目前产业发展现状，进一步优化临港区域布局，重点衔接临港区内各功能板块，在城区范围内完善产业园区的配套服务功能，着力于实现区域内各功能板块的聚集，在城镇化发展的大趋势上推动园区内产业结构化升级，重点推进高端不锈钢等强势产业发挥带头作用，协同发展机械装备、新型建材等战略产业，进一步突破发展战略性新兴产业。在城镇化进程中融合产业结构升级，在产业发展优化进程中发挥城镇化作用，从而形成"产城融合"的新的发展格局，力争将临港建设成产城融合发展的示范区。

（二）四大产业定位选择

1. 时间层面定位选择

（1）短期（到 2025 年）。木材产业作为支柱性产业和"现金牛"产业，可以为其他产业的发展提供资金保障，应保持投资趋势和比重，优先发展。而钢铁和化工的部分行业，如高污染、高能耗、低产出的行业，短期内减少对其投入甚至放弃和撤出，转而增大对创新型、科技型的行业的投入和政策支持（见表 7 - 5）。

表 7 - 5　　　　　　　临沂临港经济开发区四大产业短期内定位选择

产业	定位选择
钢铁产业	到 2025 年，全市钢铁产业的重点发展领域——不锈钢与特钢产业布局全部完成。钢铁产业部门的供给侧结构性改革取得初步成效，产业基本形成绿色化、低能耗化发展特点，中心城区的重污染钢铁企业搬迁取得重大进展，产业集群化程度明显提高
化工产业	到 2025 年，现有产品的种类涉及面增广、产业上下游延伸，部分门类产业链基本形成。通过提高化工产业集群程度以实现规模发展、寻求循环经济发展模式以实现集约发展、谋求技术创新改革以实现绿色高效发展等措施，降低工业增加值能耗和主要污染物约束性指标，环境质量和产业效益明显提升
木材产业	到 2025 年前，引导目前两家正常运营的木材加工企业加快发展，促进多元化发展，提高设备自动化程度，加快发展成为全国领先的木材企业
物流产业	到 2025 年，对现有的传统运输企业的改造基本完成，提高物流运输企业的信息化发展程度，扩大产业发展规模。临港园区未来物流运输主要以铁路运输为主，要以大型企业集团为支撑，加快专用铁路路线的铺设，初步形成功能齐全、规划合理的现代化物流格局，能基本满足临港园区钢铁、化工、木材等企业的运输要求

（2）中长期（到 2030 年和 2035 年）。钢材、物流这两个产业属于"问题"和"瘦狗"产业，要进行选择性投资，重点发展有可能成长为"明星"产业的产品，耗时长、耗费高、耗力大，应循序渐进，按照重要性层次发展；然后发展化工产业，临港地区的化工产业目前已沦为"瘦狗"产业，对环境污染大且效益低，要积极寻求化工产业的转型，发展精细、高端化工产品，引进先进技术，进行全行业的产业升级，所耗费的时间最长，应制定长期的技术发展和资金投入规划（见表 7 - 6）。

表 7 - 6 临沂临港经济开发区四大产业中长期内定位选择

产业	定位选择
钢铁产业	到2030年，全市不锈钢与特钢产业发展水平进一步提高，乃至处于省内、国内顶尖水平。供给侧结构性改革取得重要成果，产业规划更加符合现代化发展水平的要求；关键高端钢材品种有效供给显著增强，精深加工能力持续提升；沿海钢铁产能全面实现"四提四减"（提升沿海产能比重，减少内陆产能比重；提升产业集中度，减少钢铁企业数量；提升绿色发展水平，减少能源消耗和污染物排放总量；提升高端供给能力，减少钢铁落后装备和低端产品）。 到2035年，不锈钢与先进特钢产业达到世界先进水平。钢铁领域的供给侧结构性改革取得明显成果。集群产能规模稳步壮大，形成强大竞争力，建成世界一流水平的高端不锈钢与先进特钢制造集群，打造国家级智能制造示范工厂。参与制定国际、国家、行业、团体标准，引领企业健康发展
化工产业	到2030年，现有产品种类涉及面进一步增广，部分门类产业链完全形成。骨干企业实力进一步增强，已初步形成一批规模效益明显、发展空间较大、带动作用较好、创新能力较强的企业群。强化高端化工产品的研发和制造能力，核心竞争力明显增强，产业效益明显提高。 到2035年，现有产品种类涉及面全覆盖，所有门类产业链完全形成。骨干企业实力达到国内领先水平，基本形成一批规模效益明显、发展空间较大、带动作用较好、自主创新能力较强的企业群。强化高端产品研发能力和供给能力，化工产业核心竞争力达到领先水平，发展质量和效益显著提高
木材产业	到2030年，全市木材产业企业数量迅速增加，由本市领先企业带动发展，逐步在全国建立木材集中地和木材产业领先品牌。 到2035年，基本形成发展绿色生态化、产品类型高端化的木材产业新发展格局，临港区木材企业凭借其鲜明特点，形成良好的品牌影响力，借以进一步扩大发展规模，实现产业规模化发展，打造远销全国乃至全球的高端建材品牌
物流产业	到2030年，基本形成开放型、一体化、多功能、网络化现代商贸物流发展格局，电子商贸物流业得到显著发展，建设成为省内物流大数据中心。另外积极推进大型制造业物流、新兴产业物流、农产品物流基地建设，商贸配送物流、快递物流等现代物流业发展，扩大物流服务领域，成为环渤海经济区和长三角经济带的重要物流集散地，为调整经济结构和转变经济发展方式做出更大的贡献。 到2035年，全面形成集约化、综合化、现代化产业发展新结构，物流企业综合发展，资源集聚能力进一步增强，建设成为国内物流大数据中心，引领全国现代商贸物流业发展

2. 技术层面定位选择

（1）产业内技术。木材产业需要丰富的林木资源，在一定加工设备的支持下，将其定位为资源密集型产业；物流产业需要独特高效的物流体系支撑，而物流体系需要长时间的建立和累积，将其作为学习曲线依赖型产业；钢铁产业需要依托其高精尖的技术支持，生产特种、高质量钢材，同时，规模化的生产又能带来低成本的发展，将其定位为技术密集型产业/规模型产业；最后，化工产业需要顶尖人才来满足市场多元化的需求，人才显得尤为重要，是人才密集型产业。

（2）产业间技术。木材产业的加工设备所需的特殊钢材可由钢铁产业提供，基于此，应当将钢铁产业作为木材产业的支持性产业，为木材产业的发展提供必要的生产设备支持。木材产业、钢铁产业和化工产业的发展同样离不开健全的物流体系，原料的购进、加工产品的输出等都需要便捷的物流支持，应当将物流产业作为四大产业的核心支持性产业。

三、临沂临港产业发展的目标

2025～2035 年临沂临港经济开发区经济发展指标目标值见表 7 −7。

表 7 −7　　　　　2025～2035 年临沂临港经济开发区经济发展指标目标值

类别	指标	2025 年	2030 年	2035 年	年均增速
总量规模	地区生产总值（亿元）	950	1400	1880	7.06%
	冶金产业总产值（亿元）	540	790	1010	6.46%
	化工产业总产值（亿元）	250	380	520	7.60%
	木材产业总产值（亿元）	50	80	120	9.15%
	物流产业总产值（亿元）	30	75	130	15.79%
	规模以上企业总产值比重（%）	77.37	83.31	90.26	—
	税收总收入（亿元）	45	75	100	8.31%
	全员劳动生产率（万元/人）	12	18	24	—
	建设用地地均 GDP（亿元/平方公里）	4	6	8	—
创新能力	每万人口发明专利拥有量（件）	20	30	40	—
	国家级企业技术中心（家）	8	14	20	—
	国家技术创新示范企业（家）	国内领先	国际标准	国际领先	—
	设备自动化程度	30	35	40	—
	劳动平均受教育年限	11	11.8	12.5	—
	全社会研发经费占 GDP 比重	2.5	3	4	—
	科研投入占销售收入的比重（%）	45	50	55	—
	工业新产品产值率（%）	20	30	40	—

类别	指标	2025 年	2030 年	2035 年	年均增速
人才集聚	领军型创新团队（个）	1	2	3	—
	领军型创新人才（人）	5	10	15	—
	院士专家工作站（家）	1	2	3	—
企业发展	规模以上企业数（家）	180	260	350	—
	竞争力特强企业（A）及以上的钢铁企业（家）	5	8	10	—
	绿色化工生产企业（家）	45	60	80	—
	供应链平台企业（家）	2	4	7	—
	物流科技领军企业（家）	2	4	6	—
	上市公司（含挂牌）数（家）	3	6	10	—
绿色发展	主要污染物排放达标率（%）	97.5	100	100	—
	单位地区生产总值能耗（吨标准煤/万元）	0.7	0.4	0.2	—
	国家级绿色产品占比（%）	35	50	70	—
	固体废弃物综合利用率（%）	96	100	100	—

第四节　陆海统筹临港产业发展路径

一、陆海联动，优化空间功能布局

从陆海兼备的国情出发，以临沂市"一带一路"综合试验区建设为推手，加大临港经济开发区开发陆域土地空间的力度；为持续巩固临港经济开发区的"海洋强县"的发展战略，精准展现海洋在临港经济开发区的资源保障、环境优化和社会经济高质量发展中的影响力，推动形成优势融合、耦合发展、双向循环的"陆地—海洋"复合系统。

（一）以重大战略工程为抓手，全面推进陆海统筹

积极谋划和推动重大工程建设，使之对临港经济开发区陆海统筹产业发展全局起到战略性引导作用。临港经济开发区要从重大战略工程出发全面推进陆海统筹：一是临港港口开放开发经济区建设工程，重点突出以岚山港为支撑的基础设施建设和基础产业培育，归依于高端不锈钢和先进特钢产业集群，高效推进高级吨位的停泊口建设，打通鲁南经济带，抢抓"省会＋胶东＋鲁南"三大经济圈一体化发展机遇；二是陆海战略通道拓展工程，加快落实临港经济开发区的产业园区与岚山港口的铁路建设，积极推进其与连云港等省外港口的道路连通建设；三是重大战略培育创新产业体系工程，以产业集群化和科创联动为重要推手，促进钢铁产业下游链条快速发展，例如生产船舶用钢、低合金钢、海洋工程用超级不锈钢等，带动海洋产业逐步升级，并强化对陆域经济发展的引领作用。

（二）发挥临港地区核心作用，拓展国际合作领域

依托临沂市"一带一路"综合试验区，临港区应当统筹规划港、路系统，更好地发挥港口资源和开放优势，提升临港区的产业集聚辐射能力，加强与日、韩等周边国家的先进钢铁基地合作，以"园中园"钢铁产业发展战略为基础，积极推动建设国际钢铁产能合作基地；依托新亚欧大陆桥国际经济合作走廊，临港区应当顺应产业升级与城镇化发展的客观需求，实现与"一带一路"沿线国家更广泛的合作，推动科技、文化、教育、旅游等全方位、各方面的深度交流与合作，不断提升临港经济开发区的综合影响力和竞争力。

（三）加快陆海双向"走出去"步伐，拓展战略空间

在全球海洋开发成熟化和国际海洋权益问题焦灼化的大背景下，临港经济开发区要以国际视野考虑发展战略利益，以更加长久的可持续计划提高"陆地—海洋"战略网及其关键节点的建设效率；积极吸引发达国家的涉海大型企业集团参与岚山港、董家口港等海域的海洋开发，深度合作挖掘油气、矿产等海洋资源，发挥海洋工程科技的驱动作用，建立国际化的战略性

贸易港；统筹提高临港经济开发区陆地资源的开放度和包容度，形成具有高效性和循环性的"陆地－海洋"战略网络。

（四）加大政策支持力度，建立陆海统筹发展示范区

临港经济开发区应当研究和制定扶持海洋能源、海洋材料、海洋钢铁等融合产业相关的财税优惠政策，推动临港经济开发区海洋产业结构的持续优化；促进钢化产业、化工产业等临港经济开发区优势产业的发展秩序的规范化与标准化，坚定以产能增量控制、存量整合为目标，杜绝落后产能积压，积极引领优势产能转向陆海新兴产业和陆海工程科技创新事业。临港经济开发区应予以强有力的政策支持，积极开发市场化机制，增高海洋相关产业的民间资本投资率，打通"陆地—海洋"战略性投资渠道。以山东半岛蓝色经济开发区和"济南—青岛"双子星城市圈，完善滨海区域的产业配套和整体空间布局，有效创建"港—城—园"的产业发展耦合网络。

二、集聚发展，构筑产业生态体系

以提升产业发展质量和效益为目标，充分发挥临港经济开发区的位置优势，按照"增链、补链、延链、强链"的原则，以重大工程为抓手，构筑"2＋2＋3"协同发展体系，主导发展冶金新材料和绿色化工两大优势产业，壮大发展环保型能源和创新型建筑材料两大朝阳产业，培育发展现代物流、农业"新六产"和文化旅游，不断提高各个产业园区的协作水平，构建国家级的产业集群（见表7－8）。

表7－8　　　　　　　　2020年临沂临港经济开发区产业体系概览

发展层次	产业类型	发展基础	重点领域
主导发展	冶金新材料	（1）产业产值一直处于领先地位，交通区位优势 （2）载体：1400万吨钢铁项目 （3）龙头企业：山东鑫海实业有限公司；山东钢铁集团永锋临港有限公司；临沂钢铁投资集团特钢有限公司	铝用新材料、不锈钢制品、五金制品、海洋装备、医疗器械、装配式建材等

续表

发展层次	产业类型	发展基础	重点领域
主导发展	绿色化工	（1）产业产值仅次于冶金新材料行业，发展潜力大 （2）重点项目：三丰化工抗氧剂生产项目、长青化工4万吨碳酸丙烯酯项目、达冠2.5万吨高分子材料添加剂项目	精细化工、石油化工、橡塑制品、电子化学品、纺织服装、涂料染料、玻璃制造、丁基橡胶
壮大发展	节能环保	（1）依托钢铁与化工两大重点产业，上游企业数量多 （2）重点项目：中再生危险废物集中处置中心项目	节能产业、环保产业、资源循环利用产业
	新型建材	基于临港优势以及物流园项目，运输优势明显	装配式建筑、木制家具、实木地板、环保板材
培育发展	现代物流	依靠临港区位优势与钢铁、化工、节能环保等园区建设，发展前景好	大宗商品物流、绿色回收物流
	农业"新六产"	拥有大樱桃、蓝莓等优质特色农产品，运输便利	农产品精深加工、智慧农业、乡村旅游
	文化旅游	（1）拥有厉家寨红色旅游、甲子山无极鬼谷风景区、云蒙山风景区等景区 （2）依托厉家寨高铁站，枣岚等高速公路，交通便利	红色教育、自然风光、休闲观光

（一）主导发展两大优势产业

1. 冶金新材料

按照"搭建大平台、招引大项目、培育大企业、聚焦全产业链"的原则，坚持差异化、特色化发展，以打造具有国际一流竞争力的精钢基地为重点，打造"一基地（精钢基地）—两中心（研发中心、交易中心）—三园区（日韩产业园、特钢配套产业园区、不锈钢配套产业园区）"模式，提升发展生铁铸造、不锈钢板块、先进特钢板块及有色金属板块，完善产业链；积极引进海洋装备、汽车零配件、高档厨具、装配式建材、全铝家具、医疗器械、家庭用品、电子元器件、建筑装饰、新能源综合利用等下游产业，不断提升产业竞争力与区域影响力。

一是在高端不锈钢与先进特钢产业上，建造"一基地—两中心—三园区"模式，规划建设"中德园中园""中日园中园""中韩园中园"。首先由低端向高端发展，打造智慧园区，建立研发中心，推进智能化、信息化、数字化车间建设，支持其产业集群的发展。其次由单一向丰富发展，逐步扩大产品类型生产线，增加不锈钢高端日用品、五金、配件类等制品，优化产品结构；由分散向集聚发展，强化招商引资机制，明确招商主体对象，大力引进高端不锈钢企业和相关的人才。

二是在绿色铸造产业上，依托临港区独特的原料、能耗、工艺技术、要素优势，秉承"集约、高效、智能、绿色、精品"的原则，以"扩展链条、高标规划、高质建设、绿色智能"为出发点，着力打造世界一流、国内领先、承接全省、绿色高端的铸造产业园区。提升铸造产业自主创新意识和能力，积极筹建铸造研发中心，扩大产业规模，提高产业园区集聚效应，引导园区内发展前景较好的企业加大产业链延伸力度，推进铸造园区向国际化发展。

2. 绿色化工业

推进产业结构调整，积极引进龙头企业，支持现有基础较好、竞争力强的化工企业如三丰化工、长青化工做强、做精，形成龙头企业、中型企业、小型企业的发展格局。

第一，遵循产业链发展原则，着力引进橡塑制品、电子化学品、纺织服装、涂料染料、玻璃制造、丁基橡胶等中下游企业，做到原料不用长途运输，在降低成本的同时，也减少了运输安全风险。第二，完善基础设施建设，协调各个优势企业进行兼并重组，增强化工产业的聚集性。绿色化工产业的规模报酬经济主要是因为园区内基础设施的协同利用，例如园区内能源、水、原料、余热、废水的循环使用。通过以上措施，增强生产效率、降低废弃物的排放。第三，构建智能化的智慧园区以及生产车间，大力推进互联网、智慧物流、电子商务等和绿色化工的有效结合，促进绿色化工产业向智能化、服务化企业迈进。第四，严格控制产能，及时清除"僵尸企业"。建立健全企业竞争机制、倒逼机制以及退出机制，扩大先进产能的市场空间。引进先进的清洁生产技术，减少废弃物的排放数量，增强可持续发展能力。

（二）壮大发展两大特色产业

1. 节能环保业

以临港现有节能环保企业为基础，加强政策扶持力度，完善相关基础设施建设，规范招商引资，增强资金投入，打造公平开放的市场环境，细化产业类型，着重发展节能产业和资源循环利用产业，将节能环保产业壮大发展成为临港的特色战略性支柱产业。

一是节能产业。一方面推广先进燃烧技术装备、冷凝器、转炉负能炼钢、吸附式制冷系统等环保设备，推进能源的分质梯级利用。另一方面重点引进一些专业性的节能服务公司，采用"合同能源管理""互联网＋节能"等新模式，为节能环保企业提供设备采购、诊断、改造以及人力资源培训等多样化的服务，不断提升临港节能环保企业的市场竞争力。

二是资源循环利用产业。一方面，重点加强建材工业与钢铁、石化、有色等重点行业的核心链接，鼓励建材等行业企业协同资源化处置固体废弃物。另一方面，重点研发应用废金属、废橡胶、废旧电器、废纸等技术和装备。开发有色金属精细分离提纯深加工成套工艺及集成技术。

2. 新型建材业

首先，加速产品改进。引进或研发新产品，扩大市场的广度，提高临港新型建材产业的核心竞争力。其次，推动新型建材产业向精细化、高端化方向迈进。推进新型建材产品的精深加工力度，不断提高产业的附加值以及技术水平。再次，提高产品的知名度，加强产品的宣传力度，提高档次。最后，引导企业兼并重组，淘汰落后产能，扩大产业规模。

（三）培育发展三大新兴产业

1. 现代物流业

立足规划建设的三大铁路物流基础，发挥比较优势，借助临港优势，畅通连接港口与临港产业园区的物流通道，积极拓展高端物流业务，进而带动钢铁、化工等重点产业的发展，加快智慧物流建设，实现从企业、物流分拣中心到消费者的全流程服务。

一是要明确物流园区功能定位。首先是社会公共功能，现代物流园区的建立一方面不仅可以通过提高物流效率减少对土地的依赖，而且可以减少货车的使用，降低因汽车而导致的污染物排放以及交通事故的发生。另一方面，现代物流园区通过合理有效的管理可以大幅降低临港园区内各个企业的运输成本、交易效率，从而尽可能提高各个企业的利润。其次是基本业务功能。主要包括配送功能、搬运功能、分拣功能。最后是增值服务功能，主要包括商品交易展示功能、供应链物流管理功能、物流系统咨询和设计功能以及信息服务功能。

二是要完善大宗商品物流体系。首先是加快完善大宗商品物流体系。以现有的铁路、港口等交通设施为基础，通过新建以及扩建等措施提升交通运输效率，发挥位置优势，打造全国重要的分拣中心，拓展仓储加工、配送运输等服务。其次要建立大宗商品交易体系。依托优势产业，大力发展合同交易等新型交易方式，提高信息查询等综合服务功能，打造山东省最大的钢铁交易中心和定价中心。

2. 农业"新六产"

一是要发掘新功能新价值。大力发展农产品、大樱桃、蓝莓等精深加工，打造一批先进的农产品加工基地，重点引进一些龙头企业，带动现有企业发展，形成集聚效应。二是要培育新产业新业态。依托智能化管理，大力发展电商产业，开展线上营销。努力打造农家乐与农产品采摘一体化模式，开展创意农业，将农业、旅游业等有机结合。三是要健全新体系新品牌。通过构建现代化的农产品服务体系，不断提高农产品经营的规模化、专业化水平，打造临港品牌，加大品牌宣传力度。

3. 文化旅游业

充分发挥厉家寨广场、凤凰岭战役旧址等文化资源与彩沟、大山等生态资源优势，加强文化建设与宣传，推动文化产业链协调发展。主要包括红色教育旅游区、自然风景旅游区以及生态观光旅游区。

三、创新引领，打造智慧制造园区

（一）建设智能研发园区

依托现有企业优势，招引知名科研机构入驻，引进核心人才团队。以都市创业产业园区和高新技术产业园区为依托推动产业向智能化、集群化、服务化方向发展，以冶金复合材料产业园区和绿色化工产业园区为依托推动产业向高端化、精细化方向发展，以生态旅游服务产业园区和高效农业产业园区引导产业向专业化、个性化方向发展。加强与钢铁研究总院、北京科技大学钢铁冶金新技术国家重点实验室等国内知名高校院所合作，在政策引导、专业研发、企业运用、市场运营的一体化模式下建设智能研发园区。

分行业建立钢铁、化工等行业的智能工厂标准体系，配置专业人才研发与优化智能工厂软件，推动工业制造技术的转型升级，实现自智能化的工厂运营、生产装备、过程、经营的数字化与工业制造技术的升级，以大数据与互联网、5G应用等技术为支持，从整体上提升企业的生产效率、员工的劳动效率、工厂的安全运营能力。

（二）构建智慧物流体系

基于临沂现有的物流发展基础，规划并实现智慧物流体系发展综合格局。促进临港物流龙头企业的发展壮大，引导其积极参与国际竞争，促进中型以上企业参与智慧物流体系的构建，以现有物联网及互联网企业为支撑，创新创造共享物流产业链与运输链，为智慧物流体系提供技术支持。

（三）加快智慧园区建设

智慧园区建设要充分考虑消防安全、道路交通安全、村民园区务农安全等，确保建设方案实用、高效、便捷。智慧园区建设既要满足园区认定整改要求，又要形成可复制、可推广经验，为区内其他园区智慧化建设提供范例。临港区智慧城市建设分为两层：

第一层是信息技术层。临沂临港区应当借助信息技术形成一个贯穿整个领域的架构体系。其一是借助智能计算机推动钢铁、化工等产业的改良升级；其二是构建互联互通的共享应用体系。完善智慧园区的信息技术层建设将极大地助力临港区发展走向更高水平、更加先进的发展新台阶，推动智慧园区技术层面全面升级，助推临沂临港区的"跨越式"新发展。

第二层是应用服务层。临沂临港区优化办事流程，高度融合线上办事与线下办事模式。以一体化信息服务平台为基础，以集中审批、批量授权为原则，优化申请方式及其条件，改进审核流程及发证方式，推动办事全流程"套餐式"办理，全面提升办事质量与办事效率，为企业资质审批与申请证照提供最大化便利。

（四）开拓区块链融合园

临港经济开发区在"2+2+3"的产业生态体系逐步完善的基础上，应当积极创新发展智慧园区，开拓以区块链技术为核心的创新发展模式，引进区块链相关专业优秀人才，基于企业开展区块链技术培训的相应补贴，制定区块链应用的行业标准与规范，大力支持企业资产管理与物联网发展，进而推动行业应用链的高质量发展，最终在行业内部形成高质量发展的标杆。

四、开放共享，引导产业精准招商

（一）项目对接资源共享

临港经济开发区应当打破传统的开放模式，市场化政府职责和资源，构建协同创新的市场化模式；积极对接国内高新技术开发园区，快速整合全辖的优劣资源，设计构建资源共享、内部循环合作的高效机制，明晰临港经济开发区开放园区和开展合作对接园区的任务定位，真正实现互联互通、互利共赢。临港区一定不是以招企业为主，而是以发展企业为主，可以借助现代的互联网手段，从而为了更好地给企业提供服务，实现招商高效化。

（二）规范招商引资机制

临港经济开发区的投资促进局需要设计有针对性的招商引资监察和管理

机制，根据全区的经济发展规划，做好产业转型布局，为了临港经开区的经济快速持续增长，应当尽可能引进符合临港区产业布局的项目，保证引进的项目具有投资的可行性和发展潜力，以科学合理的招商与引资的程序作为严格标准，实现对引入项目的动态化、全视角监管。

临港经济开发区可以适当改善现有项目的奖励办法，设计现实可行的优秀资源奖励机制；临港经济开发区在注重引进项目的规模标准化的同时，更加需要将项目的生产效益，尤其是经济利润，作为招商引资的核心目标，达到具有显著政府税收收益率。

善用招商引资的服务资源，临港区政府及相关机构的服务应当仅限于政府完善的投资环境建设，具体包括：保质保量的基础硬环境和无忧无虑的行政软环境；临港经济开发区政府及其相关部门要遵循招商引资流程精简化和事件审批过程高效化的原则，提供有针对性的服务；落地项目和投产（或待产）企业必须按时完成承诺目标，为临港经济开发区的社会经济发展做出贡献。

（三）创新精准招商模式

精准招商作为选商择资新常态，临港经济开发区应当以引入项目科学决策、招商体制畅通高效为基础，依靠钢铁、化工等龙头产业，形成"产业—区域—企业—项目"的链条式招商体制，绘制临港经济开发区陆海统筹发展产业精准招商地图，实现"地图式"招商引资的动态化与可视化。

（四）构建招商数据平台

通过构建高精尖的招商基础大数据库，有效避免"政府—企业"信息不对称的难题，从而优化供给侧产业链条、提高招商转化率。采集与建立临港园区大数据库，统筹把握政府、市场、产业和企业的基础数据，做好大数据招商顶层设计，实现专业化、精准化、系统化招商。具体包括：

第一，构建产业园区的供给端数据库，促进形成临港经济开发区招商方面的"供给侧"改革趋于合理化。数据库具体因素如表7-9所示。

表7-9   临港区产业园区供给端数据库具体因素

类型	具体因素
可量化因素	资源情况、土地供给、厂房供给，投资环境、成本，环保要求、园区参数
不可量化因素	区位优势、产品情况、优惠政策、交通、产业、配套政策、服务

第二，设计目标"产业—企业—项目"招商网络，利用机器学习等先进技术方法挖掘匹配对象，加大临港经济开发区对目标对象的战略动向监测，有效地开展招商引资工作。招商网络包含的具体内容如表7-10所示。

表7-10   临港区产业园区招商网络包含的具体内容

项目	具体内容
"产业—企业—项目"招商网络	产业的发展现状、布局及趋势；产业链分布； 企业基本情况：经营效益、财务状况、产业归属、企业性质

第三，构建产业园区内部企业的运营数据库，实现临港经济开发区产业园内部企业的"信息流—物流—资金流—商流"的动态监测，基于实时数据有效地挖掘园区内的产业链豁口，倡导以"建链、补链、扩链、强链"加强招商系统化和链条化，加快以商招商步伐。

五、产城融合，构建协调发展格局

根据区域协同、统筹联动、错位发展的发展要求，优化临港区域布局，重点衔接临港区内各功能板块，在城市空间、公共服务、产业格局等做出新的成绩，同时加快增强临港城市优势，发挥产业支撑能力，从而形成"产城融合"的互动发展格局。

（一）深化土地制度改革，促进城市空间融合

按照实现生产性土地的集约高效和人民群众生活性土地的宜居适度原则，深化改革了土地制度，推进当地生产和生活空间的空间融合。在推动生

产和使用空间的集约高效发展上，落实最严格的农村耕地保护体系和节省用地的制度，在适当增加产业园林用地占比时，明确了城市扩张的界限，强化对各类工程建设项目的标准把握；在推动临港生活空间的宜居适度发展方面，合理地评价临港的资源和环境的承载能力以及今后临港将来可能需要承载的行业和就业规模，进一步充分完善临港生活空间的布局合理性，为临港居民营造更加宜居便捷的生活空间。

（二）提升公共服务水平，完善基础设施体系

坚持城市整体发展综合、超前的基本发展准则，着力打造城市布局合理、职能完备、高效交通便利的城市现代化交通基础和配套公共设施。

第一，构建并健全顺畅、便捷、全面的城市综合交通和运输系统。以加快互联互通为服务目标，协力打造临港铁路、公路、水路网络建设，形成综合性交通运输网。

第二，打造智能、前沿、安全的信息保障网络。通过完善、更新临港当地信息化基础服务设备，扩大信息网络的覆盖范围，提高保障的安全力度。

第三，建立健全公共服务体系，扩大保障范围。完善当地公共服务设施，着力实现医疗、就业、教育等多方面保障目标，切实为当地居民提供完善的保障服务。同时扩大保障的范围，做到不仅当地居民受益，外来务工人员的保障也要及时覆盖，要做到切实保障、及时落实、逐步覆盖，从而可以进一步吸引外地优秀人才加入。

第四，着力完善当地的服务水平。首先对服务设施进行升级和改造，同时要对专门的服务人员进行定期的培训与考核，其次加快建设集合型星级酒店，着力完善配套的服务设施，最大限度地为外来游客提供优质服务，同时吸引外来企业进驻临港的工业园区。

第五，通过深入地学习发达国家的环境治理实践经验，引入 BOT 模式，即对基础设施的建设不再是承包给由地方政府或者部门，而是转化为以地方政府和企业之间已经达成一致的合作为基本前提，激励新入园的企业和其他参与社会风险投资的主体积极地筹措资金来建设特定的基础配套设施，提高项目运行效率，进而促进园区良性发展。

（三）打造协同产业园区，增强产业承载能力

结合临港当地特色以及社会经济发展现状，在城镇化进程中融合产业结构升级，在产业发展优化进程中发挥城镇化作用，着力形成"产城融合"的新发展格局。同时产业的结构升级要与城镇化进程相适应，在着力优化临港区域布局的基础上，对区域内产业进行整合，同时引入发达国家成熟的经验、设备和技术，倾力打造现代化工业园区，进而实现城市的产业化价值。

第一，要增强对规划的科学性引导。将产业园区全部纳入临港市总体规划所要求的控制范围，统筹安排临港区和规划区域范围内的各种建设工程和用地布置，建设发展具有特色鲜明、功能齐全、宜业宜居的新型产业园区。

第二，以现有的园区为基础，加快其功能的转型升级，从而增强临港区域内产业承载能力。要大力宣传"一园多区"结构优势，加大对园区的利用效率，着力增强工业发展对城市发展的引领作用。

第三，进一步更新、完善区域内配套服务体系。在进行规划期间，要充分考虑到园区内职工的福利待遇，如医疗保障、失业补助、工伤补贴等，同时对于员工子女的教育问题也应该充分考虑，保障员工没有后顾之忧。

六、绿色工程，推进"三生"融合发展

（一）打造循环经济高端产业园

临港区打造循环经济高端产业园可从焦炭生产、废钢加工、物流服务三方面着手。首先，以钢定焦，建设国际一流的焦炭生产企业。临沂市焦化总产能为 500 万余吨，完全能够保障临港钢铁基地对焦炭的需求。按照以钢定焦、钢焦一体、退城入园、集聚发展，压煤减排、服务临港基地的原则，整合现有企业产能，建设国际先进的高水平焦化生产企业，探索煤焦钢化一体化协同发展的新模式，打造循环经济高端产业园，紧密融合上下游全产业链，真正实现多能耦合、能效互补、绿色发展。其次，循环利用，建设规范化标准化的废钢加工基地。在临港不锈钢基地，高起点规划集中交易等规范化、标准化的废钢收购、加工基地。整合周边地区废钢来源等信息，规范信

息的收集、合成与传输的渠道，保证电炉及转炉炼钢对废钢的需求。实施废钢资源综合利用，达到废钢预处理的环保节约化。最后，提供优质物流服务为循环经济提供有力支持。优化现有运输、仓储、分拣布局，畅通矿石及大宗原辅材料及产成品的海、铁、陆运输，为资源全工序循环利用服务。

（二）构筑全方位生态安全屏障

根据"精品钢和精细化工为主导产业"的产业发展引导策略，加快对临港产业园区内"高耗污染"产业改造，淘汰效益低下、污染严重的落后产业，以控制主要污染物排放总量和强度为着力点，着力构筑全方位生态安全屏障。

污染物排放方面，钢铁产业需要大力推进焦炉与烧结烟气脱硫脱硝、高参数煤气发电改造等技术改造，加大二次能源余热回收利用力度；化工产业需要强力推进化工企业液体、固体废弃物无害化综合处置设施能力建设，努力实现化工企业绿色能源突破。产业准入门槛方面，新建项目必须严格遵守《大气污染防治行动计划》等政策文件。全方位生态安全屏障方面，临沂临港区应增加城区绿地面积，以城市绿道建设、道路林荫、公共绿荫为基础，推动网格状、组团状的全方位生态安全屏障，增加临沂临港区的绿地面积，为临港区的生态文明建设贡献绿色财富。

（三）建设"三生"融合绿色实践区

"三生"融合即生产、生活、生态相融合，首先，提升临港区节能技术与设备的水平。其一是余热余压利用技术和设备，在钢铁及化工企业大面积推广先进燃烧技术装置以及二次利用余压余热装备的安装。其二是节能电机设备，加快建设节能变频调速控制等技术实验室的建设，优化电机节能关键技术，突破现有技术瓶颈加速研发。其三是节能仪器设备，严格遵照国家能效标准和节能检测规范要求，升级节能仪器设备和检测仪器，在钢铁、化工等企业大力推广能源量化、监测设备和技术，配备专业节能技术人员，推进临沂临港区节能绿色发展迈向高效化新阶段。

其次，提升主要产业产品的绿色水平。临沂临港区应当根据园区内的主要产品发展现状针对该领域进行重点的技术开发，学习国内外先进绿色化工技术及经验，利用现代生物技术以及绿色化学化工技术推动临港区绿色化工技术迈上新台阶。化工新材料是化工产业转型升级重点，也是从源头上控制化工污染的手段，因此化工企业在生产时应当尽量选择符合国家环保要求、无毒无害并且可再生的原材料。

七、政府支撑，提供根本制度保障

（一）加强组织领导

临港地方人民政府各职能部门要切实加强对新兴产业园区的开发建设和经营管理的组织领导，按照"党工委（管委会）＋公司"的经营管理模式，建立跨行政部门、跨街道的分工合作、共同参与的工作机制，加强对于规划执行的统一引导、精心组织、不断优化创新的工作机制，以强化组织执行主体，研究推动产业园区的发展需要相关政策措施，制订具体的实施计划，协调和解决行业园区在经济社会发展过程中存在的重点难题。政府部门需要切实发挥牵头作用，推动落实具体措施，统筹指导推动临港地区产业层次转移和创新型产业园区拓展升级的工作。各级职能部门要认真抓好规划的落实，根据规划文本中明确的发展方向、发展重点，结合自己的功能，明确执行重点、进度安排及其责任分工，研究制定促进产业创新与发展的各种类型政策措施，确保有步骤、分阶段落实各项规划任务，加大对产业园区发展的指导服务和支持力度。

（二）加大政策扶持

完善临港区产业政策和资金支持，加快产业扶持政策的完善，整合区域内各项产业政策和金融扶持政策，积极争取国家、省、市对临港区高端不锈钢等强势产业的扶持。此外，还需要进一步落实相关政策，加强对知识产权保护和科技研发的政策支持。完善建设用地政策，优先保障重大建设项目用地指标。要结合企业和管理需要，深化招商引资配套政策，探索奖补结合、前后结合、投补结合等多种配套政策。

（三）推进人才建设

坚持人才强区发展理念，及时把握人才流动的重要时期，创新更加完善的人才保障机制，颁布具体的人才引进政策，构建更加广阔高效的企业技术服务平台，建立"政、产、研"合一的产业联盟。以自身的人才优势创造企业产品优势、发展优势，从而为当地发展提供人力保障。

第一，要加快完善对于高端人才的激励制度。高端人才对于企业发展、城市进步、产业升级具有不可代替的重要地位，因此一方面要奖励产生巨大价值的高端人才、优秀人才，从而激励他们积极为企业发展建言献策。另一方面，要完善人才引进待遇，对于来临港工作的高端、优秀人才，要有完善的保障体系和后备支撑，解决他们来工作之后的后顾之忧。

第二，积极引进针对性高层次人才，鼓励在外求学的学子回乡建设。根据区域内产业发展需求，引进急需紧缺人才，尤其是加大对于高端不锈钢等强势专业人才的引进力度。可以通过去重点院校进行企业招聘，尤其鼓励对在外求学的青年人回乡建设。

第三，鼓励当地企业与高职院校一对一合作，实行校企合作培养机制，为当地产业发展提供后备人才，同时也解决了高等职业院校学生的就业问题。

（四）实施监督评估

首先，通过提升基层环境治理水平，增强园区内环境治理监控的有效性，同时还需要强化对环境治理机制的建设。环保部门根据具体存在的问题，对于园区内将要建设的工程项目都需要及时提前介入，在开展园区环境质量监管工作时，可以成立一套专业化的环境质量监管组织，实时、实地对其进行检查和监督。其次，要进一步加大环境保护知识的普及力度，增强企业及其个人环保意识。并且各种企业还需要招聘专门的技术人员，对环境监管、生态监测等对企业进行实时反馈。最后，全面深入推进临港地区的各项规划每年的阶段性考核、审查、整改机制。需要注意的是，应该选择更加合理的环保评估指标，不能让环保问题成为阻碍企业进一步发展的绊脚石。

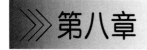

第八章

陆海统筹临港产业发展专项规划

第一节　陆海统筹临港产业发展重点分析

一、陆海统筹临港产业发展环境分析

（一）冶金产业发展环境分析

1. 发展现状分析

冶金新材料产业是临港经济开发区两大核心产业之一，为开发区经济的快速发展发挥了至关重要的作用。2018 年全区冶金新材料产业实现产值 569.6 亿元，培植形成玫德集团、永锋有限公司、临港有色金属等骨干企业，临港区冶金新材料产业已基本形成高端压铸、不锈钢新材料、铝用新材料三大产业板块。

2. 主要问题分析

一是产业链条不完整，尚未发挥产业集群效应。区内冶金产业多以单体企业发展为主，产业结构相对单一，企业间未形成上下游产业合作关系，产业链条不完整，特别是部分企业工序产能严重不匹配，难以发挥规模效应。

二是产业结构层次较低,产品特色不突出。区内冶金产业处于开发初期,以初加工产品为主,但附加值低,难以实现高收益。三是缺乏自主创新能力。区内企业研发投入低,部分企业甚至为零,大多数企业主要是通过技术引进和设备的购买等途径来更新生产技术,缺乏原创性、独创性的技术;此外,开发区发展基础相对薄弱,缺少相关科研机构,对于高素质创新型人才的吸引力较低。

总之,临沂临港区冶金产业受缺乏龙头企业带动、产业综合竞争力不强、品种质量对高端装备制造产业支撑不够等瓶颈制约,再加上市场波动和资金储备等多方面影响,产能发挥不稳定;此外,人才和技术方面的缺乏也是临港区冶金发展面临的挑战。

3. 经济环境分析

从国际环境来看,全球经济增长普遍放缓,主要经济体发展面临一定的困境,世界经济发展缓慢。从国内经济形势来看,国民经济在平稳发展中展现出良好趋势,经济转型和结构调整持续推进,高质量发展目标逐步实现,为未来经济快速发展储备动力。现代化经济体系建设的持续推进对于企业核心竞争力的提升至关重要。区域层面来看,山东省产业结构不断转型升级,为我省未来发展创造了更广阔空间。与此同时,临沂市抢抓发展机遇,着力推进传统产业优化调整,其中,冶金作为临沂市八大主导产业之一临港区重点打造高端不锈钢和先进特钢制造产业聚集区,为临港进一步优化冶金产业布局提供机遇。

4. 行业环境分析

(1) 黑色金属产业,RKEF一体化全流程不锈钢技术推动不锈钢行业优化布局和产业升级,由盲目追求规模扩张转变为减量提质的发展模式,由钢铁单纯发展制造业逐步过渡为提供满足制造业发展的主体原材料供应的新阶段,钢铁产业对于研发投入的需求不断提高,创新驱动的态势越发明显,并且由一业为主向相关多元化转变,整个产业呈现出钢铁矿产资源业板块、贸易物流板块等各大板块多业并举的产业发展新格局。

(2) 有色金属产业,有色金属行业产能过剩一直是此行业较为严重的一个问题,国家针对此问题先后出台了铝、铅等行业准入条件,提高市场准入门槛。从政策影响来看,淘汰落后产能对于保障有色金属行业持续健康发展至关重要,通过淘汰落后产能,实现可持续绿色发展。

(二)化工产业发展环境分析

1. 发展现状分析

临沂临港化工产业园总体规划面积 16.58 平方公里,是山东省重新认定的第二批化工园区。目前主要依托山东达冠生化科技股份有限公司、山东三丰新材料有限公司、临沂长青化工有限公司等骨干企业发展精细化工、石油化工等产业。

化工产业园建有工业污水集中处理工程,供水管道及雨水、污水管网沿主干道已全部铺设完毕。此外,骨干企业实力明显增强,结构布局逐渐优化,产业门类向高端化工产业开拓,加速产业链由初级向成熟的转化。产业能耗下降,污染得到有效遏制,基本完成主要污染物约束性指标,环境质量和产业效益明显提升。

2. 主要问题分析

一是化工产品的产品结构相对不合理。基础化工并未形成特色化工产业,并且精深加工产品在所有产成品中比例不高,扩张式发展仍占主导。二是产品的创新能力不足。产品的自主专利较少,在涉及高新技术和产品上开发能力较弱,创新投入较少,转化率低。三是园区规划有待完善。区内各种资源的配置已达到基本水准,但与国内化工园区平均发展水平相比,还有一段距离。园区布局和规划不够完善,导致临港化工园区投资竞争力不高。此外,化工产业园招商引资的管理工作水平不高,国际国内知名度和招商引资的吸引力较低。

总之,临沂临港地区化工产业结构不尽合理,产业链条不完善,辐射拉动作用有限。此外,高科技人才的缺乏,前瞻性原始创新能力不强,也是临港地区化工产业发展面临的挑战。

3. 经济环境分析

从外部环境来看,部分大国奉行贸易保护主义和单边主义,使得国际经贸发展严重受阻。从国内来看,虽然面临疫情的影响,但国内经济稳中向好,回升动力不断积累,市场需求环境相对良好。从区域角度来看,山东省持续推进新旧动能转换,经济稳定增长。与此同时,临沂市锐意改革创新,强化产业融合，加强区域合作，构建开放型现代产业体系。其中，化工作为临沂市八大主导产业之一，充分利用倒逼机制，强化化工产业安全保障、推进产业结构优化。

4. 行业环境分析

（1）石油化工。全球经济逐步恢复，对石化产品的需求也将逐步恢复，在此情况下，石化产品的重点将转向高质量、高效益以及环境友好的进一步提升。其总趋势将有以下几方面：产业重心转移、行业稳定发展、原料结构更新、产品的进一步差异化、创新发展、行业内企业的兼并和整合。随着我国石化产业升级改造进入攻坚阶段，应更加注重生态环境的保护，进一步优化产业布局，提高能源使用效率，让石化产业进入生态型阶段。

（2）精细化工。从目前来看，精细化工仍为国内外许多重要行业提供中间产品，因此，供给缺口仍然存在。基于现阶段的国际产业的紧密化，全球精细化工仍有较大可能实现增长。

目前，我国精细化工仍在不断成长，国内技术的不断迭代升级，使我国精细化工遇到了较大的发展机遇，市场前景较为广阔。

（3）煤化工。目前，全球市场的经济活力较为低迷，导致原油和大宗产品价格也相对较低，但随着经济的逐渐恢复，将会导致原油出现供不应求的状况。随着技术的不断更新，煤炭的清洁转化已经成为现实，因此，有助于煤化工进一步的发展。

我国在煤化工诸多方面，都具有世界领先的水平，但目前该行业处于升级改造状态，面临的环保压力相对较大，因此仍需不断改善。

（三）现代物流业发展环境分析

1. 发展现状分析

临港区良好的交通基础设施为企业实现物流提质降本增效提供了便利条件，为临港区发展冶金、化工等产业奠定了基础。临港区位于临沂市最东部，交通十分便利，物流园区的建设也逐步开展，物流行业正处于平稳发展的阶段。根据现有区域规划，以及未来可能的投资发展，临港区物流发展前景很好，相关基础设施逐渐完善。除此之外，临沂"一带一路"建设路径模式将助力临港区物流的发展，促进仓储、快递服务等的现代化发展。

2. 主要问题分析

一是物流信息化水平有待进一步提升，对发展智能物流重视程度还不够；二是急需知识水平、管理经验丰富的新型物流人才，只依赖传统物流模式运作会在一定程度上制约临港区物流产业的发展；三是物流基础设施配套建设不完善。临港区物流园区建设尚未成型，没有成型的物流中心或集散点，物流发展定位还不明确，服务功能较低，未能形成功能完善的物流园区网格体系，制约了临港区物流的发展。

目前，枢纽和节点城市多式联运设施仍未建成，不能满足现代物流发展的需要。总之，临港经济开发区在物流方面，还有很大的发展空间。招引物流专业人才，合理规划与国内外钢铁生产基地的物流联通，才能适应国内外物流发展的需要。

3. 经济环境分析

一方面，我国面临的国际经济形势仍较为复杂，国内实施相关政策支持物流行业发展，致力于发挥市场主体作用，畅通物流运输，促进信息化技术运用，为物流行业发展提供良好的经济环境。

另一方面，山东省地理优势明显，有利于发展现代物流行业，推动建立完整的物流产业链，促进物流行业与其他行业联合发展。并且，临港经济开发区的区位优势为发展现代物流提供天然的有利条件，在物流行业现代化、网络化、智能化的背景下，为推动发展临港区现代物流新体系提供了更加有利的条件。

4. 行业环境分析

数字时代下，大数据等技术在物流业的应用减少运行成本，提高物流效率，优化物流服务，拓展融资租赁、管理咨询等新兴业务，为物流行业提供新动力。此外，随着居民对生活质量的要求逐渐变高，日常用品需求量日益增长，促使物流业以服务为导向建立更加快捷、便利、完整的消费品物流系统。同时，新一轮改革开放背景下，快递等物流需求随着网络购物、电子商务的发展进一步增长。

二、陆海统筹临港产业发展市场行情

（一）冶金产业发展市场行情分析

1. 黑色金属系列

（1）供给情况：从产量上来观察，我国不锈钢年产量持续增长（见图 8-1），2018 年我国不锈钢粗钢产量达到 2671 万吨，相较于 2005 年增长了 7.4 倍。2018 年山东生铁、粗钢、钢材产量分别为 6456.83 万吨、7177.20 万吨、9427.78 万吨，在全国产量中占比 8.37%、7.73%、8.53%。从世界总量来看，我国不锈钢生产的国际重要性显著提高，产量在世界总产量中占比由 2005 年的 13.0% 提高到 2017 年的 53.61%（见图 8-2）。在结构上，2018 年，国内宽幅板卷产出在规模以上不锈钢企业总产出中占比最高，高达 70%，而管、型材与热轧窄带占比较低，分别为 12%、18%（见图 8-3）。

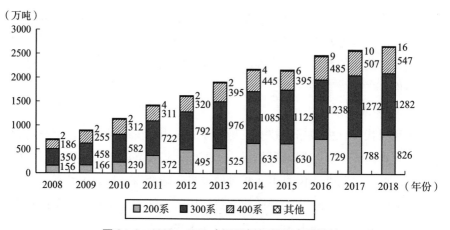

图 8-1　2008~2018 中国不锈钢粗钢产量统计

资料来源：2008~2018 年中国特钢企业协会不锈钢分会公开数据。

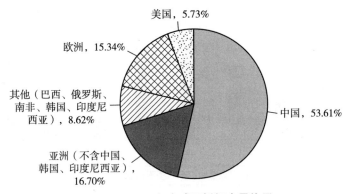

图 8 - 2　2017 年全球不锈钢产量格局

资料来源：2017 年国际不锈钢组织（ISSF）公开数据。

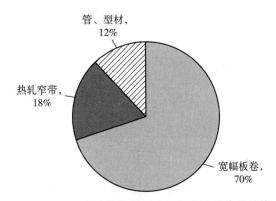

图 8 - 3　2018 年中国规模以上不锈钢企业产品结构

资料来源：2018 年中国特钢企业协会不锈钢分会公开数据。

（2）需求情况，我国作为不锈钢生产大国，并伴随着生产的不锈钢质量的提升，不锈钢出口数量逐年递增（见图 8 - 4 和图 8 - 5）。2011 ~ 2018 年，不锈钢出口量年均增长 28.37% 。2018 年，我国进口不锈钢 185.29 万吨，较 2017 年增长 53.76% 。

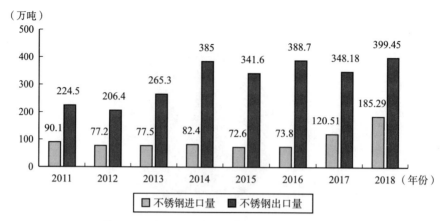

图 8-4　2011～2018 年中国不锈钢进出口情况

资料来源：2011～2018 年中国特钢企业协会不锈钢分会公开数据。

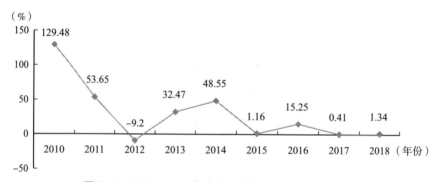

图 8-5　2010～2018 年中国不锈钢出口数量同比变化

资料来源：2011～2018 年中国特钢企业协会不锈钢分会公开数据。

从国内总体需求角度来看，2010～2018 年我国不锈钢表观消费量稳步提高（见图 8-6），2010 年消费量为 940 万吨，2018 年消费量达 2132 万吨，其中 300 系产量占比 48%，200 系未来应用范围或进一步缩小。从世界不锈钢消费结构来看（见图 8-7），2018 年全球范围内用于金属制品的不锈钢比例最大（37.50%），机械工程次之（28.30%），由此可知，金属制品以及机械装备对不锈钢的需求最大。

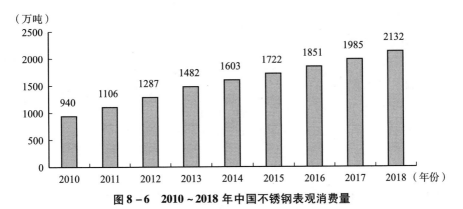

图 8 - 6　2010 ~ 2018 年中国不锈钢表观消费量

资料来源：2011 ~ 2018 年中国特钢企业协会不锈钢分会公开数据。

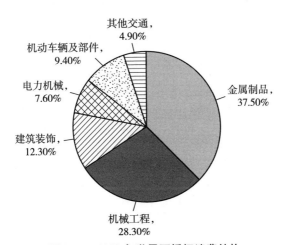

图 8 - 7　2018 年世界不锈钢消费结构

资料来源：2018 年国际不锈钢组织（ISSF）公开数据。

从以上分析可以看出，从国际市场来看，不锈钢市场的发展会受到诸多外部因素的影响，例如，可能会受到英国脱欧、亚洲的不锈钢倾销等贸易问题的影响，但总体影响有限。值得注意的是在美国，不锈钢市场依然有非常大的市场空间，这主要得益于建筑、能源和航空航天领域的支撑，这些行业的快速发展离不开不锈钢的供应。

目前，从消费端、供给端看，增速一直在不断提高，国内不锈钢市场依然强劲。但是，不锈钢市场供大于求的矛盾十分严峻，未来还需要进一步优化结构，提升质量，扩大出口，积极适应市场需求变化。

2. 有色金属系列

2009～2018 年，我国有色金属产量稳步上升（见图 8-8），2018 年产出 5688 万吨，较 2009 年增长了 1.14 倍。但从产销率视角来看（见图 8-9），2016～2018 年出现小幅度波动，2016 年与 2018 年产销率均为 99.8%，而 2017 年产销率为 100%，产销率走势呈现"倒 U"型。

图 8-8　2009～2018 年中国 10 种有色金属产量情况

资料来源：2009～2018 年中国特钢企业协会公开数据。

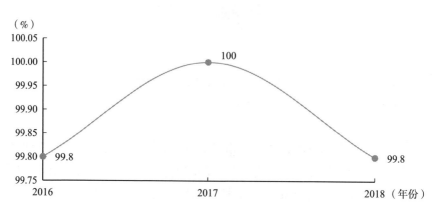

图 8-9　2016～2018 年中国有色金属行业产销率情况

资料来源：2016～2018 年中国特钢企业协会公开数据。

从铝用新材料角度分析，2010～2017 年我国铝型材产量规模直线上升

（见图 8 - 10），2017 年规模已达 5832.4 万吨，较 2010 年，增长了 1.6 倍。2017 年我国 66% 的铝型材消费在工业领域（见图 8 - 11）。

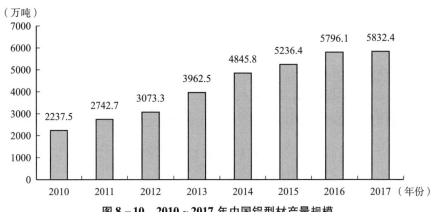

图 8 - 10　2010 ~ 2017 年中国铝型材产量规模

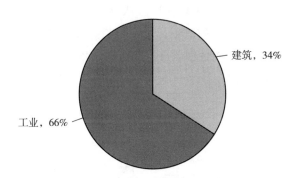

图 8 - 11　2017 年中国铝型材消费结构

资料来源：2017 年中国铝网公开数据。

从地区产量来看，2018 年，河南、山东和广东是我国铝材产量最高的 3 个省份（见图 8 - 12），产量分别为 999.45 万吨、904.84 万吨和 575.59 万吨。另外，内蒙古、江苏以及广西的产量均超过 200 万吨。

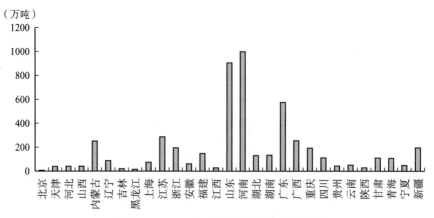

图 8-12　2018 年中国各省份钢材产量

资料来源：2018 年中华人民共和国工业和信息化部公开数据。

　　从需求角度看，我国 2018 年铝材的需求量为 4692.4 万吨，相较 2017 年铝材需求量有所下降（见图 8-13）。从进出口来看，我国铝材进口逐年减少，达到了一个相对稳定的数量，出口数量逐年上升（见图 8-14），可以看出，我国铝材的生产产量和质量已经可以基本满足我国的实际需求，且有一部分产能过剩的情况。

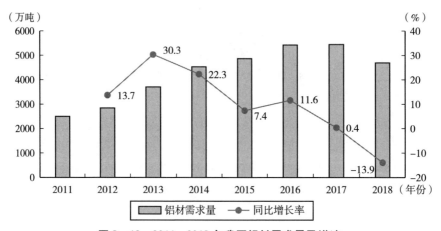

图 8-13　2011～2018 年我国铝材需求量及增速

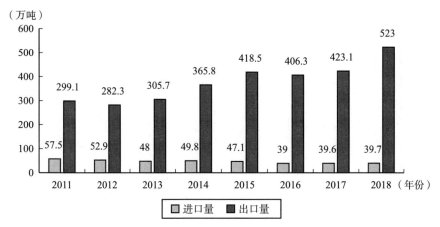

图 8 – 14　2011 ~ 2018 年我国铝材进出口情况

资料来源：2010 ~ 2018 年中国铝网公开数据。

从具体需求市场来看，建筑铝型材的需求主要是房地产市场。2010 年以来，我国房地产市场高速发展带动了建筑铝型材市场的发展（见图 8 – 15）。高铁、城市轨道及汽车等交通运输领域对于工业铝型材的需求较多（见图 8 – 16）。

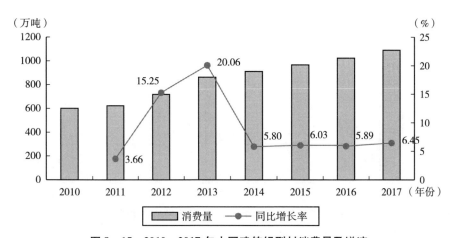

图 8 – 15　2010 ~ 2017 年中国建筑铝型材消费量及增速

资料来源：2010 ~ 2017 年中国铝网公开数据。

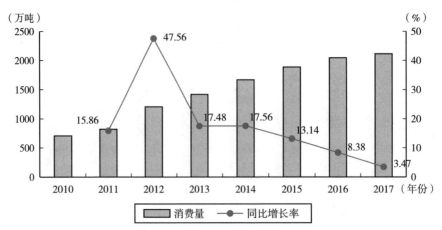

图 8 – 16　2010～2017 年中国工业铝型材消费量及增速

资料来源：2010～2017 年中国铝网公开数据。

　　五金制品、机器设备、建筑装饰、包装容器、电力电子等，是铝板带的主消费区。从 2013 年的 740 万吨增长至 2017 年的 1243 万吨（见图 8 – 17）。铝箔消费以热传输、包装和电力电子行业为主。铝箔市场人均消费量从 2007 年的 0.6 千克增加到 2017 年的 1.8 千克，年增长率为 8%。

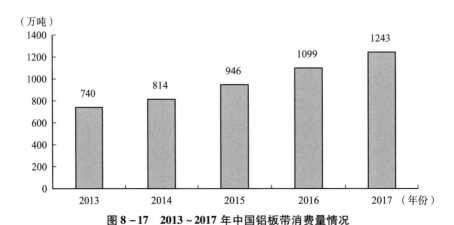

图 8 – 17　2013～2017 年中国铝板带消费量情况

资料来源：2013～2017 年中国铝网公开数据。

总之，从以上分析可以推测，我国铝材产量以及消费量总体呈现增长趋势，中国的铝产业会拥有更加广阔的发展空间，将会更好、更健康、更高质量地向前发展。

（二）化工产业发展市场行情分析

1. 精细化工系列

从全世界来看，美、欧、日的精细化水平较高（见图 8 − 18），但我国凭借产品质量的优势，也具有了较大的竞争力，但仍要看到，在高端产品方面，我国仍有较大的差距。

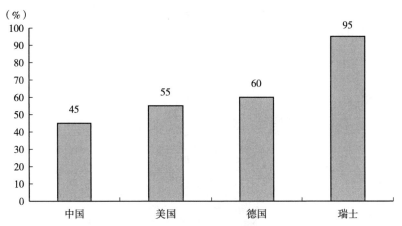

图 8 − 18　2018 年国内外化工精细化率比较

资料来源：《精细化工行业分析报告（2018）》，中商产业研究院。

伴随着我国化工技术水平不断提高和精细化率的上升，我国精细化工市场规模不断走高（见图 8 − 19），2018 年全行业市场规模大约为 47374.9 亿元，同比上涨约 9.8%，随着市场的不断扩大和精细化率的提高，未来我国精细化工行业将不断走强。

从精细化工产品的下游市场来看，华东地区市场规模相对较大，华中地区次之，与经济的发展情况呈现正相关（见图 8 − 20）。

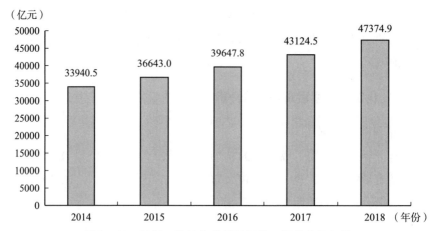

图 8 – 19　2014～2018 年我国精细化工行业市场规模

资料来源：2014～2018 年《精细化工行业分析报告》，中商产业研究院。

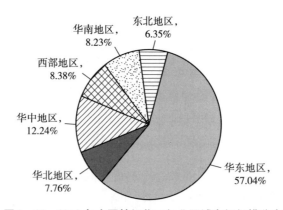

图 8 – 20　2018 年中国精细化工行业区域市场规模分布

资料来源：2018 年《精细化工行业分析报告》，中商产业研究院。

　　近年来，我国国内精细化工相关企业数量众多，且精细化率的提高，使得国内精细化工相关产品产量逐年增加，且增速也在缓慢上升，2018 年，国内精细化工市场销量达到 5155 万吨，比上年度增加了 350 万吨，增长率约 7.28%（见图 8 – 21）。

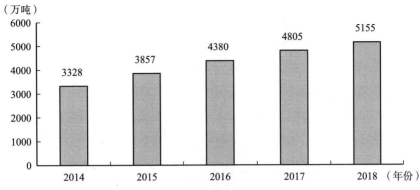

图 8 - 21　2014～2018 年我国精细化工行业国内产量走势

　　总体来看，我国精细化工国内市场上是供大于求的结构，低端产能过剩也是整个化工行业共同面对的问题，精细化工行业也如此。近五年，国内精细化工行业产销率总体保持着波动上升的态势，2018 年产销率为 86.78%（见图 8 - 22）。

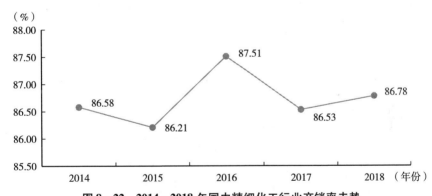

图 8 - 22　2014～2018 年国内精细化工行业产销率走势

　　从企业分布来看，由于产业链上下游的强关联等多方因素，我国精细化工企业大部分集中在华东、华北等下游相对发达的区域（见图 8 - 23）。

　　在华东地区，山东省是生产化工的大省，但随着生态环境压力的不断加大，该行业将不断进行升级改造。目前，山东产业园区较多，达到 199 个，进入产业园的企业比率达 32.8%。目前，虽然精细化工产业门槛较高，但省内仍以民营小型企业为主，产品较为低端，市场竞争相对较大。

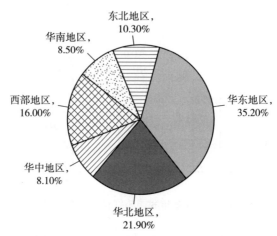

图 8－23　2018 年我国精细化工企业集中度

2. 石油化工系列

目前，美国、中东和中国在石油行业占据重要位置，其中，美国的页岩革命进一步推动了石化行业的发展。页岩气的发展，使美国拥有了相当数量的乙烷，而乙烷作为裂解乙烯的重要原料，推动了美国乙烯产业的发展，其产能如图 8－24 所示。

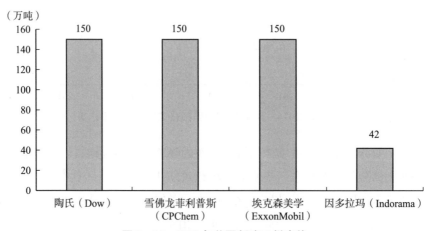

图 8－24　2018 年美国新建乙烯产能

我国对石化产品的需求仍旧巨大，因此进口依赖性较强，但随着近年来我国石化产品的大量增加，使得我国出现了产能过剩的情况。其成品油产量及消费量情况如图 8－25 和图 8－26 所示。

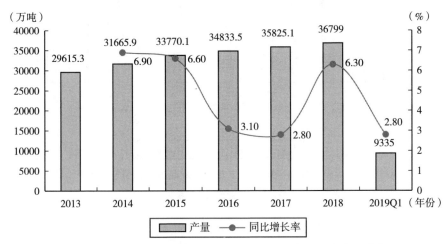

图 8－25　2013 年至 2019 年的第一季度中国成品油产量及增速

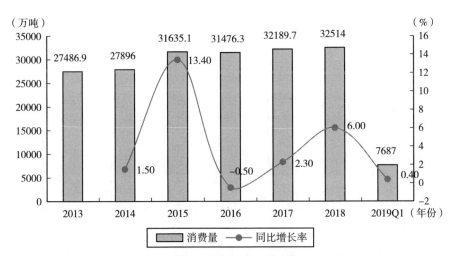

图 8－26　2013 年至 2019 年的第一季度中国成品油消费量及增速

产能过剩导致石化企业面临着较大的销售压力，但也间接推动了我国成品油的出口，2015 年，其出口量开始大于进口量。我国成品油出口情况如图 8－27 所示。

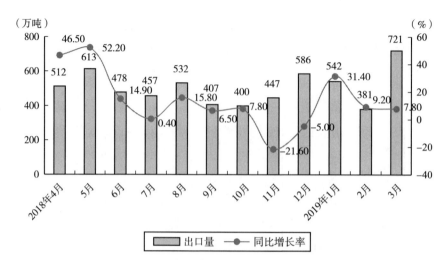

图8-27 2018~2019年3月中国成品油出口量及增速

资料来源:《中国成品油行业市场调研与投资预测分析报告》(2013~2019)。

对于乙烯行业,我国产能与需求相对不匹配,产能较少(如图8-28所示),未来应进一步扩大规模,提升自给率。

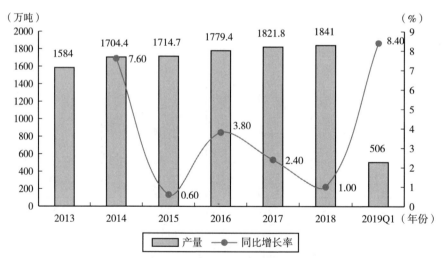

图8-28 2013年至2019年第一季度中国乙烯产量及增速

资料来源:2013~2019年的《中国乙烯行业深度调研与投资战略规划分析报告》。

乙烯是石化产业的核心产品,其产量相对较大,与之有关的产品在民众日常生活的占比也相对较高,其下游消费领域如图8-29所示。

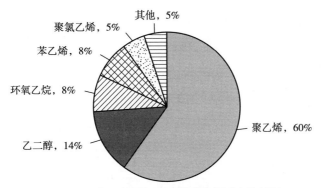

图 8-29　中国乙烯行业下游消费领域占比情况

山东省是我国炼油企业最为集中的地区，且其产量也名列前茅，在我国地炼产业中占据着重要地位。但山东省相关企业存在着两种极端：一种是规模较大持续盈利；另一种则是规模较小，开工率较低，处于亏损状态（如图 8-30 所示）。

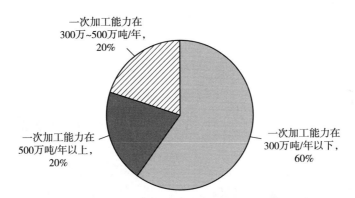

图 8-30　山东地炼炼化厂企业加工能力的数量分布

长远来看，石化行业仍具有稳定发展的能力，据此，临港市亟须把握机遇，精准定位，以自身优势为依托发展石油化工行业。

3. 煤炭化工系列

根据数据显示，中国是世界上煤炭产量最大的国家，其次是印度、美国等国，2019 年，中国煤炭产量明显高于主要产煤国家（见图 8-31）。

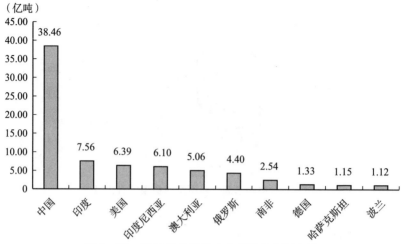

图 8 – 31　2019 年世界前十大煤炭生产国产量

　　我国受制于其他资源相对较少、化工产业需求较大的原因，煤化工产业发展较为迅速。为了进一步减少对国外能源的依赖，保障我国的能源安全，煤化工产业是必然选择（见图 8 – 32）。

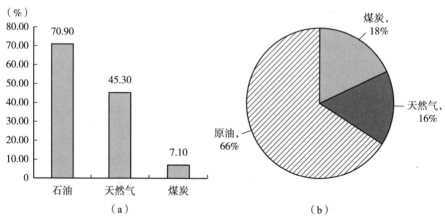

图 8 – 32　2018 年中国能源对外依存度及进口所占比重

资料来源：《中国石油产业供需预测与投资战略分析报告》（2018）、《中国天然气产业供需预测与投资战略分析报告》（2018）、《中国煤炭产业供需预测与投资战略分析报告》（2018）。

　　在煤制天然气产业方面，2018 年的总产能并没发生改变，产量有所增加，增幅 14.49%（见图 8 – 33），其中总产能的利用率有所增加，同比增加了 7.5%。

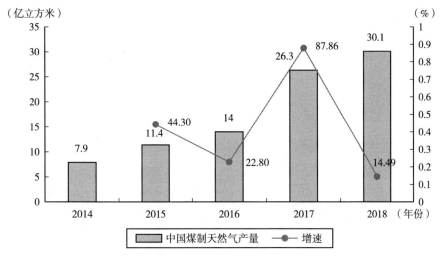

图 8 - 33 2014 ~ 2018 年中国煤制天然气产量及增速

资料来源:《中国天然气产业供需预测与投资战略分析报告》(2014 ~ 2018)。

(三) 现代物流业发展市场行情分析

全球物流市场的增长会影响到一个地区经济的发展,需要重点关注。根据图 8 - 34,2017 年全球第三方物流市场规模较 2010 年增长了 51.3%,达 8196 亿美元,市场规模呈现出增长趋势。

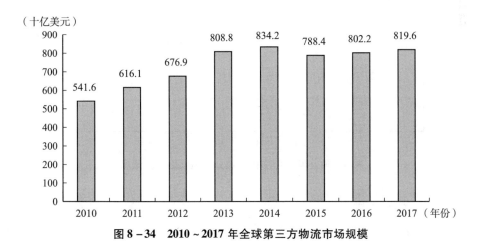

图 8 - 34 2010 ~ 2017 年全球第三方物流市场规模

在此背景下，我国2014～2018年全国社会物流总额不断增长，增速稍有回落（见图8-35）。而2019年中国物流产业景气指数波动不明显，主要集中在50%左右，9月之后升至当年最高水平，物流行业预期回暖（见图8-36）。

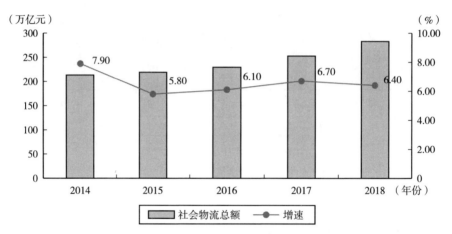

图8-35 2014～2018年全国社会物流总额情况

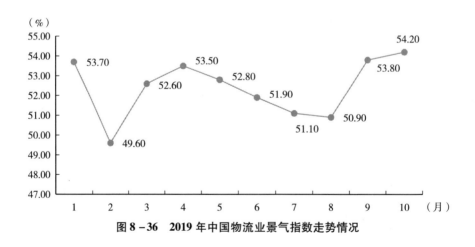

图8-36 2019年中国物流业景气指数走势情况

物流产业规模持续扩大，临沂物流产业逐渐发展出自己的特色，各产业主体日益成熟，国际物流通道逐步形成，交通干线建设不断推进，设施网络逐渐完善，临沂物流业要抓住当下机遇，以"一带一路"为抓手，在未来建成自己完善的物流体系。

三、陆海统筹临港产业发展重点分析

（一）冶金产业发展重点分析

1. 总体定位

临港区冶金产业发展立足全国，面向世界，其战略定位如下：

——世界知名镍合金和不锈钢产业示范区；

——全国最具竞争力的"生态产业园"；

——全国冶金产业集聚发展平台；

——打造绿色高端铸造产业园区

——山东省工业转型发展示范窗口。

2. 发展目标

一阶段 2020~2025 年，临港区冶金产业园区布局基本形成，基本完善高端不锈钢与先进特钢、电解铝等产业结构，与日照精品钢集群初步构建成为各具特色、联动发展的总体格局。

二阶段 2026~2030 年，全区冶金产业达到国内领先水平，供给侧结构性改革取得阶段性成果，建成独立自主的创新体系。

三阶段 2031~2035 年，全区冶金产业达到世界领先水平，钢铁领域的供给侧结构性改革取得明显成果。集群规模显著扩大，具有强大竞争力，建成世界一流水平的高端不锈钢与先进特钢制造产业簇群。

——投资总额：规划项目投资总额 1342.2 亿元。其中，一阶段规划新增投资 226.6 亿元，二阶段规划新增投资 402.1 亿元，三阶段规划新增投资 713.5 亿元。

——经济效益：规划项目达产后实现年产值 4000 亿元。其中，一阶段规划项目年产值 840 亿元，二阶段规划项目年产值 1360 亿元，三阶段规划项目年产值 1800 亿元。

——绿色发展：规划项目达产后，全区能源消耗总量 560.5 万吨标准煤，单位产值能耗 0.67 吨标准煤/万元产值；区内各生产区绿化系数达到

25%，实现综合利用率99%，废水和废气排放以及危险废物处置全面达标。

——技术水平：一阶段技术水平达到省内领先；二阶段掌握并拥有行业核心关键技术，达到全国领先；三阶段拥有一批独立自主成熟的技术开发团队，力争技术水平达到国际一流。

（二）化工产业发展重点分析

1. 总体定位

临港区绿色化工产业发展立足山东省，面向全国，其战略定位如下：

——全国知名绿色化工产业园区；

——山东创新引领产业示范区；

——临沂市产业集聚发展平台。

2. 发展目标

一阶段2020~2025年，绿色化工产业初具规模，化工产业链布局初步形成；化工园区功能较完善，配套设施相对齐全；扶持一批发展空间广阔、规模效益显著并且能够实现自主创新和带动作用的优秀企业，并形成企业集群。

二阶段2026~2030年，绿色化工产业达到相当规模，已初步形成一批规模效益明显、发展空间较大、带动作用较好、创新能力较强的企业群；科技创新能力提高显著，基本淘汰落后及污染严重工艺。

三阶段2031~2035年，绿色化工产业实现全国最大规模，重点发展产品全国具有领先地位，化工产业链完全形成；成为全国范围内功能最全面、产业链最完整、设施最完备的化工园区，科研创新能力达到国内领先水平，具有全国出名的高端产品和相应的生产能力，产业发展质量和核心竞争力在全国领先。

——入园企业：一阶段入驻企业数量20家，二阶段入驻企业数量35家，三阶段入驻企业数量40家，最终形成在全国规模效益最明显、带动作用最好、创新能力最强的企业群。

——经济效益：规划项目达产后实现年产值1980亿元。其中，一阶段规划项目年产值410亿元，二阶段规划项目年产值680亿元，三阶段规划项目年产值890亿元。

——投资总额：规划项目投资总额 661 亿元。其中，一阶段规划新增投资 110 亿元，二阶段规划新增投资 201 亿元，三阶段规划新增投资 350 亿元。

——绿色发展：规划项目达产后，区内各生产区绿化系数达到 25%，废气、废水排放完全达标，固体废弃物处理完全合格。

最终，临港区形成以基础化工原料、精细化工专用化学品以及化工新材料为重点的绿色化工发展体系，达到全国先进的绿色化工园区发展水平。

（三）现代物流业发展重点分析

1. 总体定位

临港区现代物流产业发展立足山东省，面向全国，努力打造全国知名的现代物流园区，打造上海期货交易所指定铝交割库，其战略定位如下：

——全国知名现代铁路物流园区；

——山东省重点港口与综合运输体系枢纽；

——临沂市创新引领示范基地。

2. 发展目标

临港区目前没有大型或正规的物流企业，更没有成型的物流中心或集散点，因此现在物流产业的首要目标就是解决这一问题，而临港未来的运输以铁路为主，争取实现铁路直通企业内部。目前，物流运输主要依靠个人买车挂靠，临港开发区应该依托岚山港、日照港以及跨省的连云港港口，在企业自身发展的同时，进一步注重加强开发区物流市场的发展与规划，因此下一步要着力发展铁路和港口运输，打造现代铁路物流园。

一阶段 2020~2025 年，运行规范、结构完善、布局有序的示范性物流园区基本建成，并且能为社会提供服务，基本满足本地区钢铁、化工、木材等产业的运输需求。

二阶段 2026~2030 年，现代物流产业进一步优化布局，不断完善基础设施条件，显著增强服务能力，明显降低物流成本，成为山东省及其周边重要的物流集散地。

三阶段 2031~2035 年，现代铁路物流发展格局全面形成，物流园区实现高水平集约化，普及多式联运等现代运输方式，聚集物流资源优势，实现现代化水平和国际化水平进一步提高。

——年度运量：规划项目达成后实现铁路运输煤炭 360 万吨，铁路运输铝锭、铝棒采取集装箱运输 110 万吨，铁路运输氧化铝采取集装箱运输 200 万吨，铁路运输铁合金 72 万吨，铁路运输钢材 90 万吨，化肥及碳素分别达到 70 万吨、120 万吨。综上，考虑项目分品类铁路运量如表 8－1 所示。

表 8－1　　　　　　临沂临港经济开发区铁路作业区分品类铁路运量　　　　单位：万吨

品名	一阶段（2025 年）			二阶段（2030 年）			三阶段（2035 年）		
	发送	到达	合计	发送	到达	合计	发送	到达	合计
煤炭	—	180	180	—	270	270	—	360	360
铝锭、铝棒	24	64	88	30	80	110	30	80	110
氧化铝	100	—	100	140	—	140	200	—	200
铁合金	36	—	36	50	—	50	72	—	72
钢材	46	—	46	64	—	64	90	—	90
化肥	—	35	35	—	49	49	—	70	70
碳素	60	—	60	84	—	84	120	—	120

——项目投资：山东如通铁路建设总额为 28201.85 万元；山东宝道铁路建设投资总额为 100110.67 万元，指标为 12229.5 万元/铺轨公里。

——物流园装卸作业量：规划项目达成后实现集装箱运输 226 车/日，长大笨重货物运输 53 车/日，包装成件货物运输 99 车/日。综上，规划项目铁路物流园作业量如表 8－2 所示。

表 8－2　　　　　　　　临沂临港经济开发区铁路物流园作业量

作业区	一阶段（2025 年）		二阶段（2030 年）		三阶段（2035 年）	
	发送（车/日）	到达	发送（车/日）	到达	发送（车/日）	到达
集装箱	120	48/72	165	60/105	226	60/166
长大笨重	27	/27	38	/38	53	/53
包装成件	50	29/21	70	41/29	99	58/41

注：分子/分母为重车/空车。

第二节　陆海统筹临港产业发展重点项目

一、冶金产业发展重点项目

（一）生铁铸造板块

1. 现状概况

为丰富冶金新材料园区产品种类、完善园区冶金产业体系，集中全市生产要素保障精品钢集群建设，以玫德集团为龙头企业，打造全市新的经济增长极，构建绿色铸造园区。玫德集团铸造新材料和高性能流体输送配件项目计划总投资 60 亿元，占地 2000 亩。

2. 规划思路

以市场为导向，确定合理的产品方案，产品定位为优质球墨铸铁材料、球墨铸铁管及配套管件。引进智能化、自动化生产设备，最终形成现代高端铸造产业体系，构建绿色铸造园区。

3. 规划主要措施

一是以"领先"打造世界一流绿色铸造园区。通过采用先进的生产技术，降低内部成本，提高运行效率，质量表现力争达到世界一流。

二是建平台树形象，以"牌"招商。实施精准招商，集聚建设和提升品牌的强大动能，积极向产业链的上下游吸引投资客商，重点引进下游高端铸造企业，利用园区直供铁水的成本优势，着力解决"铸件"与"配件"转化瓶颈，补齐"铸造"向"制造"转变的短板，采取"拎包入住"的产业孵化模式，打造高端铸造产业集群。

专栏1

绿色铸造发展方向及重点项目

①发展方向。采用国际先进生产设备，掌握铁液精练和净化技术，推进铁水铸造朝着智能化、清洁化、智能化方向发展，力争铸铁材质结构、生产规模专业化、智能化程度等方面达到先进工业国家水平。

②重点项目。玫德集团铸造新材料和高性能流体输送配件项目。

（二）不锈钢板块

1. 现状概况

主要的镍铁和不锈钢生产企业包括金海汇科技有限公司和临沂钢铁投资集团。其中：金海汇科技有限公司目前已形成18.75万吨镍铁生产能力，并建成60万吨热轧产能；临沂钢铁投资集团涉及高炉镍铁及不锈钢生产全产业链环节，现已完成70万吨不锈钢生产能力的规划。

2. 规划思路

在目前所形成的产业基础之上，通过"补链、强链"完善临港区内不锈钢产业链，增加产品附加值，提高经济效益。力争到2035年，临沂临港区钢铁企业自主创新水平明显提高，产品满足区域内不锈钢延伸加工需求，全产业链集聚效应显著加强，形成国内一流、世界知名的高端不锈钢产业园区。

3. 规划主要措施

首先，通过补链、强链增强不锈钢产业链集聚效应。通过产业链延伸及生产工序间产能匹配形成完整的不锈钢制造产业链。一是金海汇与临沂钢铁投资集团深度合作；二是对临沂钢铁投资集团现有工序进行炼钢产能填平补齐，解决临沂钢铁投资集团产量与产能不匹配问题。继而完整化并强化临港区不锈钢产业链，充分发挥产业链协同效应，提升总体竞争力。

其次，重点培育临沂钢铁投资集团成为区域不锈钢龙头企业。加大对两家不锈钢及镍铁企业的扶持力度，重点培育临沂钢铁投资集团成为区域不锈钢生产龙头企业，吸引下游企业入驻，为促进不锈钢产业规模化聚集发展打下坚实基础。

╱ **专栏 2**

高端不锈钢发展方向及重点项目

①发展方向。兼顾双相不锈钢及其他高端不锈钢品种，重点发展航空航天、医疗器械等高品质不锈钢，家电、高端建筑装饰用不锈钢，彩涂板、耐指纹钢板等高性能不锈钢品种。打造不锈钢"原版—板带—制品"全产业链条，建设全国不锈钢期货交易结算中心，着力打造全球最具竞争力和发展前景的高端不锈钢产业。

②重点项目。临沂钢铁投资集团年产 240 万吨高端不锈钢项目。

（三）先进特钢板块

1. 现状概况

山东钢铁集团永锋临港有限公司，临港先进优特钢产业基地一期项目优特钢年产能近 300 万吨。临沂钢铁投资集团特钢有限公司依托临沂江鑫钢铁公司钢铁年产能 270 万吨。

2. 规划思路

适度超前谋划布局，采用国际先进的节能环保技术和世界前沿的连铸连轧和无头轧制等先进工艺的转炉长流程，打造规模化、智能化的先进特钢生产基地。

3. 规划主要措施

一是通过设立引导基金，建立评估转化机制，提供专业化资本服务。鼓励和支持专业科研团队进驻孵化中心，开展评选活动，在全国范围内选取优质企业和优质技术，选择和推介具有产业化前景的项目在临沂孵化，促进创新。二是倡导绿色发展。以市场机制为工具，以法律法规为规范，运用经济手段探索建立引领特钢产业发展的新标准。

╱ **专栏 3**

高端压铸发展方向及重点项目

①发展方向。以生产优特棒线材为主，采用国际上先进的转炉长流程工

艺，提升钢管产品品质，重点发展无缝钢管，满足汽车用管、船舶用管等高端产品需要。

②重点项目。山东钢铁集团永锋临港有限公司一期年产300万吨优特钢项目；临沂钢铁投资集团特钢有限公司年产270万吨优特钢项目。

（四）再生铝与铝水铸造板块

1. 现状概况

临港区有色板块主要涉及再生铝、再生铅和锆钛三个领域，山东百斯特铝业科技有限公司项目总投资1.65亿元，设计年产能铝合金锭（液）10万吨，实现年产50万吨再生铝及压铸精加工。

山东铂佳轻合金有限公司铝合金项目已于2017年3月投产运营，计划年产20万吨，以再生铝资源循环利用及汽车轻量化为主打产业，致力于打造再生铝临港集散基地。

2. 规划思路

再生铝的精深加工需进一步发展，加强提高产品附加值的能力，提升发展质量。同时引进绿色铸造技术，加快铝产业高端化、国际化发展。

3. 规划主要措施与项目

一是实现资源开发和综合利用。山东蓬莱市百斯特铝业科技有限公司以民用废旧铝材和工业铝材加工企业下脚料为原料来源主体，以再生铝水为原料，充分发挥成熟的铝液直供技术优势，打造高端压铸精加工，并与新建合金基地一起共同打造企业品牌，与国际汽车配套企业建立长期稳定战略合作关系，争取在全球市场占有一席之地。

二是丰富健全产业链建设。临港区内现有铝材深加工基地，临港区周边区域有如魏桥、信发、中铝等多家集团的电解铝企业及铝材深加工市场。氧化铝项目可丰富铝产业链，将低廉的铝土矿资源和广阔的电解铝及深加工市场结合在一起，企业可享受便利的港口资源带来的低成本物流优势。此外，与生铁铸造实现优势互补，共同打造高端压铸产业集群，健全冶金产业链建设，共同构建绿色铸造园区。

专栏 4

再生铝与铝水铸造发展方向及重点项目

①发展方向。以再生铝资源循环利用以及汽车轻量化为主打产业,积极延伸打造汽车轻量化压铸产业园形成再生铝临港集散基地。积极延伸铝深加工产业链,与新疆铝合金基地一起打造全铝企业品牌建设。此外,要力争实现园区铝水全程直供,采用先进压铸工艺以及绿色铸造技术,实现压铸精加工,将铂佳铝材推广应用于国际市场。

②重点项目。山东铂佳轻合金有限公司年产 20 万吨铝合金项目。

二、化工产业发展重点项目

(一)抗氧剂板块

1. 现状概况

山东三丰新材料有限公司项目总投资 19 亿元,建设抗氧剂生产项目,抗氧剂 1010、168 系列产品 6.3 万吨/年,甲醛 32 万吨/年项目,预计年产值可达到 38 亿元。现第一、第二期项目已竣工投产。

2. 规划思路

在国家大力支持高分子材料产业发展的背景下,加大符合塑料工业发展的新型抗氧剂开发力度,实现抗氧剂产品的清洁化、专业化、综合化和高效化。

3. 规划主要措施

一是建立研发机构,提升核心技术。继续强化与国内顶尖科研院所的合作力度,掌握行业前沿技术,以创新为魂铸就高端品牌,让品牌价值向高端化迈进,争创世界一流。

二是将产品的产业链延长,进而提升生产的产品的附加值。可以通过引进下游产品的加工企业,打通完整产业链,最终实现全产业链的发展态势。

专栏5

抗氧剂发展方向及重点项目

①发展方向。坚持生态环保、节能降耗的绿色发展道路，以强化再生资源生产能力为突破口，加速产业链的优化和改造，实现"资源—产品—再生资源"循环。

②重点项目。抗氧剂项目、高效催化剂及抗氧剂绿色突破系统集成项目。

（二）高分子材料添加剂板块

1. 现状概况

临港区高分子材料添加剂的产业链条初步建成，主要服务于甲酚产品的生产，具体代表性生产企业为山东达冠生化科技股份有限公司，目前已形成1万吨对甲酚的生产，年可实现产值30亿元。

2. 规划思路

在目前所形成的高分子材料添加剂产品的基础上，进一步发展其他种类高分子添加剂，并不断完善此类产品的产业链条，积极吸引下游企业，增加产品附加值，提高经济效益。力争到2035年，临沂临港化工园区的高分子材料添加剂产品种类完善且质量优质，企业自身的自主创新能力显著提高，实现产业集聚效益。相关企业实现生产过程消耗最低，产品质量最优，安全环保最可靠，达到国内最高的工艺技术水平，从而带动临港化工园区成为国内一流示范区。

3. 规划主要措施

一是通过自主创新和招商引资丰富高分子材料添加剂的产品种类。鼓励和支持企业提高自主创新能力，提高产品的竞争力；积极招商引资，配套以相应的政策，吸引国内领先高分子材料添加剂企业进驻，增加产品种类，形成产业集聚效应，提升总体竞争力。

二是积极引导企业进行现代化生产和绿色发展。加大对山东达冠生化科技股份有限公司的扶持力度，推动企业完善自身现代化水平，实现智能化、服务化、精品规模化、生产专业化以及管理高效化发展；进一步减少污染物排放，对水、热能等资源循环利用，严格做好危险废物的管理工作，实现自身绿色发展。

专栏6

高分子材料添加剂发展方向及发展重点

①发展方向。充分发挥临港现有对甲酚产品生产起到补充支持的优势，进一步优化和完善产业链，形成胺类、酚类高分子材料添加剂的专业化产品结构链，与国内外知名化工企业建立长期稳定的战略合作关系，进一步提高临港化工园区高分子材料添加剂的品牌优势和影响力，着力打造国内一流的高分子材料添加剂生产基地。

②重点项目。山东达冠生化科技股份有限公司年产2.5万吨高分子材料添加剂项目。

（三）碳酸丙烯酯板块

1. 现状概况

为促进临沂临港经济开发区化工行业的发展，临沂长青化工有限公司联合青岛新锐化学有限公司的投资开展了碳酸丙烯酯项目。该项目总投资5.8亿元，致力于将长青化工发展成为全球化运营的一流化工企业。

2. 规划思路与目标

致力于开发国际先进的生产线，生产工艺和分析、检测流程，继续提高产品质量，可更灵活地根据客户要求，按稀释剂、溶剂不同应用领域对产品进行设计、生产。

3. 规划主要措施

一是研发绿色化工产品。基于可持续发展的要求，着力发展绿色化工，继续研发更多绿色无污染的化工产品将会增强竞争力。

二是大力开展技术创新。鼓励化工企业加大对化工产品机器设备创新资金的投入，自主研制具有国际水平的生产设备、检测设备，或引入国际已有高科技设备。同时，重视绿色高新技术的发展，助推高质量技术的发展。

专栏7

碳酸丙烯酯发展方向及重点项目

①发展方向。以碳酸丙烯酯生产为主，采用国际先进生产设备和检测设备，继续发展性质稳定、无毒、纯净溶剂的生产。利用离子液催化剂替代原来的碘化钾，使产品色度状况变好，且产品不变色，无杂质。扩大生产规模，在生产的每一个步骤中做好质量把关，建设成为国际领先的化工产业基地。

②重点项目。年产4万吨碳酸丙烯酯、2万吨碳酸二乙酯和1.4万吨医药级丙二醇项目。

（四）丙烷脱氢板块

1. 现状概况

为积极响应中央及省市各级政府"退城进园"及"搬迁改造"号召，久泰集团化工产业将在临沂临港经济开发区推进"75万吨/年丙烷脱氢系列产品项目"，并由山东国安新材料有限公司承接项目建设运营工作。该项目建设周期为3～4年，主要产品及规模为56万吨/年异丙苯、75万吨/年PDH、48万吨/年双酚A、36万吨/年聚丙烯、68万吨/年苯酚丙酮等，项目规划占地约2364亩（上下游产业链延伸后约6000亩），总投资271.43亿元。

2. 规划思路与目标

借助国家推进产业结构调整等良好政策环境，引进先进生产设备与技术，按照高效利用、绿色发展等要求，除满足自身生产需求外，向园区及周围社区提供各种规格、状态的热能。此外，为进一步优化产品结构，后期将在现有项目的基础上壮大产业规模，生产其他新材料产品，提高产品多样性。

3. 规划主要措施

一是强化生产安全管理。强化安全生产管理意识，做好应急管控，明确责任划分，做到园区和企业间安全应急工作的紧密对接。

二是促进绿色低碳发展。推进资源利用循环化，规范处理生产环节中产生的固体废弃物和危险废弃物，有效控制生产过程对环境的污染和危害，逐步推进清洁原料和产品替代有毒有害原料和产品，实现绿色生产。

专栏 8

丙烷脱氢系列产品发展方向及重点项目

①发展方向。以丙烷脱氢生产为主，生产工艺技术及安全、环保、节能等配套设施将采用国内外领先技术和先进设备，走安全发展、绿色发展、融合发展的道路，逐步拓展、完善产业链条，壮大产业规模，加强国际交流合作。

②重点项目。年产 75 万吨 PDH、56 万吨异丙苯、68 万吨苯酚丙酮等。

三、现代物流业发展重点项目

（一）如通铁路物流园专用线

1. 现状概况

临港如通铁路专用线项目，已经被国家纳入《京津冀及周边地区大型工矿企业铁路专用线重点项目名单》，由山东如通铁路货运有限公司投资建设，位于黄海三路以南，西外环路以东。采用铁路专用线运输，具有运量大、成本低、更可靠等优点，可减轻经济开发区的道路压力，同时减少对周边环境的影响。

2. 规划思路

首先，遵循节约用地原则，合理使用现有土地，最大化发挥土地作用，避免造成地表破坏。其次，遵循节约能源原则，采用节能环保技术，将能耗尽量降低，符合国家政策。最后，保证施工安全，明确安全责任，保证人民财产不受损害，防止一切事故的发生。

3. 规划主要措施

一是注重对生态环境的保护。主动采取设施进行防护，尽量少设置施工场地，完工后及时恢复场地原貌，以及绿化植树选用乡土树种，以防止生物入侵，保持原有生态体系。

二是注重低能耗。坚决采用性能良好的建筑材料及隔热保温材料，尽可能地将能源消耗量降到最低。

三是做好铁路施工安全防护措施。明确安全工作目标，落实安全生产责任，培养员工安全意识。

专栏9

如通铁路专用线发展方向及重点项目

①发展方向。提高企业运输效率，降低企业的运输成本。采用先进的建造技术，注重落实铁路工程的安全建设，降低对生态环境的影响。在建成后，为临港经济开发区的经济发展输送源源不断的动能。

②重点项目。如通铁路物流园专用线项目。

（二）宝道铁路物流园专用线

1. 现状概况

山东宝道铁路物流有限公司铁路专用线项目，主要服务于国内外期货交割厂商、临港高端不锈钢与先进特钢基地，开展铝锭、锌、尿素等期货品种的交割。

2. 规划思路

依托临沂临港开发区复合材料加工产业、铝材料加工产业以及周边复合肥、人造板加工等产业强烈的铁路运输需求，本项目将促进上述产业的原材料及产品通过铁路运输具有重要意义，主要从降低运输成本和节能减排两个方面入手。通过发展铁路物流，可以促进铁路物流基础设施规模化、集约化发展，打造便捷高效的现代物流服务体系。此外，本项目的实施也将有利于打造绿色化物流平台，缓解交通压力，减少尾气排放，改善空气质量，带动临沂临港经济开发区及周边地区基本形成绿色安全、集约发展的现代铁路服务体系。

3. 规划主要措施

一是解决营业线或邻近营业线施工与行车干扰。本段引入既有坪上站，施工势必影响既有线路运营，因此施工单位和运营单位有关部门必须及时召开专题会议，提前筹备，合理确定天窗时间，制定实施性施工组织设计，确保施工进度和全线总工期。

二是施工过程注重生态保护。对施工场地产生的污水、生活垃圾等进行处理，减少对生态环境的影响，做到清洁施工，合理规划施工时间，减少对居民生活的影响。

三是做好施工安全保证，保证施工安全，做好安全宣传，对员工培训安全知识等。

专栏 10

宝道铁路专用线发展方向及重点项目

①发展方向。本项目主要服务于临沂临港经济开发区现状及规划企业，为铝材料、合金复合材料等产业链原材料及产品提供铁路、公路物流服务，满足经济开发区企业的运输、仓储、交易需求。

②重点项目。宝道铁路物流园专用线项目。

（三）临沂临港疏港铁路专用线

1. 现状概况

临沂临港疏港铁路主要以到达为煤炭、红土镍矿为主，本项目货物运输通道主要由坪岚铁路、菏兖日线构成，主线自坪岚铁路碑廓站铁牛庙端咽喉引出，并行坪岚铁路向西走行，下穿疏港大道后于西辛兴村北侧转向南，先后上跨 S342 省道、绣针河、疏港大道、规划改移疏港大道、黄海四路、下穿枣岚高速、平交黄海八路，沿锦绣三路北侧进入冶金园站，线路全长12.65 千米。支线于主线 CK5 + 160 处引出，于 ZCK2 + 100 设特钢园区站，出站后线路继续向西前行，终至不锈钢园区站。支线全长 7.77 千米。

2. 规划思路

贯彻落实国家"公转铁"政策，满足铁路加速建设的需要。第一，推荐本项目煤炭、石油焦等到达货物运输通道路径——菏泽以远：菏兖日线→坪岚铁路→本项目。第二，推荐本项目红土镍矿到达货物运输通道路径——岚山港方向：坪岚铁路→本项目。第三，推荐本项目发送货物运输通道路径——兖州以远：本项目→坪岚铁路→菏兖日线。

3. 规划主要措施

第一，加大宣传和招商引资，重点对象为大型投资型企业和龙头物流企业。吸引相关公司落地临港经济开发区，助力本地区物流发展。

第二，项目完成后，依托现有的铁路公路运输条件，培育壮大物流龙头企业。积极鼓励物流企业扩大规模、拓宽融资渠道、加强国际合作，建设一批国家级、省级、企业级物资储运基地设施，支持储运基地面向上下游企业提供集成采购、仓储运输、质押融资、交割结算等一系列现代化工业物资流通服务。

专栏 11

临港疏港铁路专用线发展方向及重点项目

①发展方向。本项目考虑推荐碑廊站作为本线接轨站，推荐芦山路东侧新建冶金园区站。与此同时，加大物流园区宣传和招商引资，重点对象为大型投资型企业和龙头物流企业，建设一批国家级、省级、企业级物资储运基地设施，支持储运基地面向上下游企业提供集成采购、仓储运输、质押融资、交割结算等一系列现代化工业物资流通服务。

②重点项目。临港疏港铁路专用线项目。

第三节　陆海统筹临港产业发展重点工作

一、冶金产业发展重点工作

（一）加快完善产业链条，积极延伸产业体系

企业充分利用自身优势，推动建立下游深加工产业，充分发挥以商招商的模式，吸引外部有实力企业落户临港，进一步推动产业链的完善，且降低上下游产业间运输成本，推动临港区冶金产业建链、补链、强链。重点企业

应充分发挥自身优势，推动企业发展的同时进一步加快临港高端不锈钢及先进特钢产业的发展。

山东鑫海实业有限公司应充分发挥在国内镍铁行业的领先地位，带动临港高端不锈钢产业的发展；玫德集团应充分发挥钢铁铸造产业的优势，带动产业间上下游项目落户临港。以及永锋集团、临沂钢铁集团等一批国内知名企业，应逐步延长产业链，推动产业进一步发展。

（二）调整原料采购策略，稳定产业资源供应

结合国内外矿产资源分布及生产特点，突出重点矿产品，充分发挥国内外资源优势，保证原料供应稳定、多元，以应对原材料供应地的资源制约。临港区冶金企业应加深合作，联合与行业上游建立广泛的战略联盟，充分发挥规模优势和协同采购效应，进一步稳定原料保障，降低采购成本，逐步建立低成本、高效、稳定的采购供应体系。

（三）创建专业交易中心，推进现代研发中心

以高端定制化不锈钢现货产品为亮点，利用智能化手段统一配置相应产品。与此同时，提供严格质检服务，打造钢铁期货国际交割中心，依托临沂大规模高端不锈钢产量，建立全国不锈钢期货交易品种最为全面的交割平台。此外，推广以政策性引导为前提，以市场化运营为基础，以专业化研发为核心，以企业化管理为保障的管理模式，将管理运营的自主权下放研发平台，建立"产学研、政金服用"一体化运营模式，完善人才使用长效机制，加速科技成果转化，建设高水平检测平台，塑造战略品牌形象，创建高新技术孵化器。

（四）引进海外优质资源，推进高端项目集聚

充分发挥临港区域资源优势，引入海外优质项目，着力构建"中德园中园""中日园中园""中韩园中园"等多个特色产业园。通过园中园的谋划，实现对产业链的建链、延链、补链作用，深化产业集聚。与此同时，积极开展与发达国家的产业合作与交流，吸引高端企业和项目进驻，推动产业提档升级。

二、化工产业发展重点工作

（一）强化企业技术创新，增强内生发展动力

企业应着力开发产学研用相结合的创新体系，继续加大研发产品的投入，可将大型企业的研究研发中心作为载体，充分利用其他科研机构以及社会企业的研究成果，推动临港在本行业的整体科研实力。

（二）完善化工产业链条，提升经济发展效益

在临港现有的化工产品的基础上，以临港化工园区的发展重点为方向，充分利用自身产品优势，延伸企业化工产品链条，弥补化工产业链条较短、产品附加值低的劣势。充分发挥以商招商的模式，以企业在行业中的领先地位，吸引下游深加工产业，从而降低企业寻找下游企业成本以及上下游产业间的运输成本，进一步提升自身竞争力。山东达冠生化科技股份有限公司、山东三丰新材料有限公司，充分发挥自身抗氧剂产品的国内领先地位，带动临港精细化工业进一步发展。山东天源新能源科技有限公司、临沂长青化工有限公司等一批行业先进企业，应逐步实现产业链向下延长，建设产业链各阶段企业紧密配合的产业系统，推动产业进一步发展。

（三）推动发展绿色化工，建立清洁环保体系

企业应加快实施化工产业绿色化改造，推进绿色化工产品技术创新等工作，应针对企业无法处置的危废品建立严格且切实可行的管理制度，加强对危废品的管制。企业应不断完善自身清洁生产制度，最大限度减少污染物的排放。

三、现代物流业发展重点工作

（一）发展信息服务体系，加快信息平台建设

物流企业应加快建立高效的信息服务平台建设，促进物流信息化发展，

促进本地区其他行业物流畅通，实现区域间和行业间信息共享，降低运输信息成本，提升物流运输效率。完善物流信息与公共服务信息衔接机制，进而推进物流信息化发展。

（二）发展产业基地物流，加强物流产业联动

临港区物流企业应以配套钢铁产业、化工产业以及装备制造发展为重点，大力发展以钢铁原料供应和钢铁加工配送为核心的钢铁物流业，在开展钢铁贸易、仓储、配送、结算和原材料供应等物流业务的同时，大力开展钢铁材料清理、剪切、开平和按照钢铁需求进行简单加工等业务，将现代物流业延伸到加工制造领域，促进工业与现代物流业融合发展。

（三）降低社会生产成本，提高物流产业效益

临港区物流企业应充分发挥临港现代物流产业集聚的优势，融入临沂"一带一路"综合试验区建设，充分发挥其衔接作用，可以有效地解决海陆流通过程中必需的运输方式的衔接。除此之外，企业应积极推动现代物流业发展，扩大物流服务领域，提高物流产业效益。

第四节　陆海统筹临港产业发展保障措施

一、冶金产业发展保障措施

（一）积极扩大产业规模，加大招商引资力度

借助政府政策支持，结合区域内实际发展情况，进一步加大对不锈钢制品加工企业招商力度，做到精准招商。与此同时，要集中加快建设冶金工业区，推进企业集群式发展，实现规模效应，着力推动企业间的生产合作，充分发挥产业集聚优势。

（二）发挥独特区位优势，陆海统筹协同发展

充分利用近海临港优势，完善铁路、公路、海上运输等多种运输途径，统筹陆海交通网的发展，尤其应重视铁路运输的发展，减轻公路运输压力、企业运输成本和道路粉尘颗粒，统筹规划港、航、路系统，充分保障原材料的供应以及产成品的运输。

（三）持续引进高端人才，激发行业创新动力

大力培养和引进钢铁产业领军人才。依托临沂大学、相关职业院校、技工学校，实行校企合作的形式，建设一批专业人才培养实训基地。同时鼓励支持企业面向省内国内重点高校引进高校毕业生，鼓励引导驻临高校及临港籍毕业生回临港就业。

（四）增强资源保障能力，统筹环保指标配置

加大资源整合力度，促使有限的土地、资金、能源、人才等要素向高端不锈钢及先进特钢产业中重点企业、重点项目倾斜。统筹考虑盘活存量、挖潜增量、集约利用举措，优先保障临港钢铁基地项目和基础配套设施建设用地，确保重点项目顺利开工建设。探索建立淘汰落后产能和过剩产能腾出能耗指标、污染物排放指标统一收储和调剂机制，统筹解决新建项目所需可替代总量。

二、化工产业发展保障措施

（一）加强高端人才培养，提升行业创新能力

围绕化工产业园开发建设总体目标，打造良好的能够吸引人才的环境。利用现有资源，加大对海外人才以及留学人员的引进力度，给予他们较大的项目和资金支持；并聘请相关领域的国内高校专家，为未来建设出谋划策；改善吸引人才的环境，优化绩效考核评价体系，进一步激发人才活力。

（二）完善基础设施建设，优化园区发展环境

化工产业园的建设取得初步成效，但园区内的水电气管廊、动力设施、环保设施、物流仓储设施等公用工程还不健全，应采取多种方式加快基础设施建设，建立适度超前原则，提高运输系统的效率，实现海陆优势互补。完善排水、供电、通信及消防应急等基础系统，采取商业化运营方式，适当引进专业的气体供应、公用工程建设、仓储物流公司，增加对项目投资者的吸引力，实现先期规划、逐步建设，以达到节约用地的效果。

（三）落实安全监管责任，筑牢发展安全根基

化工企业的安全问题是第一位，政府要高度重视化工企业生产安全，进一步做好危险化学品的规范工作，强化落实化工企业监管责任，加强引导，打造安全生产新格局，严格遵守"安全第一、预防为主、综合治理"的原则。

（四）创造良好投资环境，重视产业招商引资

临港区应对临港化工产业园区有一个相对较好的布局和规划，各种资源的配置和利用都达到国内先进水平，对化工产业园区的化工产品进行适当的引导，从而创造良好的投资环境，为企业家提供最优质的服务。

把招商引资摆在突出重要的位置，充分发挥化工产业园区位、产业基础、土地和劳动力等优势，创新项目招商机制，实施环境招商、服务招商等。同时临港区也要提高化工产业园招商引资的信息管理工作水平，加大化工产业园对外宣传的力度，增强化工产业园的国际国内知名度和招商引资的吸引力。

三、现代物流业发展保障措施

（一）构建现代物流产业，完善物流基础设施

基于全区经济发展状况和产业布局情况，加强物流基础建设。在充分考

虑临港区产业特点、交通基础设施情况和人口分布情况的前提下，加强对物流信息化产业基地、大宗产品交易中心、物流人才培养基地等物流基础设施的统筹规划和建设，力争尽快建立特色鲜明、布局合理的现代物流产业体系，推动我区现代物流产业的进一步发展。

（二）推广信息技术应用，加快产业智能发展

加快发展电子商务，推动物流信息化建设，加快通信基础设施建设，构建覆盖全区的信息基础网络体系。加快完善建设物流综合信息服务协同平台，实现与公共物流信息平台的链接，为临港区现代物流业稳步持续发展奠定基础。另外，完善物流信息化标准，实现信息技术标准化应用。

（三）完善配套政策体系，推动物流产业发展

发挥地区优势用足用活政策，开展甩挂运输、无车承运人等试点项目，加快多式联运、大宗物资物流的普及。前三年对新引进企业税收中的地方留成部分用于发展物流科技。设立中国物流科技产业基金、临沂商城发展专项资金，支持新旧动能转换项目等发展。针对使用先进运输技术企业实行更加优惠的税收政策。

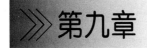

>> 第九章

陆海统筹临港产业空间优化布局

第一节 陆海统筹产业发展与区域协调

一、依托"一带一路"，拓展产业格局

临港经济开发区抢抓国家自贸区及"一带一路"建设机遇，加快产业链全球部署、重点布局，大力拓展新兴市场，形成陆海统筹、东西协调的产业新格局。围绕海上丝绸之路，连接起沿海城市港口与临港经济开发区。借助新亚欧大陆桥、中国—中亚—西亚、中国—中南半岛，布局重点规划项目，建设临港产业园区。大力推进"中韩""中日"以及"中德"园中园建设，促进国外文化与园区产业融合发展，例如，组织多种形式的国内外产业交流活动，强化国内外人才培养引进政策，完善园区基础设施建设等。发展多种交通工具的多式联运，在保证运输通畅的基础上，强化临港经济开发区与国内或国际城市在经济、能源、文化及环保等方面的合作。

在国际化"临沂商城"定位的基础上，结合山东省产业布局战略，努力打造临港国际现代物流中心、山东省新旧动能转换综合试验区。促进临港经济开发区产业经济体制更加完善，推动区域发展有序开放，实现国内国际要素的有序流动。

二、统筹经济发展，完善产业布局

（一）完善"鲁南经济带"，促进临港经济发展

鲁南经济带南邻长三角地区，北靠环渤海经济圈，在经济带间起到过渡的作用，位置优势凸显，是山东省区域经济的重要增长极。完善运输体系，横向贯穿鲁南经济带，产业间协调统筹，城市间通盘考虑，打造集中布局、产业集聚的大产业带，成为与省会经济圈和青岛城市圈相协调的鲁南城市产业群。鲁南经济带作为山东经济发展的重要组成部分，迫切需要发展核心城市，临沂具有各方面优势，是鲁南核心城市的较好选择。临沂要依托各区县的方位、资源以及文化等优势条件，突出区域特色。主动对接经济带内其他城市，重视区际协调，促进区域优势互补，推动鲁南各市的交通、信息、能源在区域协作中实现跨越式发展。

（二）统筹山东经济发展，补全"南翼"城市短板

鲁南5市为山东发展"南翼"，发展快慢关系全省。作为南翼城市群的重要组成部分，临沂要发挥好中心带头作用，依托岚山港、日照港等重要港口大力发展临港经济，支撑鲁南经济带发展，服务半岛地区，并向中西部腹地挺进。

重视产业协调，发挥临沂优势，以重点工程、重点项目为基础，推进产业链条特色化、延伸化，实现与经济带内各区域高度对接，并基于要素关系、产业衔接以及区域协调安排一系列配套相关产业。发挥自身优势，突出区域特色，同时在区域特色产业的基础上，借鉴周边城市的发展优势，形成优势互补，促进共同发展。基于鲁南地区丰富的矿产资源和临近的苏北市场资源，促进化工、机械、钢材加工等产业进一步发展，同时强化本地优势龙头企业的发展，持续壮大产业集群，并吸引国内外高端制造企业与鲁南经济带各行业的合作，补齐"南翼"发展短板。

（三）联通国内南北经济，建立资源流通网络

鲁南经济带具备良好的产业基础，其中，农业发展基础较为稳固，工业发展不断提升，体系较为完善，此外，以商品贸易为目的的物流运输业和以旅游餐饮为主体的服务业均呈现快速发展趋势。鲁南经济带有利于将区域内的资源禀赋、生产能力以及劳动力流动整体规划、合理调配，有利于协调技术先进型制造业与资源依赖型企业的互补发展，有利于激发山东省区域经济活力和整体竞争水平。目前，国内外资本和部门转移形势加剧，鲁南居于半岛城市群、长三角城市群以及珠三角城市群的交汇地带，在能够承担产业和资本转移的情况下，有利于全国范围内的产业布局。

三、依托战略布局，实现省内联动

目前，山东省16个城市形成以两圈四区为代表的都市圈结构①，其中，青岛都市圈和济南都市圈发展迅速，辐射面积不断扩展，都市圈的扩展也带动了圈内城市的联动发展，当前形势下，省会都市圈已扩展到了济宁，给鲁南地区的发展空间越来越少，发展相对落后的鲁南五市急需一个领导城市来带动区域发展，临沂具有广阔的地理面积以及丰富的劳动力资源，且随着国际国内资本的加速转移，临沂的区位优势凸显，有希望带动周边城市的发展，根据现有城市圈结构，临沂只能向南挺进，将自身的发展战略依托于整个中原腹地的经济形势。

（一）凭借区位物流优势，实现临沂率先突围

临沂应基于自身区位优势和资源优势，稳步推进临港产业升级，实现全市经济突破式发展，打造临港经济发展新平台。抓住与省内外港口城市的合作机会，在运输、信息交流以及产业配套合作等方面发挥引导作用，构建区域合作一体化的发展新格局。此外，临沂在物流运输方面的优势明显，政府

---

① 两圈四区分别指的是以青岛、潍坊以及烟台局部组成的青岛都市圈，以济南为中心，加德州、聊城、泰安的省会经济圈，以及东滨都市区、济枣菏都市区、临日都市区、烟威都市区。

要遵循多元化发展的理念，通过行政引导、政策推动的方式，加强发展物流行业，发挥商贸集聚和分散的优势，并依托临沂贸易实体和近海临港的区位因素，全面构建现代物流贸易发展体系，逐步实现"南有义乌，北有临沂"的新布局，辐射带动鲁南其余四市发展。

临沂一方面要协调城乡发展，统筹协调各区域，实现经济一体化进步，另一方面要打造辐射能力强的中心城市，立足本市，带动鲁南地区的经济发展，影响苏北地区的发展模式。进一步推进"北拓空间""东扩开放""南促转型""西增优势"。加强以人文理念为中心的新型城镇化建设，在鲁南区域发展中发挥领导性作用。

（二）加快临—日互联互通，实现区域优势互补

在"两圈四区、网络发展"的城市区域格局的基础上，推动区域间交通有效衔接，完善基础设施短板，加强陆海空运输方式综合运用；充分调动政府在企业协作方面的优势，引导日照与临沂区域内各产业的有效合作，携同共赢；开展两个地区的人才交流活动，在园区建设方面实现多层次、宽领域的对接，进而实现人才、技术以及资源的共享，为临日发展提供有效技术支持。

（三）临—济—青错位发展，打造鲁南中心城市

作为山东的"南翼"主干，临沂必须发挥核心带头作用，明确与济南、青岛的关系，大力推进区域合作，发挥自身的优势，坚持错位发展，打造符合临沂特色的临港经济和商务物流。临沂物流优势明显，且临近鲁南经济带唯一出海口，是我国综合运输体系的重要枢纽。但其地处山东半岛、省会以及苏北地区三大经济区交汇地带，产业发展优势并不明显。对此，要对外发挥自身物流优势，保证省会城市群、苏北地区与半岛城市群的资源精准对接，并将半岛海洋产业发展的成果惠及鲁西、苏北及其他内陆腹地。强化临沂与济南、青岛的融合发展交流，实现济—临—青三地协同发展。

不同于省会城市群的历史文化优势和半岛城市群的经济优势，临沂应大力发挥其资源人口优势，在节能减排的基础上开发使用矿产资源，凭借自身资源优势大力发展钢铁化工等重工业，积极突破两大经济带的优势困境，借

鉴周边城市的发展优势，同时与周边城市建立错位发展的发展模式。搭建对外开放新平台，借助人口资源优势促进外资技术的引进，并通过临沂便捷的物流优势将临港不锈钢、特钢产品推广到国际市场。

第二节　陆海统筹临港产业与空间布局

要把陆海统筹作为临沂临港经济开发区发展的重要战略，在陆海统筹的理念指导下，依托临沂市"近海临港"的区位优势，结合优势产业、基础设施以及生态环境，统筹配置资源要素，为临沂市临港经济开发区的发展提供源源不断的动力，促进临沂市以及山东省的区域均衡发展。

一、构建陆海统筹的产业发展机制

（一）统筹区域资源，完善战略布局

借助临沂市临港经济开发区独特的区位优势，依托主要交通运输干线，实现临沂市临港经济开发区与其他地区的互联互通，不仅要融入环渤海经济圈的发展之中，而且要加强与长三角经济区的联动发展。

充分发挥临沂市临港经济开发区地处三角经济圈与环渤海经济圈结合点以及中国北方最大商品集散中心的区位优势，充分发挥临港经济开发区的交通网发达的陆路优势，依托广阔的腹地，打造商品集散中心。

扩大与环渤海经济圈、长三角经济圈、粤港澳经济圈的协同合作，加强与东北、西南、西北地区联系，以产业为支撑点，逐步推进临港经济开发区与全国各地区的联动发展。

（二）聚焦枢纽建设，助力产业发展

以《中共山东省委关于制定山东省国民经济和社会发展第十三个五年规划的建议》为指导，加快推进临沂市临港经济开发区融入山东省"两区一圈一带"建设。依托山东省"三纵三横"快速铁路网，融入国家铁路交

通战略布局。以港口群为支撑，加快临沂市临港经济开发区物流园区和物流中心的建设，打造陆海一体的物流中心。

完善综合交通枢纽建设，以强化货运交通枢纽为重点，依托铁路货运站、港口、机场等基础设施，提高集疏运能力。

（三）统筹"两大基地"，布局"四大集群"

依托玫德庚辰、鑫海科技等企业，围绕不锈钢及精品特钢生产、下游产业深加工加工，加快构建不锈钢和精品特钢全产业链条。着力发展精细化工产业，打造以绿色化学为理念、循环发展为指导、生态工业为主体的化工产业园。

二、调整临港产业空间优化布局

临沂临港经济开发区是我国开发区序列中的重要类型，是山东省新旧动能转换综合试验区重点发展区域，是临沂市重点打造的全市新的经济增长极和产业转型升级高地。

（一）发挥集聚效应，"产—运"协同发展

依托近海临港优势，构建以工业为主导、临港产业为重点的动能转换引领区。对临港各产业园区的地理位置、资源禀赋、基础设施等进行比较，结合临沂市其他各县（区）的产业发展，构建特色鲜明的发展格局。

1. 立足产业基础，突出临港特色

以高端不锈钢及先进特钢以及化工产业为核心产业，重点培植冶金新材料、绿色化工、节能环保三大产业，创新发展海洋经济、现代物流、文化旅游、农业，形成"3 +4"的产业格局。

2. 以产业园区为核心，打造"产业拓展—产业升级—产业服务"产业发展格局

充分发挥1400万吨高端不锈钢和先进特钢产能的政策优势，以相关企业为基础，充分发挥协同带动作用，培育发展新动能。围绕临港冶金和化工产业，完善园区配套服务设施；依托技术创新，推动产业转型升级。

3. 推动产业集群与现代物流协作，形成"产业集群—现代物流"的协同联动网络

发挥物流对产业园区的支撑作用，统筹综合交通运输资源，构建起以鲁南高铁、园区铁路、现代物流园为基础，串联临港产业园区的现代化物流网络体系。同时，发挥产业集群对区域物流的催生与带动效应，促进现代物流不断完善与升级。

（二）布局"两核一带"，产业联动发展

"两核一带"，两核是产业核心，即以钢铁园区和化工园区为基础的高端不锈钢及先进特钢产业和精品化工产业。一带是交通运输带，即依托鲁南经济带的现代物流体系。核心产业是临港产业发展的内生动力，带动临港经济发展；现代物流体系承接产业的配套服务，助力经济产业发展。

1. 产业核心

依托临沂市临港经济开发区产业园区现有企业，加快产业转型升级，积极构建产业链完整、产品齐全的产业格局。依托"近海临港"的优势，建设专用运输管道运输，降低企业成本。在现有化工产业基础上，向上、向下延伸产业链，重点发展精细化工。

2. 现代物流

依托鲁南经济带的发展战略，凭借港口优势，结合临港园区铁路（兖州—石臼、坪上—岚山、晋中南铁路线）以及临港高端不锈钢和先进特钢产业的重要基础配套项目和相关的高速、公路，形成效率高、速度快、成本低的货运物流体系。

（三）构建"一城三产"，产城融合发展

坚持循环绿色发展，推进产城融合。以绿色、低碳经济新理念统领产业发展，加强资源集约利用和生态环境保护力度。凭借"近海临港"的优势，依托现代物流业，以园区为载体，构建"一城三产、产城融合"的发展布局，一城是指新城综合服务区。三产是指冶金新材料、绿色化工、中日韩智能能源配套服务片区三大主导产业，以钢铁产业园区为载体发展高端不锈钢与精品特钢，以化工园区为载体发展精细化工，统筹布局中日韩智能能源配

套服务片区。

以高端不锈钢和精品特钢以及精细化工为主导，完善冶金、化工、木材等行业的产业链，推动产业结构的转型升级。提高园区的承载功能，着力打造和谐共生的绿色生态园区。力争建设成为具有临港特色的综合型工业基地，创建山东省产城融合示范区。

增强临港经济开发区综合管理服务功能。以政府、园区、产业为主体，以生产、生活、生态为布局，坚持三大主导产业、四大新型战略产业的"3＋4"发展格局。提高政府工作的全局性和系统性，促进城市治理体系逐步完善、治理能力逐渐提高，树立并贯彻协调发展的理念。

第三节　统筹陆海资源，优化重点工程

一、打造先进特钢品牌，建设高端产业园区

结合"一带一路"发展，依托临港经济开发区独特的地理区位优势，努力打造集矿物采集、冶炼、加工、延伸、贸易于一体的高端不锈钢铸造园区，坚持"五个原则"：集约、高效、智能、绿色、精品。依靠玫德庚辰集团、国舰山东机械制造有限公司等公司的领导效应，促使钢铁制造技术中融入数字化、智能化，全面推进融合发展，努力建设智能化工厂。着力解决"铸件"与"配件"瓶颈，补齐"铸造"到"制造"短板，采取"拎包入住"的产业孵化模式，增强生产链，打造高端不锈钢集群。同时积极引入其他战略性投资者，采用市场化运作机制，探索"园区＋"模式，建设标准化园区。

充分发挥临沂高镍铁资源优势和国内少有的汽车、铁路和船舶运输的全方位交通优势。通过严格产能置换节能减排，以"扩展链条、精细规划、高质建设、绿色智能"为基本要求，加快打造临港绿色铸造产业集群。

为了打造临港高端不锈钢基地，临港经济开发区不锈钢产业的发展分为四个阶段，关键时间节点如图9－1所示。

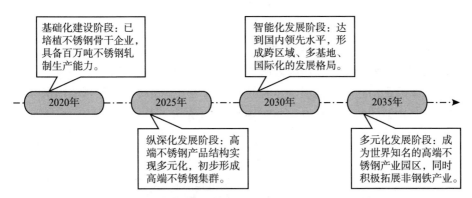

图 9 – 1　临沂临港经济开发区不锈钢行业发展时间轴

发展初期：为基础化建设阶段。现临港区已经培植形成玫德集团、临港有色金属有限公司和金海汇科技有限公司等不锈钢骨干企业，是临港经济开发区的核心产业之一，截至目前，开发区已具备百万吨以上镍铁合金生产能力、不锈钢轧制生产能力。

近期阶段：2020～2025 年为纵深化发展阶段。目标为：高端不锈钢产品趋于多元化，可覆盖交通、建筑、设备、能源等多个重要应用领域，初步形成高端不锈钢集群。

中期阶段：2026～2030 年为智能化发展阶段。目标为：临港冶金产业达到国内领先水平，建立国内一流智能化园区，将产品紧跟行业技术发展新趋势，实现高档精细化不锈钢产品生产的转变。

远期阶段：2031～2035 年为多元化发展阶段。目标为：成为世界知名的高端不锈钢产业园区，并重视非钢铁产业的发展，向物流、金融、人工智能、产品深加工配送等方向发展。

对标国内以及世界一流特钢产业技术，结合"四个原则"，坚持先进特钢差异化、特色化发展。"四个原则"的具体内容是指搭建大平台、招引大项目、培育大企业、聚焦全产业链。填补山东省部分特钢空白，打造具有一定规模化、智能化、国内一流的先进特钢品牌。

搭建特钢及延伸加工企业的集聚平台，依托临沂钢铁投资集团特钢有限公司等一批特钢生产企业，发挥规模效应的优势，并从宏观上把握资源调配，加大研发投入，开发新兴环保冶炼技术，走生态化、优质化、集约化发展道路。

实施精准招商，大力发展特钢产品延伸加工项目，拉长产业链条，增强产业关联度，调整生产导向转为高质量、高技术含量、高附加值的新型钢质产品，主要面向一些耐高温合金制品、极端环境运输材料以及军事用钢等方面，推动产业转型和提档升级（如图 9 - 2 所示）。

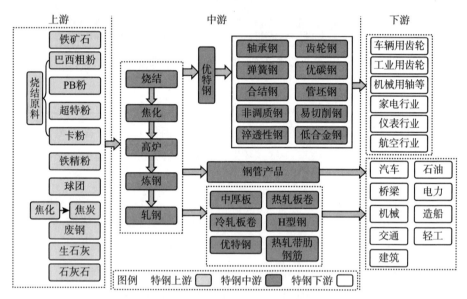

图 9 - 2　临沂临港经济开发区特钢及相关行业产业链

为了树立临港优特钢品牌，临港经济开发区特钢产业的发展分为四个阶段，关键时间节点如图 9 - 3 所示。

发展初期：为"蓄能"发展阶段。现临港区已经拥有永锋临港有限公司、临沂钢铁投资集团特钢有限公司等特钢生产骨干企业，先进特钢产业结构基本完善，与日照精品钢集群初步构建成为各具特色、联动发展的总体格局。

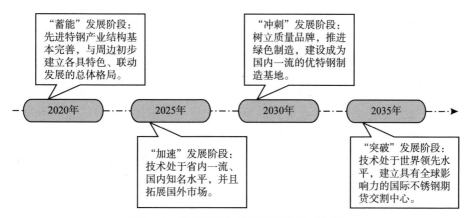

图 9－3　临沂临港经济开发区发展时间轴

近期阶段：2020～2025 年为"加速"发展阶段。目标为：园内规模产业达 8 家以上，有效满足国内需求，产品涉及交通、工业、家电、建筑等各个领域，技术处于省内一流、国内知名水平，并且拓展国外市场。

中期阶段：2026～2030 年为"冲刺"发展阶段。目标为：园区内特钢产业链基本完善，技术达到同行业国内领先水平，实现与国际知名企业专项合作。

远期阶段：2031～2035 年为"突破"发展阶段。目标为：园区具有完备的特钢生产链条，各项基础设施健全，企业能够满足国内外各种特钢需求，技术处于世界领先水平。

二、布局"一核三产"，形成绿色化工体系

依托"近海临港"优势，在依托港口的基础上，统筹铁路与公路联运，并且建设专用输送管道，在现有化工产品的基础上，向上、向下延伸产业链，布局"一核三产"，即精细化工为核心；煤化工、石油化工、生物化工三大绿色化工产业。

化工园区目前主要依托山东达冠生化科技股份有限公司、山东三丰新材料有限公司、临沂长青化工有限公司、山东中再生环境科技有限公司、久泰集团等骨干企业发展精细化工、高分子化工等产业。打造完整的上下游产业

链体系，建立依托岚山港、连云港等港口，服务山东、辐射全国、面向国际的特色化工基地。

依托临港开发区化工园区，以精细化工为核心，扩大生物医药化工业，发展能源、化工为主的能源化工产业链，以甲醛、抗氧剂、碳酸丙烯酯、碳酸二乙酯、医药级丙二醇、煤焦油裂化加氢、高分子材料添加剂等产品为主体。另外，依托临港区钢铁基地进一步发展焦化产业，将焦化的副产品焦油作为煤化工的原材料，进行产业升级和上下游产业链延伸，形成"石化源头—基础产品—精细终端"的一体化化工产业体系（如图9-4所示）。

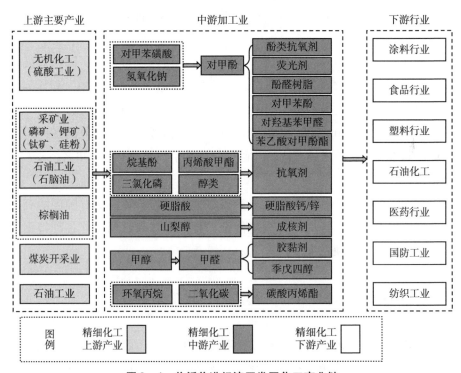

图9-4 临沂临港经济开发区化工产业链

为了统筹全局发展，实现产业的升级，临港经济开发区化工产业的发展分为四个阶段，关键时间节点如图9-5所示。

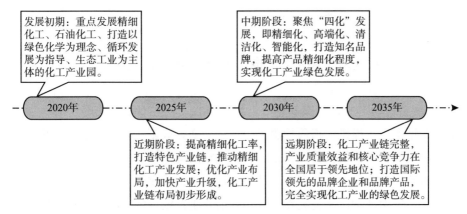

图 9 – 5 临沂临港经济开发区化工产业发展时间轴

发展初期：2020 年，临沂临港化工产业园总体规划面积 16.58 平方千米，是山东省重新认定的第二批化工园区，重点发展精细化工、石油化工，打造以绿色化学为理念、循环发展为指导、生态工业为主体的化工产业园。依托山东达冠生化科技股份有限公司、山东三丰新材料有限公司、临沂长青化工有限公司等骨干企业发展精细化工、石油化工等产业。

化工产业园企业实力明显增强，结构布局逐渐优化，产业门类向石油化工、精细化工、生物化工等领域拓展，产业链条不断延伸升级、有效遏制污染、基本完成主要污染物约束性指标，环境质量和产业效益明显提升。

近期阶段：2020～2025 年。目标为：升级改造精细化工园区，培育多家精细化工行业的龙头企业；打造特色产业链，加快产业升级，化工产业链布局初步形成；化工园区功能较完善，配套设施相对齐全；逐步培育出一批发展空间较大、创新实践能力较强的企业群。

中期阶段：2026～2030 年。目标为：进一步提高精细化工率，届时产业发展质量显著提高，核心竞争能力显著提升；聚焦"四化"发展，即精细化、高端化、清洁化、智能化，打造知名品牌，提高产品精细化程度，实现化工产业绿色发展。

远期阶段：2031～2035 年。目标为：化工产业链完整，产业发展质量效益和核心竞争力在全国居于领先地位；实现化工精细化产品占绝对优势，进一步提高"四化"水平，打造国际领先的品牌企业和品牌产品，完全实现化工产业的绿色发展。

三、创建"两个中心",推进交易研发现代化

"两个中心"指的是交易中心、研发中心。创建专业化交易中心,强化商品产销衔接,提供严格质检服务,推进交易方式多元化,推进现代化研发中心的建设,创新研发管理模式,塑造战略品牌形象。

打造高效交易中心,完善不锈钢流通链条,优化市场空间布局。以高端定制化不锈钢现货产品为亮点,利用智能化手段统一配置相应产品,借助罗庄美鑫金属物流优势,将其辐射至全国乃至全世界。打造国际交割中心,严把期货交割货物入库的质量关,提供多样化的不锈钢产品种类和金融产品服务,与国内各交易所建立协同关系,创新合约条款和交割模式。

建造一流研发平台,将管理运营的自主权下放研发平台,建立"政产学研金服用"一体化运营模式,提高政府专业服务能力,构建人才使用长效机制。整合检测资源,充分利用中日韩产业园的特殊优势,探索政园企校共建和集团化发展的新路子,鼓励平台企业开展检验检测技术研发,着力打造临沂高端不锈钢及先进特钢品牌,提升核心竞争力。

为了打造临港现代化交易研发平台,临港经济开发区交易研发中心的发展分为四个阶段,关键时间节点如图9-6所示。

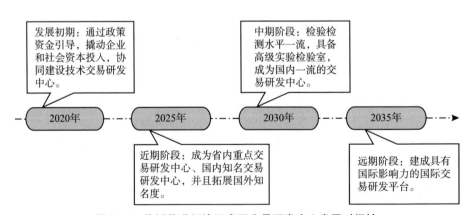

图9-6 临沂临港经济开发区交易研发中心发展时间轴

发展初期：通过产学研合作，加大高级实验检测人才的招引、培养力度，分期分批培训技术人才和管理人员，大力推进招商引资，通过政策资金引导，撬动企业和社会资本投入，协同建设技术交易研发中心。

近期阶段：2020～2025 年。目标为：充分听取和利用智库、专家的建议，进一步提升临沂不锈钢产业战略谋划水平。提供多样化的不锈钢产品种类和金融产品服务，满足国内外各种不同投资者需求，技术处于省内一流、国内知名水平，并且拓展国外市场。

中期阶段：2026～2030 年。目标为：建立具有国际检测资质的第三方检验检测机构，为不锈钢企业提供具有国际标准的检测和认证服务，让更多的本地企业获得出口许可。检测检验水平一流，配套高级实验检验室，成为国内一流的交易研发中心。

远期阶段：2031～2035 年。目标为：助力优质企业实施品牌战略，利用世界一流研发平台推进品牌创新，通过高水平检测平台提升品牌质量，结合国际标准提升品牌水平，建成具有全球影响力的国际交易研发平台。

四、配套"三个园区"，塑造多能互补优势

完善产业链条，打造自己的高质量品牌，加强全产业链集聚效应，力争技术水平达到国际一流。"三个园区"分别指的是中日韩智能能源配套服务片区、精钢基地下游配套产业园以及不锈钢基地下游配套产业园，实现智能化、专业化的环保生产管理模式。

支撑临港智慧能源服务中心建设，奥德公司与 SK 公司联手建设，基于临港经济开发区的政策支持，围绕"生产更低碳、发展更迅速、技术更先进"三大目标，打造智慧能源中心与智慧城市融合发展的样板。

发展壮大精品钢优势产业，逐步形成分工合理、协作密切的"生产—销售—服务"全产业链条，坚持"以商招商、以业兴业"，发展精品钢特色优势产业，持续以精钢下游配套园区发展重点的企业为目标，在"一带一路"倡议引领下，统筹"引进来"与"走出去"，将现代物流业延伸到加工制造领域，促进精钢产业与现代物流业融合发展。

建立不锈钢基地下游配套产业园，更有针对性地发展不锈钢下游产业，

引入相关不锈钢制品企业，扩充不锈钢下游市场，构造出完整的不锈钢产业链条，发挥产业链协同效应，提升总体竞争力。实现不锈钢企业集群发展。通过各企业之间的专业协作，积极进行企业间共性技术的研究，尤其是绿色可循环流程技术，并站在国际前沿角度，进行自己的技术创新，培养专业技术人员，打造自己的高质量品牌，从而提高临港区不锈钢产业的整体效益和规模效应。

为了建设临港智慧能源服务中心，临港中日韩智能能源配套服务片区的发展分为四个阶段，关键时间节点如图9-7所示。

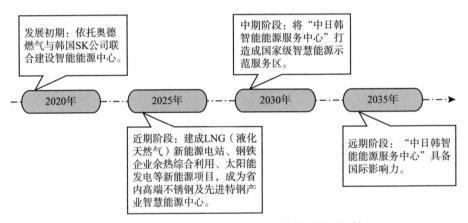

图9-7 中日韩智能能源配套服务片区发展时间轴

发展初期：建设中日韩智能能源服务配套片区，该片区位于亿晨镍铬合金二期以北，建设面积为4平方千米左右，主要依托奥德燃气与韩国SK公司联合建设智能能源中心，为产业集群进行产业配套服务。

近期阶段：2020～2025年。充分发挥奥德公司能源服务和经验优势，联合韩国著名SK公司，提供综合能源规划、智慧能源中心建设、综合能源供应与系统维护、燃气发电、节能服务一体化解决方案等综合能源服务，建成LNG（液化天然气）新能源电站、钢铁企业余热综合利用、太阳能发电等新能源项目，成为省内高端不锈钢及先进特钢产业智慧能源中心。

中期阶段：2026～2030年。目标为：通过信息技术，建设分布式智慧能源站，充分利用可再生能源，打造循环利用、集成优化的绿色节能发展体系，提供智能能源服务，将"中日韩智能能源服务中心"打造成国家级智慧能源示范服务区。

远期阶段：2031~2035年。目标为：积极开展国际交流合作，促进新能源开发开放式发展，全面提升新能源开发领域的国际交流层次和开放合作水平，积极拓展开发生物质、地热能等综合新能源开发项目，使"中日韩智能能源服务中心"具有国际影响力。

五、分析行业供需风险，健全风险防控机制

当今各国竞争激烈，全球经济市场波动频繁，为保证临港产业快速平稳发展，必须协调临港产业与相关各国产业之间关系，建立健全多策略系统，克服系统波动风险，打造供需稳定供求链。

（一）冶金行业风险分析

冶金企业为临港支柱产业，以铁、镍等一些矿产资源为原料，冶炼、生产粗钢、钢管、钢板及钢铁配件等中间产品，产品可替代性较强，科技含量不高，受制于原材料供给，易受到市场各类风险的冲击。

临港钢铁冶金类企业，大部分都兼有出口和内销业务，国内产品销售涉及山东、河北、甘肃、青海、山西、江苏等各省，产品出口主要包括新加坡、印度尼西亚、巴西以及欧洲的一些国家；原料的来源地主要位于东南亚和南美洲的国家，来源地相对集中。

临港经济开发区钢铁产业主要以铁和镍为原料，而铁矿石盛产国中除了巴西和东南亚各国以外，还有俄罗斯、伊朗、土耳其、毛里塔尼亚、墨西哥、秘鲁、澳大利亚等国家，其中我国与俄罗斯有着稳固的外交关系，在各个领域有着紧密的合作；2016年后，中国与伊朗关系不断增进；作为最大的发展中国家，我国与以南非为代表的非洲国家也保持着良好的关系，两者支持多方面的双边交往。

在2017年镍矿产量最高的15个国家里，我国与俄罗斯、古巴、南非、澳大利亚等国家关系较为稳定，当未来外部环境改变时，临港区的原料供应链可能受到影响，为使临港钢铁产业平稳发展，在一定程度上可以与以上国

家紧密合作，保证原料的稳定供应。

产品众多，因此产品的销售风险也较大，但为了使临港各企业遇到风险、销售链断开时能保证平稳发展，需了解各个国家钢铁及钢铁制品的情况。除巴西及东南亚各国以外，北部的俄罗斯，西部的埃及、阿尔及利亚、南非以及秘鲁、哥伦比亚、智利都是潜在的钢铁需求国，其可以作为遭受风险时的备选方案。

（二）化工行业风险分析

临港致力于建设精细化工产业园，区域内有三家主要的化工企业，重点生产炭块、黏合剂、抗氧化剂以及碳酸二甲醇、丙二醇等化学制剂，其中抗氧化剂的生产取得了不小的成就，全国乃至全世界鲜有替代品，产品具有很高的技术含量，处于行业领先水平，临港化工产业原料主要来自国内各省份（新疆、山西、河北以及江苏）以及国内的中石油和中石化，其主要利用原油、天然气、煤炭等进行生产。

原油与天然气产量巨大的国家基本相同，包含伊朗、沙特阿拉伯、俄罗斯、印度尼西亚、澳大利亚、加拿大、美国以及欧洲的部分国家。除此之外，煤炭储量巨大的国家主要有南非、印度尼西亚、印度、蒙古国、哈萨克斯坦以及欧洲的部分国家。临港区化工产业的原料主要来自国内，我国的资源虽然丰富，总量巨大，但人均产量要低于国际的平均水平，随着经济的不断发展，资源紧缩的压力不断加大，为了能够实现可持续发展，临港产业应放眼于世界诸国，我国与南非、俄罗斯、德国的关系较为稳定，国际进出口风险较小，这些国家资源的储量巨大，尤其是俄罗斯和南非，因此可以作为原料的进口国，能够在国内资源状况发生变故的时候，相对稳定地提供原材料。

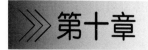

第十章

陆海统筹临港产业发展战略设计

第一节　陆海统筹临港产业发展战略环境分析

一、陆海统筹临港产业发展外部环境分析

（一）外部政策环境分析

2000年以来，《全国海洋经济发展规划纲要》首次明确了海洋经济强国建设目标。国家"十二五"规划明确提出了"坚持陆海统筹，制定和实施海洋经济发展战略，提高海洋开发、控制、综合管理能力"的海洋强国建设方针战略。2015年春，"海上丝绸之路"全面引领我国陆海统筹建设规划。国家"十三五"规划提出了"坚持陆海统筹，发展海洋经济，科学开发海洋资源，保护海洋生态环境，维护海洋权益，建设海洋强国"战略部署。随着《"一带一路"建设海上合作设想》发布，确立"推动建立全方位、多层次、宽领域的蓝色伙伴关系"的目标。党的十九大报告明确了"实施区域发展战略，坚持陆海统筹，加快建设海洋强国"战略。2018年"中华人民共和国生态环境部"成立，吸纳了原海洋局环境保护之职责，其余职责则划归"中华人民共

和国自然资源部"，从而破除了阻碍战略进一步推行的体制机制障碍。

（二）外部经济环境分析

陆海统筹战略的提出不仅受到国际海洋开发大趋势的影响，其深层次更是由中国需要拓展外部经济发展空间的现实决定的。长期以来，我国经济持续高速增长，但这一增速背后仍然隐藏着许多问题，迫切需要得到解决，从而实现我国政治、经济以及文化的健康、全面、稳定发展。在探索解决我国经济问题的道路上，如何利用广袤的海洋疆域来助力我国经济转型便成为一项举足轻重的任务。基于此，陆海统筹战略应时应运而生。首先，从载体上看，无论是需求、供给还是其他方向上的经济增长，都需要一定的空间来承载，此时我国近300万平方千米的海洋疆域便显得极为突出，成为进一步支撑经济全面发展的重要基石。其次，从总量来考察，我国海洋经济发展迅速。以2018年为例，其主要海洋产业全年增加了33609亿元。如图10-1所示，其中，滨海旅游业（占比47.80%）已经成为推动我国海洋经济发展的主要动力和支撑点。传统海洋交通运输业（占比19.40%）与海洋渔业（占比14.30%）紧随其后。新兴产业如医药业、电力行业等仍有较大增长空间，同时增速保持领先。综上所述，为拓展我国经济发展空间，并支撑我国经济顺利、高效转型升级，陆海统筹战略在调结构、创动能、转方式等方面将会提供助力。

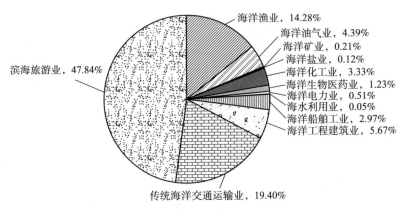

图10-1　2018年我国主要海洋产业增加值构成

（三）外部社会环境分析

从历史上看，加入《联合国海洋法公约》成为我国开发利用海洋与国际接轨的重要契机，同时也成为我国国内海洋经济蓬勃发展的重要助力，从而为陆海统筹战略的实施打下基石。20 世纪 80 年代，我国海洋经济遵循由传统到新兴产业，由内海到外海产业的顺序逐步兴起。其中诸如生物医药、海水利用等具有战略意义的新兴产业在进入新世纪之后迎来了规模上的蓬勃扩张。与此同时，科学技术和发展手段的创新越来越成为推动海洋经济发展的最重要动能。"十二五"时期在潮汐能利用、天然气开采等许多关键项目方面，我国自有技术已经逐渐追赶并达到全球领先。基于此，海洋经济无论规模还是质量都已不容忽视。以 2018 年为例，如图 10 - 2 所示，我国海洋生产总值达 83415 亿元，占 GDP 比重 9.3%。海洋经济的蓬勃发展，不仅仅是在规模上助力我国经济扩张，同时也是推动我国经济均衡、健康、高质量发展的重要动能。

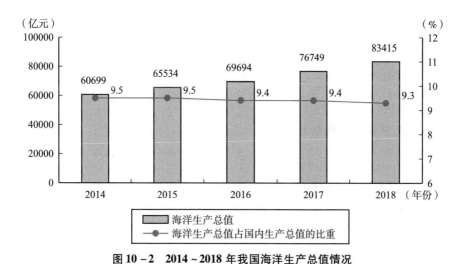

图 10 - 2　2014 ~ 2018 年我国海洋生产总值情况

资料来源：《2014 ~ 2018 年中国海洋经济统计公报》，中华人民共和国原自然资源部。

二、陆海统筹临港产业发展内部环境分析

（一）内部基础设施分析

1. 交通基础设施

临沂临港经济开发区地理区位优势明显。七大港口环绕，海路航运便捷；多条轨道线路从中穿过，铁路运输繁忙；四座机场星罗棋布，空港运输高效；普速公路与高速公路交错成网：一级公路岚济路和新建成通车的北疏港公路横贯东西、直达日照市岚山港，同时建设、改造大山路、坪壮路、黄海九路、污水厂西路、坪南路、人民路、关山东、西路等 82 条主次道路，"六纵八横"，四通八达。

2. 水库基础设施

临沂临港经济开发区内建成锦龙潭和大山两座大型水库，龙山 49 座小型水库。以锦龙潭水库为例，其一期已建成蓄水量达 900 万立方米。以其为水源建设工业供水厂，每日可供给用水 8 万余吨。大山水厂则规模较小，每日可供给用水 1.2 万余吨，占地约 30 亩，服务人口约 7 万人，水厂取水源头为大山水库，可以 24 小时保障城区供水需要。总体而言，水源供给充足，用水取水便利，为临沂临港经济开发区的持续发展和扩张提供了坚实保障。

（二）内部经营现状分析

临沂临港经济开发区已有一定的生产规模和经济基础，以 2016 年为例，其当年生产总值达 249.89 亿元。临港经济开发区临港园区内设有"双加实验室"，科技人才集聚。本地及周边劳动力充足，拥有劳动力 10 万人。同时，市区周边有 65 所大中专院校，每年毕业生人数达 7 万人，拥有成熟稳定的技术工人和劳动力市场。临港经济开发区自 2010 年设立以来，依靠充沛的劳动力资源和日益丰富的信息资源优势，已经基本形成了以镍合金复合材料、绿色化工为核心产业的发展模式。

（三）内部经济腹地分析

临沂临港经济开发区背靠临沂市区，周边逐步形成了功能齐全、体系完备的工业发展模式，其中物流运输行业发展尤为突出。例如，立晨、荣庆、鲁信等现代物流企业的物流总额已达到 1500 亿元，形成了"中国临沂，物流天下"的格局。基于此，临港开发区借助于现代化物流业所建立的综合运输和保障手段、综合利用"互联网＋信息平台"和进出口保税区优势，临港开发区不但自身产业发展相当便利，同时在发展国际物流、成为临近港口的商品供销基地方面也具有得天独厚的长处。

三、陆海统筹临港产业发展战略环境 SWOT 分析

（一）临港产业发展战略环境优势分析

1. 国家政策扶持

首先，临港区受惠于国家"一带一路"建议规划和山东省"海上丝绸之路"战略支撑点设计，具有重大发展意义。其次，临沂临港区坐落于东陇海国家级重点开发区域，享受国家层面和山东、江苏两省层面的政策红利。再次，该区域处于山东半岛蓝色经济区和鲁南经济带内，是陆海统筹发展的标杆和先锋地区。最后，临港区是临沂市重点发展区域，得到临沂市政府的大力支持，发展规划科学合理，配套基础设施完善，具有巨大的发展追赶潜力。

2. 地理位置优越

临沂临港经济开发区地接鲁、苏二省，经略黄、渤两海，既是两省沿海地区的重要经济腹地，同时也是两省交界地区城市带经济发展的最前沿。遵循一般发展规律来看，该区域地处港口的强辐射区，同时也是发展临港经济的最优区域。除此之外，在山东半岛乃至我国北部沿海地区的经济发展中，临沂临港经济开发区具有"南联北接""东进西附"的作用，是最大化发挥陆海统筹发展优势的核心经济区。

(二) 临港产业发展战略环境劣势分析

1. 产业链条不完整

发挥临港开发区的地理优势，打造临港产业区的竞争力优势，需要形成较长的产业链。然而，尽管临沂临港区依托鲁南经济腹地，从而在产业链的某些薄弱处得到了补足并且同时形成了一些自身具有领先优势的产业。但是，总体来看，临港区的企业仍然处于产业链的中低端，区内加工，区外原材料和消费，不能充分利用成熟产业链的外部效应，进而削弱了临港区域优势的发挥。

2. 城镇化水平较低

总体来看，由于临沂临港经济开发区是新区，且是建立在原有几个城镇之上，因此面临着城镇化水平低的困扰。一方面，几个较小的城镇缺乏人口规模，限制了劳动力数量，从而使经济发展受到制约。另一方面，开发基础设施几近于零的旧城镇面临着许多困难，以及一些诸如旧村改造等工作任务十分艰巨。同时，由于许多配套设施的建立建成需要时间，这就造成了在短期内必然会形成一个投资吸引力小的空窗期，不利于经济发展和发挥临港区的辐射带动周边地区的优势。

(三) 临港产业发展战略环境机遇分析

1. 政府对临港区发展的重视

山东省政府以及临沂市政府都十分重视临港区的发展现状和发展问题，政府的重视是临港区发展的最大助力。除此之外，临沂临港经济开发区还是国家级重点开发区域之一，具有 56 项市级经济管理审批权限。临沂市委、市政府实施"东进"战略，重视临港区经济发展的辐射和带动作用，带动近海临港区域一体化发展。临港区作为西部隆起带的出海通道和出港码头，战略地位越来越重要。

2. 区内对人才培养逐步重视

近年来，临沂临港区政府重视人才、引进人才、培养人才，以人才助力临港经济区发展，以临港经济区的发展反哺人才引进、培育和维持，努力形成人才与地区发展相辅相成的结构。在这一思想指导下，政府出台了一系列的政策举措，其中包括人才引进政策、高能人才"提升计划"、本土人才"储备计划"、临港在外英才"返乡计划"、企业家发展"领航计划"、企业博士（后）"助推计划"、名师名医"引育计划"等，为推进临港建设提供人才支撑。

（四）临港产业发展战略环境挑战分析

1. 劳动力成本不断提高

随着人口老龄化进程的加深和社会经济的发展，劳动力成本的提高已经成为社会必然，各行各业都会受到影响，临港区企业也不例外。从临沂临港经济开发区现有的企业来看，其中劳动密集型企业较多。对于这类企业来说，用工成本在所有成本中占比相对较高。因此，劳动力成本的提高成为一项重要挑战，企业需要在政府的帮助下，妥善地优化内部管理以及现有生产技术，从而尽量减少劳动力成本提高带来的影响。

2. 临港区建设成本加大

临沂临港经济开发区的建设成本主要来源于两个方面。其一是受到拆迁成本和费用增加、对落后城区的改造进入困难期以及银行贷款利率波动等因素影响，造成发展建设成本提高。其二由于前期的不当投入和无序建设，造成了资金利用效率低下，同时加大了后续建设成本。受上述因素影响，建设成本是临港区发展的一个挑战。

第二节　陆海统筹临港产业发展战略目标定位

一、陆海统筹临港产业发展指导思想

抓住国家战略扶持机遇窗口期，立足国家海洋强国战略基本支撑点，以创新发展动能为驱动力，坚持陆海统筹，推动海陆两地一体化发展。

实现陆海联动，统筹发展：视海域与陆域为一地理整体、生态整体、经济整体和文化整体，协调资源配置、协调产业培育、协调基础建设、协调环

境治理，全面发挥临港区区位优势。

实现创新引领，高端发展：创新是发展动力之源，始终牢牢扣紧创新引领的发展原则，将科学技术的进步同经济水平的发展紧密联系起来，不断实现以技术突破促进发展瓶颈的突破，培育出一大批高端企业。

实现链条延伸，集聚发展：按照"保障上游、做精中游、开拓下游"和"以商招商、以业兴业"的原则不断增强产业发展活力。

实现产城融合，绿色发展：以临港为基础，以产业为保障，以绿色发展为理念，以发展的临港区吸引产业投资，以产业投资促进临港不断发展进步。

实现合作共享，开放发展：利用临港区临海临港的优势和特点，拓宽全球视野，向国际先进发展典型学习，实现资源、技术和生产要素不断"走进来"，产品、理念和发展模式不断"走出去"。

实现企业为基，"三力合一"：发展过程中始终牢牢把握住以企业为发展主体、政府机构为发展提供引导和服务、以市场为各项资源配置的核心，最大化发挥各类经济主体的主观能动性。

二、陆海统筹临港产业发展战略目标

（一）优化资源配置，转变经济发展方式

抓住当下我国以及山东省临海发展的重要战略窗口期，发挥背靠临沂市，面向日照港、岚山港、青岛港的天然优势，加强与相关市县合作，打造进出口外贸平台交易机制，简化原料、燃料、产品等的交易顺利平稳运行，充分配置陆海两域的资源，打破产业发展的资源约束瓶颈。实现临港区内企业能耗结构转变，培育出一大批具有领先技术优势的低能耗产业，通过能评环评倒逼企业转型发展，惩罚落后能源利用，鼓励清洁能源发展。加快推进临港开发区建成外向型发展经济的步伐，政府配合、企业为主打造大宗商品尤其是钢铁商品的储、转、交中心，面向深蓝，打造山东省首屈一指的对外开放门户，打造现代化的蓝色产业发展示范基地，打造陆海统筹战略引导先行区。

（二）改善基础设施，推动蓝色经济增长

发挥新区建设用地广、改造余地大、规划空间充裕、基础设施建设成本较低的优势，破除建设用地从征收到建设全环节的困难，立足临沂临港区基本区位条件，建设区域港口联盟，实现城市与周边各港口的协同发展。主要是加快交通基础设施的建设，强化物流枢纽功能，推进多式联运，实现水路、陆路和空路的全面配合，加快资源中转效率，拉近从原材料到市场的距离。同时以互联网基础设施建设为核心，强化综合信息服务，开展冷链运输、智能运输、可视运输，同时强化运输过程中的应急保障能力。立足海洋，面向世界。

（三）调整产业结构，促进产业转型升级

促进全产业链和产品全生命周期绿色更新，坚持用地集约化、生产洁净化等理念，打造生态环境和空间布局优化的绿色园区，生产对消费者和自然环境都有利的绿色产品。首先要调整优化传统产业，利用市场功能、强化政府引导，淘汰对环境和资源有害的落后生产方式和生产能力，推进重点企业设备集成化、智能化、模块化发展，鼓励一些具备实力的企业拓展国外市场；其次要大力推进蓝色新产的发展，尤其是立足海洋的第三产业，孕育独特文化底蕴；最后要创新体制机制，以产业集中促进产业发展。

（四）加强环境治理，提升生态文明水平

引进先进的监测检测技术，精准辨认污染源，确定主要污染物及其排放点和排放量，建立相应的符合临港区实际的控制制度，实现检测数据的实时同步共享。实现政府与社会在环境治理上的合作，政府一方面要强化自身的监管功能，推进执法能力现代化建设，实现精准执法、高效执法。另一方面发挥制度建设的作用，创新环境监管制度手段，强化污染排放许可的发放过程，健全污染企业通报制度，不断推进重大环境治理工程，同时强化信息公开透明，引导全体公众参与监督过程。

（五）加大科技研发，建设国家创新基地

强化政府引导作用，综合利用奖励、补贴、税收优惠、政策扶持等多种手段，激励各类市场主体对科研从资金到要素的各类投入。从而引导市场主体尤其是在临沂临港区内具有示范和辐射作用的大型企业设立和完善研发机构，普遍培育出一大批具有创新精神和创新动力的市场主体，重点培育出一小部分在国内乃至国际具有领先技术水平的标杆企业。在这一过程中，不断以投入换取正反馈，对取得进步的企业予以重点关注和帮助。同时联系院校，打通市场，通过打造服务产学研服务平台，加强产学研组织对接，引导产学研合作，形成企业、高校、科研院所双向促进的局面。

三、陆海统筹临港产业发展战略定位

确定临港经济开发区的战略定位，既要适应客观环境的要求，实事求是地分析临港经济开发区的实际情况，又要考虑临港经济开发区发展的长期目标，符合临港经济开发区未来发展的趋势；既要考虑总体发展水平，又要兼顾局部发展水平；既要立足于临港经济开发区的现实情况，又要兼顾到临港经济开发区于山东乃至我国经济地理区位的重要作用，符合社会经济的总体利益。据此，从临港经济开发区在国际陆海统筹产业发展体系、国家陆海统筹产业发展体系、山东省陆海统筹产业发展体系以及临港经济开发区经济发展四个层次中的地位和角色分别考虑临港经济开发区的战略定位。

（一）占领国际领先地位，建成一流科技水平

积极打造陆海统筹国际合作平台，通过平台建设、政府交流，加大国际范围内海洋产业园招商引资，着手承接国际合作项目，融入"一带一路"建设；通过国际合作提高自主创新能力，构建国际交易网络；完善海运保障体系，构建国际深海及航运网络；借鉴国际自由港建设经验，实现海洋产业综合体合作对接，建成国际知名的产业链园区；加强国际合作政策设计，完善全球引进和合作体系，形成特色国际合作园区；将蓝色经济国际合作与交流实现常态化，统一布局海洋经济在经济、文化、生态以及社会等方面的发

展成果与效能，初步建成具有全球竞争力和显示度的海洋经济国际化新区和海洋经济国际合作先导区。

（二）配合国家总体战略，带动陆海统筹发展

海洋强国、"谋海济国"已经成为我国的基本国策之一，也是我国21世纪以来所提出的重大发展战略。临沂临港经济开发区具有利用海洋的先天区位优势，主动对接"海上丝绸之路"建设进程，实现环渤海经济带经济合作，建成在山东省内乃至全国临海经济发展标杆以及增长动力源，乃是临沂临港区发展过程中的应有之义；同时，临沂临港区应当发挥主观能动性，先试先行，走在国家产业调整的前列，走在新型工业化道路的前列，借助陆海资源优势和区位优势，探索出一条陆海统筹协调发展的新道路，打造全国先进发展模范；以海洋强国战略中枢海洋强国战略新支点和国家区域发展战略新引擎为导引，初步建成国家深海远洋开发战略保障基地、先进钢铁以及特种钢保障基地、钢铁期现货交易中心、先进蓝色产业聚集的陆海统筹先行示范区。

（三）依托山东战略布局，实现省内联动发展

临沂临港经济开发区应在准确定位省内高新制造业基地中的分工基础上，把握自身发展道路，升级现有产业，引进相关先进产业。与此同时，充分利用自身优厚的自然资源和环境区位，抓住现在的良好时机，着力打造重点突出、引领带动的支柱产业，同时形成错落发展和分工协作兼并的发展模式，进而实现发展成果突出、人民幸福感强烈、技术水平先进、环境资源节约、自然生态友好、产业协同配合、陆海高效联动的先进经济发展体制机制。以政府为引导，以企业为先锋，政企通力合作，以示范性项目为抓手，探索更有效率的生产要素配置和资金、技术、人才以及原材料等资源流动渠道。聚焦创新，重视人才，优化体制机制，推动产业聚集，高起点、高效能、高标准地建设省内经济增长极、鲁南近海区域经济新高地，并形成临沂市腹地经济的承接点和制高点。

（四）响应"一带一路"倡议，实现国际产能合作

"海上丝绸之路"建设为我国近海地区经济发展指明了方向和道路，为我国利用和发展外向型经济提供了战略性渠道。在这一背景下，临港经济开发区应该作为临沂市甚至是山东省陆海统筹发展试验区，优化陆海资源配置，建设具有本区特色和竞争优势的海洋应用和集成自主创新集聚区，培养开发区的领军企业，推进中转基地及陆域集疏运系统更新与衔接，提高开发区的陆海统筹的经济效益，努力成为提高临沂临港经济开发区人们生活质量提高、工业健康发展的重要支撑点。响应"一带一路"倡议，加强与沿线国家的各方面交流，大力发展国内优势产能，同时重点开展几个城市或国家的经贸合作，以点带面，以榜样带整体，小步徐趋地实现与世界各国尤其是第三世界国家的各方面交流与合作。进而以外部动能推进临沂临港经济开发区的高水平、全方位、深渠道发展，不断拓宽既有产业的生存空间，引入更多新兴产业，从而形成开放、合作、交流、共享、共赢、创新的经济发展崭新格局。

第三节　陆海统筹临港产业发展战略愿景设计

临沂临港经济开发区在未来 15～30 年的发展中，要建成南北贯穿临港城镇的发展主轴，形成火箭式的发展格局。

南部临港产业区是火箭的引擎部分，尤其是以团林东、西冶金产业片区和壮岗化工产业片区为主要依托的冶金、化工两大核心引擎，担负着输出发展动力、推动整个临港经济开发区的核心使命；中部综合服务区是火箭的中段，承载着临港经济开发区的绝大部分人口和服务，发挥着重要的保障作用；北部生态旅游区则是火箭的尖端，是临港经济开发区的发展名片，立体、创新、全方位地展现发展成果，实现发展突破。

除此之外，重点打造"一基地、两中心、三园区"。即不锈钢与先进特钢制造和加工基地；建设研发中心、交易中心；中日韩产业园、精钢基地下游配套产业园、不锈钢基地下游配套产业园。

一、临港产业发展 2030 年愿景

（一）2025 年打牢坚实基础

企业入驻率达到 90%，在地理位置上形成合理布局，在产业链条上形成顺畅联通，在基础建设上形成稳固支撑，在政策法规上形成坚实保障，在人才引进上形成丰富储备。生产总值较 2005 年提高 45% 以上，规模以上企业总产值比重达到 75% 以上，龙头企业技术达到国内先进水平，各企业主要污染物排放达标率持续提高。

1. 一基地集群初具规模

承接国内外转移产能，计划产能实现全面落地，RKEF 等先进工艺技术得到引进，对原有生产流程进行改良升级，产业结构逐步合理，区位布局得到优化，明星企业和拳头产品达到世界先进水平，钢铁总量和品种质量基本满足经济发展需求，实现生产原料来源的多样化，强化抗风险能力，资源保障程度显著提高。

2. 两中心初步建立建成

建成设施完备、先进、现代化的研发中心，赋予研发中心运营管理自主权，初步实现"政产学研金服用"一体化的运营模式，与全省乃至全国各相关高校和科研院所搭桥牵线，引进一批全职或兼职的科研人员，形成科研综合性人才交流中心；建成现代化、数字化、信息化、智能化的交易中心，初步实现不锈钢现货交易中心和不锈钢期货交割中心的影响范围辐射全省，打造金融品牌效应。

3. 三园区完成基本布局

完成中日韩自贸区、特钢配套产业园区及不锈钢配套产业园区招商引资项目的全面落地，初步探索与外资合作共用的临沂模式，通过增链、补链和强链等方式构建企业之间完备的产业链条，形成布局合理且具有弹性、运营规范且具有张力、社会经济与文化效益初步显现的示范性产业园区。

（二）2030 年收获显著成效

逐步释放发展潜力，以企业为主体的技术创新体系更加巩固，数字化、信息化技术深入生产，初步涌现出一批可供利用的科技转化成果，产业体系发展健全。相比较 2010 年，生产总值增加了一倍。同时，规模以上的企业总产值占比 80% 以上，龙头企业技术追赶国际先进水平，各企业主要污染物排放达标率业界领先。

1. 一基地取得领先地位

钢铁工业改革成效显著，国际国内产业链条合作得到强化，释放集群国际竞争力和影响力，明星品牌打入国外市场，消费群体扩大，消费群众认可，盈利能力强，竞争优势独特，实现精钢产业基地由大到强、由规模领先到规模和效益双领先的转变。

2. 两中心起到支撑作用

技术研发中心实现高水平发展，具备检测、研发、创新、孵化、转化能力及人才培养功能。自主创新能力显著增强，科技成果不断转化，支撑企业向创新驱动发展转变、完善高技术品牌战略、塑造高科技品牌形象；形成在全国具有影响力的不锈钢现货交易中心和期货交割中心，不锈钢制品生产和销售网络得到充分整合，支撑企业拓宽产品销路、合理化产品定价、预测和对冲市场风险。

3. 三园区完善产业结构

进一步优化布局，不断改善设施条件，显著增强服务能力，明显降低成本，打响中日韩自贸区的品牌效应，吸引更多具有独特技术优势的相关日韩企业落地，同时配套产业园区的产业结构得到进一步补足，延伸上下游配套产业链，通过产业完善强化产业集群竞争力。

二、临港产业发展 2035 年愿景

（一）2035 年体系健全完备

建成国内示范区，科技实力大幅跃升，国际影响力显著增强。实现智能

生产、智慧制造；实现企业车间数字化、工厂信息化；实现各产业面向未来、协同支撑的集约式发展。生产总值比 2015 年高出两倍，高于 90% 的企业为规模以上的企业，龙头企业技术达到国际先进水平，各企业主要污染物排放达标率国际领先，总体在全球产业链中占据高端定位。

1. 一基地智能现代发展

实现产业信息化，钢铁智能工厂标准体系全面铺开，标准化智能工厂和数字车间成为典范，形成信息交流顺畅、全面互联互通的发展格局；实现服务综合化，实现产品定制能力，能够提供满足制造业发展的主体原材料的解决方案；实现发展绿色化，在发展过程中绿色生产，并且以绿色产品打入绿色市场；实现产业协调化，完成企业由一业为主向多业并举、产品多元的转变，形成竞争有序的发展格局；实现创新驱动化，研发投入占据重要地位，创新要素加快集聚，科技实力大幅跃升，参与制定国际标准。

2. 两中心坚实的服务保障

技术研发中心成为国内乃至世界一流创新研发平台，成为相关产品高水平检测平台，成为服务企业发展的高新技术孵化器和人才队伍建设后备军；不锈钢现货交易中心和期货交割中心成为具有国际影响力的金融产业中心，引领制定符合国际、国内规则的合约条款、交割模式，提升产品定价话语权；两中心共同助力企业参与乃至主导国内外行业标准制定，变跟跑为领跑，为打造临沂市高端品牌、不断提升产业核心竞争力起到核心支撑作用。

3. 三园区引领示范效应

将中日韩自贸区打造成为辐射东亚的示范性生产园区，使临沂模式成为国内典范，使中日韩三国资本、劳动力、技术等各种生产要素以及商品、产业、信息等在自贸区内自由流动和自由布局，成为推动三国区域联合和一体化程度显著提升的支点之一；完善产品追溯机制，实现从生产到消费的全链条追踪；实现企业产品服务化，建设一大批具有优势国际竞争力的新型企业。

（二）2035 年以后迈向新高度

产业整体素质全面提高，企业对外开放和国际化发展不断迈上新高度，国际合作项目进展顺利。生产总值处于全国钢铁基地领先地位，规模以上企业总值比重达到95%以上，龙头企业技术达到国际领先水平，钢铁产量在全球贸易中占有重要份额，钢铁企业环保水平高、碳减排效果佳、产城共融好，成为产能齐全具备国际领先水平的综合型钢铁基地。

1. 一基地国际影响深远

实现装备大型化、制造智能化、流程高效化、资源循环化、生产绿色化，工艺技术和装备水平达到国际领先地位。打造出一批具有国际影响力的品牌产品和品牌企业。全面融入国家"一带一路"建设战略，发挥着巩固提升国内钢铁产业发展领先优势的关键作用，成为钢铁发展示范基地。

2. 两中心助力产业升级

研发中心着力优化钢铁产业结构，将"互联网＋技术"全方位融入生产，实现智能制造以及大数据生产、消费服务，实现钢铁企业由数量规模型向质量品质型转变。交易中心聚集银行、期货等金融证券机构，探索出新的钢铁交易和服务模式，钢铁产业与金融产业结合，发展钢铁期货现货交易，助力钢铁企业转型升级。

3. 三园区协同创新发展

三园区钢铁企业实现高水平发展，相互协调，互相合作。三个园区相互配合形成国内有影响的钢铁产品深加工产业集群，利用自身优势产能和技术领先对接"一带一路"沿途国家广大的基础需求，并且满足发达国家的高新需求，实现多赢局面。整体来看，临港经济开发区要以智慧制造为产业主体，以智慧物流为联通脉络，以创新驱动为保障，以陆海统筹为方针，实现全面、智能、一体化发展。具体而言：

一是实现城市经济发展目标。火箭式发展格局三区域相互配合，高效地拉动临沂临港经济开发区经济、科技、金融、对外贸易等功能的完善，产业结构逐步优化，产业模式明显合理，同时不断促进对外开放，该区域的地位逐渐提升。

二是实现服务水平发展目标。利用北疏港路发展带、黄海三路发展带、岚罗高速发展带横向发挥临港区对经济腹地的辐射带动作用，让周围群众都能享受发展所带来的福利。

三是实现生态环境发展目标。在该区域内创新绿色技术，同时反哺绿色生产。进而改善鲁东南生态环境质量，成为区域绿色发展的示范地。

三、陆海统筹临港产业发展战略重点任务

（一）打造现代化的服务核心

完善临港经济开发区的工程性基础建设和交通建设，按照现有规划明晰土地的产权、性质和用途，完善城市基础工程性设施建设；切实推动各项在建及将建铁路、管道、公路、高铁进程。同时应注意因地制宜和实事求是，解决建设过程中的突发问题，根据具体情况优化现有规划。

建成现代化的第二、第三产业完备的生产生活园区，在不断招商引资符合临港经济开发区定位的新企业落地的基础之上，从无到有、从少到多地建立健全城市行政管理以及医教文卫商等社会性基础设施。不但要鼓励当地居民投入到为临港经济开发区服务的行业中去，强化临沂市与临港经济开发区的交通和联系，引导市内现有服务业向园区转移；还要抓抢"省会＋胶东＋鲁南"三大经济圈一体化推进的重要机遇，强化周边相关县市合作，拔优拔筹，以现代化和人性化的服务打造经济圈中的"临港高地"。

（二）做强冶金与化工双引擎

优先集中力量发展冶金和化工两大产业，形成支撑临港经济开发区的强有力的发展引擎，同时实现与日照钢铁基地的错位、联动发展。以重点工程为抓手，帮助企业成长进步，利用各种渠道帮助推出一批能够代表临港经济开发区先进水平的明星企业，向外展示园区内企业发展的成果，提振各方信心，带来切实的发展利益；帮助企业拓展知名度，以谋求更好的发展；发挥明星企业对整个园区的引领作用、带头作用和榜样作用，带动园区内其他企业的发展；展现临港经济开发区优势，吸引潜在的投资者和目标招商引资企业。

（三）建设智慧制造与物流业

把握历史潮流，用于攀登智慧数字新高地，建设"智慧临港开发区"：利用人工智能与区块链技术，改变封闭陈旧的传统的制造业与物流业管理模式，联通企业之间的脉络；从产业链的角度出发，与上游、下游企业达成合

作共识，继而向上游和下游两段延伸，积极构筑制造、物流一体化联盟，通过企业间、链条间的精诚合作、信息共享，从而提高整个供应链的效率，产生更多的社会效益；从道路链的角度出发，结合客户需求与企业实际，依托港铁公空管的综合交通运输手段，构建多层次的运输网络；从信息链的角度出发，将互联网与大数据技术和现代管理应用于制造中心和物流中心，通过相应的智能优化算法，实现生产过程的无人化、自动化，实现基本业务的智能推荐、智能调度等。

（四）构筑五通发展支撑平台

政策沟通要求政府和企业对政策进行有效沟通，帮助企业理解政策内涵和利用政策发展，是建设临港经济开发区的重要保障，是政府、企业、院校和社会合作的先导；设施联通要求利用先进科学技术，建设以交通设施、人文设施、商业设施、基本生活设施相互联系、交织成网的立体体系，从而实现资源配置优化、生产要素高效流动、成本大幅降低、效益显著提高的目的，是建设临港经济开发区的方向标；贸易畅通要求促进园区内企业贸易投资自由便利，释放发展潜力，是建设临港经济开发区的重要内容；资金融通即是学习和探索适合临沂临港经济开发区的投融资新模式，从而拓宽园内大、中、小各类企业利用资金的渠道，稳定资金流动，透明化资金利用，降低获得资金的成本，是建设临港经济开发区的坚实支撑点；民心相通要求加强临港经济开发区文化建设，增进员工对企业和园区的理解和认同，树立员工归属感，是建设临港经济开发区的人文基础。

第四节　陆海统筹临港产业发展战略规划实施

一、立足人才技术培育，建立创新支撑平台

人才是发展的高级要素，同时也是区域经济规模扩张和结构转变的核心要素，在发展的各方各面都起着举足轻重的作用。临沂临港经济开发区要立

足区内实际，发挥引导作用，综合利用补贴、宣传等手段，发挥人才榜样作用，打造一批肯干实干、吃苦耐劳的劳动人才队伍；打造一批思维开阔、水平高超的管理人才队伍；打造一批全心全意为人民服务的人才队伍；打造一批执政水平高、发展观念先进的党政人才队伍；打造一批技术过硬、乐于创新、勇于挑战的技术人才队伍。以这样一批人才队伍为核心，临沂临港区必须坚持走创新驱动的道路，不断创新服务思维、管理能力和科学技术水平，紧紧抓住国家、山东省以及临沂市政府给予政策扶持的契机，争取在较短时间内建成国内一流、人才聚集、成果不断转化为经济增长和结构转化动能的研究中心。并在长期内形成国际一流、世界瞩目、成果转化反哺辐射整体区域发展的先进产学研一体化中心。

与此同时，人才的培育、技术的成熟、创新成果的不断转化既将日益壮大临海临港口岸贸易，同样也需要临港贸易的坚定支撑，需要金融、保险以及其他商务中介机构等全方位、多层次的服务保障。建设集成各类信息与功能的综合服务区，为园区内的消费者、企业和工人提供各方面综合服务，为园区内创新转化成为商业成果提供有力渠道支持，从而降低生产成本、提高生产效率，实现临港区经济蓬勃发展。建成综合服务平台，需要集成的包括不同产品种类、规格、客户、流向等在内的各类信息，具有复杂性和多变性的特点。因此，全面推动企业的建设、采购、生产和销售信息化进程，不断探究客户的真实需求，并以此进行研发从而实现对市场的快速回应，落实创新面向市场需求，具有深远意义。

另外，临沂临港经济开发区现有产业以钢铁为主要特色之一，因此具有建立以钢铁产品为核心的大宗商品交易市场的需求。与此同时，此类市场具有明显的先占特点，一旦建成并且形成规模，就会对人才集聚、产业集聚、创新集聚和市场集聚产生巨大的辐射带动作用，并且遏制后来者的复制。因此，临沂临港区必须发挥政策支持和区位环境优势，抓住窗口期，建立具有特色的大宗商品交易市场。

二、整合资金投入支持，提高产业聚集程度

资金投入是发展的先导。首先，要通过各种手段增加资金支持力度。一

方面通过增加项目预算支持临港区相关产业发展；另一方面要优化对现有资金的利用，调整政府资金支出，将资金利用到最高效、最重要的地方去。其次，要强化政府的引导作用，一方面对于先进企业和重点项目优先给予资金支持，通过向上申报、政府担保、争取贷款等方式为其保驾护航；另一方面则要相应缩进对落后产业尤其是有害生态产业的资金扶持力度，通过资金压力倒逼企业转型升级，促进市场主体健康成长。此外，还要探索社会资本在临沂临港区发展过程中的高效利用方式。政府应当发挥示范作用，综合利用增信、担保等方式，以少量自有资金投入撬动金融和社会的大资本，增强社会资本信心，鼓励其脱离落后产业和落后产能，转而投入到先进产业和先进产能的建设中去。

而产业聚集程度较低是制约当前临沂临港区发展的问题之一。为提高临港区工业项目承载力，需要适度超前开展基础设施建设，政府应当参考国内外先进地区基础设施规划，尤其是雄安新区基础设施规划，制订适合临沂临港区发展道路的基础设施建设方案。总体而言，在保证科教文卫设施的建设基础上，要加强对商业区项目的投入，引导社会资金流入，实现运营提速；要强化道路、绿化和园林建设，进一步贯通路网格局、提升道路景观；新建道路同步建设地下强弱电、雨污分流等市政设施，逐步推动线路入地，推进园区企业电力设备集中"代维"，实施电网柱上智能开关改造工程，保障电网安全平稳运行。

在各类设施完善的基础上，临港区工业发展就可以无后顾之忧地走上规模经济的正路。一方面通过招商、引资扩大企业规模，以强化现有产量和经济效益，优化生产结构；另一方面通过吸收引进高新技术以及自我孵化新技术，实现以钢铁、化工等拳头产业为代表的专业化发展，并同时优化现有产业结构，通过组成工业协会，实现以"品种、质量、整合"为重点的产业结构调整。

三、发挥陆海两域优势，探索蓝色新兴市场

随着山东省在"海上丝绸之路"发展地位的提升，临港经济开发区所具有的临海临港的区位优势将会更加明显。概括来说，临港经济开发区所具

有的陆海两域优势主要包括两点：一是能够有效发挥海洋通道作用，拓展经济广度；二是能够有效挖掘海洋市场潜力，探索经济深度。

临港经济开发区迫切需要发挥好海洋运输优势，创新海洋经济发展思路，探索国际合作路径，促使园区内企业产品"走出去"，海内外各类资源"走进来"。前者就是要实现境外销售和服务的增长，背靠临沂经济腹地，开拓海外市场；后者则是要园区内企业利用港口优势，引进海内外优质企业、各类资源以及初级加工产品，转移低端产能，生产高附加值商品。同时，无论"走出去"还是"走进来"，都要求临港经济开发区鼓励和引导园区内企业与国外相关机构相接触，推动海内外人才交流，推动企业在研发、服务、成品销售和原材料贸易等关键环节对外合作。通过中德、中日、中韩园中园的建成，吸引更多国内外涉海企业于此落户。

为实现上述目标，临港经济开发区迫切需要加强与国内外航运中心合作，全方位融入全球航运体系。发展、完善和利用现代港口物流业，构建航运网络，密切合作伙伴关系，进一步降低运输成本。依托内地物流网络，发挥日照保税物流中心和鲁西南区域性物流中心优势，发挥山东半岛乃至全国腹地先进的技术、充裕的原材料、充分的市场、充足的人力和针对性政策优势，发展从海到陆和从陆到海相互渗透、相互补充的物流贸易，打通国内外市场，做发展的窗口同时利用窗口优势发展。作"一带一路"建设的辐射源、桥头堡和排头兵，对接全球互联互通大格局。

另外，蓝色新兴市场不容小觑。根据联合国测算，现在全球海洋经济规模估计值已经达到2.6万亿美元，如果将全球海洋经济单独作为一个经济体，那么其规模已经超越印度，位列法国之后，成为全球第七大经济体。开拓蓝色新兴市场，不但要推动已有产业拓展和培育海洋市场，更需要发展一批高效益、高质量的"蓝色新产"。

临沂临港经济开发区具有临海临港地理区位优势和政策支持优势，已有产业未来的增长正需要依靠海洋、利用海洋。在现有基础上，大力发展蓝色钢铁、蓝色化工和蓝色资源产业，积极推动现有企业建设建成为临港工业基地。同时培育企业海洋先进装备制造能力、海洋船舶零部件制造能力、海洋油气设备生产能力，做到市场拓展和培育面向海洋，新经济和产值增长点面向海洋，在高速增长的海洋经济中抢占一席之地。

与此同时，信息革命、科技时代、人工智能、数字经济、区块链日新月异，海洋新兴产业蓬勃发展，国家"十四五"规划对国家经济整体转型升级、高质量发展要求迫切，督促着海洋产业从粗犷到精细、从分散到集约的转型升级。引进和发展海洋能源等新兴产业，着力解决如今存在着的问题，提高产品附加值，增加产品的科技含量，实现综合转型升级。

四、保护陆海生态体系，促进企业绿色升级

陆海两域结合的生态环境是临港经济开发区独特的生态环境优势，更是一笔难以计量的绿色财富。首先，要保护临港经济开发区及其周边现有生态环境不被进一步破坏，强化海陆污染同防同治意识，以优良生态环境增强人才吸引能力和自身竞争力，实现人与海洋和谐共处，提升临港经济开发区可持续发展能力。

其次，引领园区内企业走资源集约节约利用和低碳发展道路，即要做到以环保标准倒逼企业技术进步，建设森林工厂、低碳园区、绿色临港。强化能评环评约束作用。促进有相同需求的企业之间彼此联合，共同探索适合其自身发展阶段和现有承担能力的生态友好型道路。强化宣传、引导和推广，树立先进典型，推广先进经验。引领企业尝试融入全国碳排放权交易市场，通过市场化机制进行节能减排，最大化发挥企业绿色生产的主观能动性。

最后，要完善海洋防灾减灾体系、减少灾害损失，一方面要强化海洋灾害风险评估，灾害来临前做好准备；另一方面要加大防灾减灾等设施的建设与完善，提高防灾标准。同时对灾害可能造成的后果制定做出应急预案，并加强对政府和企业相关人员的培训，做到面对海洋灾害，人人都有意识，人人都有准备。

第十一章

陆海统筹临港产业发展政策保障

第一节 临沂临港产业发展政策 SWOT 分析

临港经济开发区的建立是为了推动临沂市发展水平的提升而提出的重点发展项目。为了陆海统筹发展，发挥其在经济中的推动作用，也为了将临港区建成一座国际化的陆海统筹高新区，本节将使用 SWOT 分析法对该地区进行全方位评估，从而找出该地区发展的最佳政策保障。

利用 SWOT 分析法进行系统分析与评估，将该地区与经济发展相关多种因素都找出来，通过系统分类确定优势、劣势等，并且会按照一定的组合排列规则，用一种系统的思维进行比较分析，从而得出一个结论。具体使用方法可见表 11 –1。

表 11 –1　　　　　　　临沂临港经济开发区 SWOT 模型

S（优势）	W（劣势）
1. 地理环境优势 2. 交通环境优势 3. 政策环境优势 4. 生态环境优势 5. 人文环境优势 6. 物流环境优势	1. 资金投入匮乏，融资渠道单一 2. 经济规模较小，辐射能力不强 3. 产业层次较低，产品缺乏特色 4. 缺少高校支持，缺乏科技实力

O（机会）	T（威胁）
1. 世界经济复苏与区域经济一体化 2. 山东半岛蓝色海洋经济区的建设	1. 环境恶化威胁 2. 过度依赖威胁 3. 融资单一威胁

一、临沂临港产业发展政策优势分析

临港区的经济发展有很多潜在的有利因素。

（一）地理环境优势

临港区有优秀的地理位置。该地区地处山东省的东南部，东边靠近日照市，距离港口较近，海运方便。西边靠近临沂市区，南边靠近江苏省，是连接山东省南部地区和江苏省北部地区的交通要道。

（二）交通环境优势

临港区有便利的交通。邻接江苏柘汪港、日照岚山港、日照港。区内有兖州—石臼铁路、坪上—岚山铁路以及晋中南铁路。高速公路运输可连接枣岚高速、沈海高速等6条主要线路。附近可用的机场有临沂机场、连云港机场、青岛机场等。

（三）政策环境优势

根据《山东省主体功能区规划》，临港区被正式划为山东省重点开发区域。为了推动该地区的经济及发展，政府出台了一系列扶持政策和优惠政策，制定一系列招商引资优惠条例，吸引了很多企业的迁入，为该地经济发展增添了活力。

（四）生态环境优势

临港区环境优美，有山有水，有云蒙山、甲子山、小黄山等美丽的山川景观，还建有茶叶、蓝莓、大樱桃等观光农业基地。该地有龙王河与绣针河，景色优美，注入黄海。

（五）人文环境优势

临港区的历史文化渊远流长。有鬼谷子庙、孙膑洞等历史文化遗迹。该地区也具有浓厚的红色革命色彩，著名革命家罗荣桓、肖华及谷牧等都曾在这片土地上抛洒过热血。另外，毛泽东在 1957 年 10 月作出"愚公移山，改造中国，厉家寨是一个好例"的批示。

（六）物流环境优势

临沂的物流产业十分发达，覆盖了我国 31 个省份 3300 个县区，可到达10 余个国家和地区。临港区可以依靠临沂发达的物流业来发展物流业，逐渐形成自己的物流网络。

二、临沂临港产业发展政策劣势分析

临港区是一个县域经济开发区，有其自身的发展劣势。

（一）资金投入匮乏，融资渠道单一

临港区本身的经济基础比较落后，该地区主要以乡镇为主，附近多村庄，经济发展水平比较低，缺少发展的前期资金支持。而且该地区的融资渠道比较单一，主要依赖银行贷款，难以获得发展需要的大额资金支持。同时，临港市的基础设施建设比较落后，严重阻碍了经济发展。

（二）经济规模较小，辐射能力不强

临港区内企业之间的联系不够紧密，这样不利于企业产业链的形成和发展，也容易浪费资源，不利于企业之间的沟通协作。而且地区内的企业多为原料加工型企业，高新技术企业相对占比较少，核心竞争力不足，企业不具备较强的创新能力，各方面的技术水平相对落后。

（三）产业层次较低，产品缺乏特色

临港经济开发区于 2010 年成立，现在还处于发展的起步阶段。在初期，

发展主要还得依靠本地区的资源，但是该区域可用资源较少，基础薄弱。目前该地区的发展规划也不是很清晰，未来的发展前景也不是很明确。该地区的产业多为原材料加工类，技术含量低，规模较小，产业链不健全，附加值低，对该地经济贡献较小。

（四）缺少高校支持，缺乏科技实力

临港区内缺少高校，只有几所技校，不能为该区提供足够的高质量的科技创新型人才，这不利于临港区经济的后续发展。而且该地区也缺少研究所等机构，企业的科技含量低，实力不强，这对于经济的高质量发展是个很大的挑战。

三、临沂临港产业发展政策机遇分析

临港区发展也面临一些机遇，现在世界经济正在复苏阶段，全球经济一体化不断发展，山东地区正在建设半岛蓝色经济。在以上这种国际发展背景和省内发展背景之下，临港区应该抓住机遇，完善产业链条，并且大力发展海洋经济，推动产业结构侧重于海洋经济转型升级。

（一）世界经济复苏与区域经济一体化

2008 年全球金融危机过后，世界经济遭受重创不够景气，全世界处于经济萧条期，后又遇到欧债危机，更是大大加重了世界经济的负担。中国因为主动采取各种各样的手段措施，国内经济受到的影响比较小，经济增速仍然处于稳步增长阶段。2011 年后，各国经济开始复苏，美国的失业率在2011 年的时候已经减少到 8.5%，美元也开始升值。日本在国内经济处于停滞不前的状态之后也开始起步，经济发展态势不断向好。在这种国外经济不断复苏的背景之下，临港区的经济发展也有了新的机遇，可以侧重发展对外贸易业务，与世界接轨，提高该地经济的国际化水平。

（二）山东半岛蓝色海洋经济区的建设

2011 年，国务院批复了《山东半岛蓝色经济区发展规划》，在这一新的

发展机遇之下，临港区也顺应趋势制定了自己的发展规划，将大力发展海洋经济作为未来工作的重点。2012 年 7 月 16 日，临沂政府批准了《临沂临港新区总体规划（2011 ～ 2030）》，该文件对临港区未来的发展进行了规划定位，当地政府也实行了很多的发展优惠政策。

（三）"省会 + 胶东 + 鲁南"三大经济圈一体化推进政策

现在省会经济圈、胶东经济圈、鲁南经济圈已经建成，临港区可以借助三大经济圈的经济资源，积极进行招商引资，出台更加优惠的发展政策，提升自己的经济实力，而且这三大经济圈交通便利、联系紧密、一体化程度较高，发展机遇较多。

四、临沂临港产业发展政策挑战分析

临沂临港经济开发区面临以下几方面的威胁。

（一）环境恶化威胁

临港区的企业多为石油化工、金属冶炼等重工业，废气、废水、废渣环境污染严重。这些废水、废气、废渣如果没有得到妥善的处理，就会使得该地区的水资源污染加剧，土地中金属含量过重，空气中有大量的有毒气体，威胁了人与自然的和谐共生。在发展的初期阶段，该地区一定要做好环境保护工作，从源头上控制污染源，保护绿水青山。

（二）过度依赖威胁

临港区在建立初期区域内村庄较多，并无大型企业。现阶段的大企业多是从外地搬迁而来，发展的外部依赖性明显。在发展过程中，该地区一定要着重培养自己的本土企业，形成地区自产的绝对优势，解决这种过度依赖外部的现实情况。

（三）融资单一威胁

临港区的融资渠道非常单一，大型项目基本上是独资，而且资金来源主要靠银行贷款。这使得企业随时有资金断裂的风险，而且也很难融到金额足够的资金，难以为企业的未来发展转型升级提供足够的资金保障，而且企业融资成本高、面临的资金压力大。

第二节　临沂临港产业发展政策措施

2010年10月22日经山东省人民政府部门批准正式设立临沂临港经济开发区，临港经济开发区地处山东省东南部，是鲁南苏北两个沿海港口的重要交通腹地。临沂临港开发区列入山东主体功能区规划中的国家级重点开发区域，具有56项市级经济管理审批权限。临沂市委、市政府深入实施"东进"片区战略，把临港片区纳入西部中心都市城区和东部核心城市圈层，带动近海临港区域一体化发展。临港区作为西部隆起带的出海通道和出港码头，战略地位越发重要。但是，临港区在发展过程中还存在多种问题，尤其是在调研过程中我们发现很多行业存在着共性的难题，主要是招商引资和人力资源方面。

一、临沂临港区发展政策建议

临港区的发展既有地区发展的共性问题，也有其自己具有的特殊问题。通过前文的分析，明晰了该地区经济发展的优势、不足、机遇和困境。根据上述分析结果，现在提出以下发展建议。

（一）搞好发展规划，优化资源配置

首先应该做好区域发展规划，这是至关重要的，只有科学合理的规划才能让开发区未来的发展前景更加广阔。该地区的发展规划应该重点分析企业的分布和布局，建造一条完整的产业链条，科学规划上下游企业，并在此基础之上合理规划居民区、商业区、风景区、生态园区等，合理高效地利用现有的土地。

（二）加强区域合作，促进区域发展

目前阶段，珠江三角洲和长江三角洲的产业正在向外转移，临港区应该抓住这些机会，承接这两个地方有竞争力的产业，提供更加优惠的政策保障，吸引一批技术含量水平高、科技先进的高新技术产业。另外，临港区应该主动开展国际贸易、吸引外资加入，扩大内需，拓宽国家市场，赢得更优质的发展资源。

（三）发挥临港特色，产业协同发展

产业活力集聚协调驱动发展必将是加快实现"省会＋胶东＋鲁南"三大区域经济圈产业一体化建设可持续有序推进的有力政策保证。各市县由于自身自然资源优势禀赋的不同特点，都可能存在市场竞争过程中的其他优势资源领域和其他劣势资源领域。开发区和特色产业示范园区等在建设中也要努力实现资源错位平衡竞争。避开旧的劣势产业领域，发展新的优势产业领域，才能在市场竞争中能够获得主动，融入一个具有整体协调性的区域发展领域。经济圈内部的各市县园区应充分明确各自的区域主导产业，确立符合各市县本身的区域产业融合发展战略方向，选择"大而精"的产业发展战略方向，避免"小而全"的各类重复项目建设。

（四）立足区位优势，打造物流园区

"省会＋胶东＋鲁南"既是经济圈综合交通枢纽建设的重要出发点也就是不断强化区域周边核心市县与区域中心重点城区之间快捷的综合交通运输枢纽网络，发挥周边核心重点城市的综合辐射力和带动支撑作用，推进整个经济圈交通整体协调均衡发展。坚持发展高起点、高标准、可预期持续发展原则，通过推进资源整合优化高效整合，构筑以干线高速铁路、城际交通轨道、高速公路为交通骨架，以港口邻近的日照港、连云港等港口港区为交通核心，以普铁、干线高速公路与高等级国际航道为主要基础的实现区域联动协调、低碳高效、多元化模式功能转换的区域一体化快速综合公共交通运输网络体系，真正基本实现三大区域经济圈内全省各市县与周围中心省市城区、三大区域经济圈之间以及山东与周围重要发达省市的快速交通无缝对

接，互联互通。

临沂作为鲁南四市的核心城市，南临徐州、连云港两大海陆交通枢纽，北接日照、青岛等北方重镇。临港区立足自身区位优势，加之人口红利、土地资源等优势，有利于打造鲁南乃至山东的商品集散地与物流产业园区。

（五）加快基础建设，完善配套设施

基础配套设施不仅是实现经济社会持续发展的根本基础与重要前提，同时也应该是促进经济社会发展的必要条件。如果不充分重视这些基础配套设施的前期建设，将来极有可能使其成为我国经济社会发展的一大瓶颈。几乎所有成功的省级经济开发区，都会拥有一条共同的发展经验，那就是通过努力建设较为完善的公共基础配套设施，为该区经济的快速起飞发展奠定坚实的发展基础。基础配套设施项目建设还必须具有我们所谓的"乘数效应"，加大一些基础配套设施项目投资力度可以为其带来多倍的经济收益。因此，在临港大型经济开发区配套建设发展过程中还需要重点加强城市基础交通设施配套建设，特别是高速公路、铁路基础建设，在大型园林区和大型农业区建设还要重点加强园林水利基础设施配套建设，以利于实现整个开发区域的配套协调发展，防止短板缺水效应。

（六）推进城镇规划，建设美丽临港

虽然每个中国人对这个词的理解都是不一样的，但多数人都是认为应该是环境整洁美丽、人民生活幸福、经济发展水平较高。也就是说，该地区在其建设的过程中也要更加主动地回应号召，建设"美丽临港"。在高度重视对环境卫生与保护工作的同时，积极推进城镇化建设。

二、临沂临港产业发展政策重点

（一）分析产业问题，抓住主要矛盾

1. 招商引资中存在的问题

（1）招商指导、企业监督不够专业化。查找详细招商引资项目调查是

招商引资的一项基础性重要工作之一，园区为了更科学有效和有目的性地进行该地区的招商活动，对园区内引资项目的多少数量和项目质量高低以及合作双方各自的意向进行了精细化分类，把最新的、最近的被查找搜索过的项目进行了编号，然而该地区现在并没有成立一个独立的数据分析部门，也缺少这方面的专业化人才，同时还缺少招商方面的专业引导和培训，因此现在存在着项目引资金额较小、吸引力不强等问题。招商效果整体比较差。

（2）需要引入高效的招商中介。招商企业中介机构不仅仅只是狭义上的中间企业介绍服务机构，它可以涵盖各个领域，包括为招商企业日常运营管理发展提供服务的中介机构，主要对象包括专业会计师、律师、审计等律师事务所及企业资产价值评估服务机构、风险管控机构等。盘锦高新精细化工装备产业开发园区的企业主要经营依托的企业中介金融服务提供机构大多也都是来自本省盘锦市内，随着我国经济和政治社会的不断快速发展，上述中介机构在盘锦市均还没有正式成立，但由于企业发展相对比较滞后，普遍存在着企业规模较小、从业人员整体素质难以统一衡量、经营不规范等突出问题，使得企业中介金融服务不能完全跟上整个经济社会发展的步伐，不能完全跟上整个企业自身发展的步伐。

（3）服务及配套环境尚需完善。招商引资管理工作成功与否，是直接反映一个国家地区公共服务水平质量高低和地区投资发展环境条件优劣的重要衡量指标。从近年来工业园区招商引资工作情况分析来看，一些事业单位和相关部门依然存在着服务意识不强、办事效率低、企业办事难等问题，严重阻碍了该地区整体招商的进度和效率，加大了招商引资的难度。招商工作涉及的部门比较多，企业在该地落地时需要多个部门的审批，一家企业的建成需要多家部门相互配合。项目建设落地后，在实际工作中基本都存在"轻后续服务"的错误做法，即推进项目落地引进建设落地后并没有真正切实搞好"一站保姆式"售后服务，招商引资企业在推进项目落地建设过程中遇到阻碍和各项问题，当地政府也没有积极提供解决思路，而是置之不理，任其发展，这样大大加大了企业的营商难度。

2. 人力资源中存在的问题

（1）人口流失问题。临港区有 150 个村，其中有 2/3 的农村人口，现有常住人口为 17 万人左右；2018～2035 年规划中人口规模达到 48 万人，城镇化率达到 80%；目前，临港区仍处于人口外流状态，尽管外流趋势有所减缓，但仍然存在 2 万至 3 万的缺口；当前，有 51 个村 1894 户处于搬迁状态。

（2）职业教育不足问题。临港区 2016 年引进的培训机构包括齐鲁、科大等，2018 年又引进新雨培训机构，开设 11 个专业。通过引进比较规范的培训机构，全区已开展就业创业培训 2 万余人次，技能培训就业率达 85% 以上。培训主要以 30～45 岁的年龄结构为主。临港开发区缺乏高等教育和技术类院校，进入临港开发区的大企业所必需的管理层基本都是从总部调动的现象；企业在临港开发区招聘基层人员也是举步维艰，主要原因还是当地人口基数小和人员流出严重。从企业角度看，以我国现有的经济制度，市场配置劳动力资源、临港区企业员工待遇以及员工生活福利相对其他开发区没有优势。

（3）高端人才、创新人才引进难问题。全区大学生人数为 236 人，其中就业者达到 224 人，就业率达 95% 以上，但区域内硕士以及以上学历的人才较少。带着资金、技术、团队到临港开发区进行创业的高端人才为零，同时，鼓励企业打造人才培训基地和人才引进平台比较困难，企业合作的意愿不高。区域内企业主要承担总部的生产压力，基本没有技术上的需求，况且一旦有技术开发的需求，临港开发区内的企业可以直接求助于总部。

（二）找准发展方向，坚持政策导向

1. 丰富招商形式，实现精准招商

（1）转变政府职能。如今，我国正处于向"服务型政府"转型的关键时期，招商引资工作作为政府推动区域经济发展的手段之一，也要注重去"管理"，进而转"服务"，为区域经济发展提供支持，为企业的长期建设提供后勤保障。具体来说，从行政改革试点、推进服务措施等方面入手，加快项目落地建设，转变政府职能，做好为企业发展服务并形成良好的投资环境，保障园区招商引资工作顺利进行。政府职能转变不可能一蹴而就，既不能注重一切服务而忽视管理，也不能仍然坚持管理为先的原则，主要问题应注意以下几个方面：

第一，加强宏观调控，完善政府的公共服务职能。市场存在自发性、盲从性和滞后性的问题。为了解决市场自身问题，必须通过统一的经济和法律手段进行干预，规范市场，以发挥市场的公共服务功能。经济越发达，就越需要调节市场，越需要政府进行宏观调控，发挥政府的服务性功能，进一步提供支持和保障市场经济的良好运行。

第二，减少直接干预，加强指导和监督。我国多年的经验表明，政府对经济的直接干预存在着很不可取的地方。因此，政府应减少对经济的直接干预，更多地对经济的发展进行指导和监督，以促进经济的发展。

第三，发挥调解作用，完成转型事业。政府职能的转变，剥离了原本由政府承担的部分社会自我管理和调节功能，将其归还给社会进行自我调节。但在转型过程中，要发挥中介组织的接受功能，避免上述功能剥离后不能被社会接管，从而导致阻碍发展和建设的不稳定因素。

（2）支持和引导企业自主招商。企业的发展和园区发展息息相关，企业是园区发展的主体因此要明确企业的主体地位，帮助企业树立主人公意识，使企业有效参与政府招商引资活动。引导企业自主投资，明确自身特点、优势和要求，根据自身特点和发展需要自主吸引适合企业发展的投资者，以满足对当地园区规划项目建设的要求。

第一，鼓励园区企业规模化，开发新产品。对有增长需求的企业要制定适合发展的政策，并鼓励高质量的企业创新和发展，扩大规模，根据自身的特点，寻找外部合作伙伴，在园区吸引外国资本投资。

第二，引导园区企业增强本身优势，吸引合作伙伴。只有深入研究企业自身技术，不断发展创新以增强企业在市场上的竞争力，企业才能在谈判和竞争中保持竞争优势，并吸引更有经验的战略伙伴进行合作，从而促进园区经济的发展。在企业有自身发展优势的情况下，引导园区企业建立全球化的发展愿景，树立整体观念，引导园区企业积极与国内和国际优秀企业合作，推动园区企业走出国门，迈向国际，加快园区企业品牌和竞争力的提升。

第三，发挥集聚效应，将产业规模化。培养当地企业，通过园区企业的发展吸引同行企业的投资，进而形成集群规模，发挥集聚作用，相互配合，协调发展，促进区域经济的整体发展。

第四，引进相关企业，实现协调发展。上下游企业的完整性可以提升企业的整体实力，有助于园区企业的进一步发展和园区区域整体经济的提升。因此，要积极寻找园区内的上下游企业，鼓励企业与优质的上下游企业建立合作关系，吸引投资，形成园区内完整的产业链。

（3）引进中介招商机构。专业中介机构的性质为服务性组织，它可以起到双向的作用，一方面可以接受地方政府的信任，制定区域经济发展的投资战略和政策，另一方面可以接受企业的委托，根据企业的特点和发展方向找到合适的投资环境。为此，园区可以引入招商中介机构，并完善招商奖励机制，促进招商引资中介机构的积极性，进一步促进招商工作的顺利展开和园区经济的整体提升。园区企业通过与专业的招商引资中介机构签订委托代理协议，使招商机构与园区成为利益共同体，共担风险、共享收益，从而调动招商机构的主动性和积极性，为园区企业招商工作提供保障，提升园区经济效益。

（4）完善团队管理和人员建设。招商人员的专业能力和完善的招商团队是招商工作顺利开展的必要条件，为此应培养招商团队人员具备专业能力。

建立招商推广人员和团队培训、培训体系。首先，提高招商人员的职业素养。邀请专业机构对招商引资人员进行定期专业培训，提高团队的专业能力和实践水平。引导投资推广人员更多地"走出去"，更有兴趣参与企业研讨，同时参加各种比赛，通过实践提高员工在实战中的投入能力。

完善招商引资人员的激励奖励机制。完善招商引资人员的激励机制，制定合理的考核机制。在招商工作的开展中，不应只注重对招商引资人员的数字指标考核，对区域就业、环境评价、碳排放、促进产业发展等诸多因素要加入考虑。对招商引资人员实行岗位责任制，对其工作效果进行综合评价，同时有一定的激励，根据数量和质量的综合评价模型，激发招商引资人员工作的积极性，促进园区招商工作的顺利开展，推动园区区域经济的可持续发展。

2. 提升人口素质，引进专业人才

（1）劳动力保障政策建议。提高基础劳动力工资，加强欠薪问题日常监管。目前人口老龄化问题严峻，劳动力数量下降，人口红利结束，各开发区均面临不同程度的"用人荒""用工荒"。解决临港区人口流失的根本途径需要依靠市场力量，调整劳资关系。市场是配置资源最有效的方式。当前，人口流动性加剧，人口流失导致的"用工荒"的出现正是市场供求规律作用的结果。企业需通过提高工资来提高工人的生活水平，将工人纳入利益共同体，才能更好地提高临港区对于基础劳动力的吸引。

此外，政府还需要积极改善用人单位与劳动者之间的劳资关系，建立健全地方监督制度，避免拖欠工资问题的出现。只有完善劳动力保障制度，改善劳资关系，企业才能留住人才，港区才能完成产业升级。最后，港区可以增加对劳动力的吸引力，形成新的竞争力。

调整临港区产业结构，形成企业新的竞争优势。临港区的很多企业一直以加工制造为主，缺少自主研发能力、产品创新能力以及营销推广能力。企业的利润率相对较低，工人的薪资水平也难以得到提升。为了积极地应对人口流失带来的劳动力短缺这一问题，临港区企业应当顺势进行产业结构调整与产业升级，加大对科技研发的重视和投入，形成自己的产品特色，完成产业梯度转移。摆脱过去以低廉劳动力为竞争核心的模式，形成以技术、产品或者销售为核心的新的竞争优势。

（2）职业教育发展政策建议。持续加大职业教育经费投入。一方面，政府需要增加对临港地区齐鲁、科技大学、新雨等现有培训机构的投资，提高现有职业培训的数量和质量；另一方面，需要建设新的技校，以满足就业需求和劳动力转型需要。临港政府推动加快职业教育资助标准，对于满足一定标准的学生实行免学费措施，我国全面推进职业学校资助政策，确保职业教育学生顺利毕业，为他们的进一步发展和就业提供更多机会。可以采取政府与用人单位共同出资办学的方式，利用企业资金共同创办高职院校，培养和企业需要更匹配的高层次人才。作为激励，政府给予企业相应的税收优惠措施。

强化职业教育人才和市场需求匹配性。人才培训教育最终将进入市场和社会。随着信息时代的到来，技术的重要性日益突出，生产力的发展需要匹配高技术水平的劳动力。因此，职业教育必须强化职业教育人才和市场需求匹配性，进一步深化改革创新，深化教育合作，充分发挥职业教育的市场"接力棒"作用，促进职业教育人才适应市场需求，确保毕业生就业率和就业质量，有效提供资源。因此，临港区政府应积极深入企业调研，了解当前企业和行业的用工需求的未来规划，符合市场需求的人才培养计划。开展高校间的合作，并途经企业为高校搭建平台，发挥好企业的力量，培养人才，企业需要实现区域临港、高校与企业三方共赢的好局面。

职业教育提供工作保障和继续教育的机会。职业教育应该建立就业指导部门。国家教育的学生毕业后，往往对未来没有充分的合理规划，在这种情况下，需要一个就业指导部门为高职院校的毕业生进行职业规划，以确保高职教育学生从自身的实际情况出发找到适合自己的工作。健全职业教育机制，不断学习。根据职业学校学生进入社会工作的各种技术方面的问题，有针对性地再教育和培训，让专业教育具有实际需要，使学生学习和就业之间形成良性循环。

（3）高端人才的引进政策建议。加强对吸引高端人才和创新人才的软环境建设。加强和提高吸引人才的软实力，不断加强吸引高端人才和创新人才的软环境建设，增强城市对人才的吸引力。一是加强临沂市临港地区的宣传，提高整体知名度和影响力，帮助高层人员更好地了解临港地区的创新发展。二是完善人才服务体系建设，拓展人才服务内容。目前，要努力搭建高层次人才服务平台，为高水平创新创业人才提供一站式服务，提高服务水平，优化创业人才创新软环境，提高对高端人才的吸引力。三是加强城市环境宣传，宣传人员对弘扬城市创新精神和发展有重要促进作用，努力在临沂市形成尊重人才的新氛围，提升城市对知识、人才的软环境建设。

加强需求调研，提高政策对人才需求的匹配性。不同城市的经济发展、产业结构差异较大，对高层次人才的需求也有很大的不同。政府在引进高层次人才方面最重要的是建立起区域人才发展战略和目标，并为高层次人才的引进提供政策指导，保证高层次人力资源能够满足当地经济社会发展的需求，为本地区经济社会的可持续创新与发展提供足够的人员保障。完善人才发展战略为区域人才引进政策提供了明确的方向和目标指导，最重要的是找出真正的需求情况。因此，临沂市在下一步引进高层次人才阶段，要提高人才需求的政策研究，一方面，要深入园区用人单位，明确用人单位的真正需求，准确掌握第一手信息，为地方制定人才政策提供参考价值；另一方面，要结合园区经济发展目标，进一步明确所需人才的类型和数量，特别是对于战略性新兴产业的发展目标，应该深入分析什么样的高层次人才最符合区域发展战略，符合园区经济发展目标，能够为新兴产业的发展带来创造性价值，才能切实找到匹配区域经济发展需要的高端人才，并实现高端人才的价值最大化。

聚集有限资源力量，突出人才引进政策比较优势。经过多年的发展，临港区整体经济生活环境得到了较大的改善，但与我国各一线城市地区相比，无论是在经济发展状况、劳动收入状况、城市建设方面，还是在教育现状、医疗卫生环境方面，都有一定差距，而这一差距使得临沂临港地区吸引高层次人才弱于一线城市。要想真正吸引高层次人才到临港，必须通过政策优势来弥补自身发展等客观原因带来的弊端。所以，必须调整现有的政策体系，集中有限的资源满足临港开发区重要领域的需求，如化工、冶金等方向，突出政策的比较优势，真正吸引高层次人才来临港发展。一是住房政策，大部分开发区的住房补贴比例在50%左右，临港地区可以对化工、冶金等行业的高层次人才，给予公寓住房政策。二是激励政策，对重大科研创新成果项目，有引领作用的高层次人才，加强优惠政策，提高补贴金额，确保政策在引进此类人才方面的比较优势，能最大限度地利用有限资源，使其价值最大化。

发挥人才中介机构作用，促进人力资源市场化配置。通过政府搭建平台，招商引资活动，为企业建立用人单位和人才交流平台。用人单位自主招引人才方式的主要问题是人才招聘渠道较窄，使得用人需求无法快速满足。政府主导和计划引导方式导致的主要问题，是政府行为目标和用人单位实际需求不匹配。因此，引进高层次人才必须充分发挥人才中介作为媒体的作用，特别是在引进海外人才时，要借鉴国际成功经验，通过引入中介机构，比如经验丰富的猎头公司，借助中介机构广阔的用人渠道，精准发现海外高端人才。同时，政府还应推动中介机构的数量上升，特别是对于成功引进急需人才的中介机构进行奖励措施，调动寻求人才的积极性，推动高层次人才营销机制建立和完善。

强化对高校及科研院所的政策扶持，构建高层次与高技能人才培养平台与体系。驻临高校、科研院所及当地企业技术创新研发部门等组织机构是培养高层次与高技能人才的重要载体，同时能够发挥重要的人才"软实力"竞争优势。然而目前，临港区高校和科研院所数量不足且实力薄弱，难以高质量培养现有人才达到高层次要求，同时也缺乏对异地专业人才的吸引力。鉴于这一现实状况，本书建议，一方面针对高校主体，临沂市相关教育与发展部门要加快规划高校与科研院所建设方案，将政策优待向现有层次较高的院校如临沂大学、青岛理工大学等适当倾斜，帮助其增强高层次人才吸引力，搭建通过高校进行承载的科研平台，对标省内及国内其他优秀开发区运作模式，因地制宜复制推广建设经验，建立政校联合定向人才培养模式；同时，要高点定位、科学谋划，广泛洽谈，建立具有临港特色的制度创新机制，积极与省内及国内知名高等院校建立合作关系，吸引更多科研力量以分校、研究院、科研中心分支机构等形式丰富临港"智库"，提升人才服务质效，打响临港"双招双引"招才引智制度品牌，以十足的诚意"借梯登高"，吸引更多高层次高技术人才到临港开展调查研究和成果转化工作。

另一方面针对企业主体，要加大对企业科技创新的扶持力度，充分考察企业科研条件、实力与需求，政企合作共建技术研发中心，加强知识产权保护，同时帮助临沂市现有的企业技术研发部门大力引进高层次人才、申报专业型高层次研发项目和课题，为打造充满活力的人才集聚高地提供强有力的载体平台支撑；其中需特别重视高端不锈钢及先进特钢、绿色高端化工重点核心产业，以及高新技术产业科研平台建设，充分发挥临沂科学城、国家级高新技术企业孵化园等示范基地的引领作用，根据临港区目前的产业发展规划和方向，充分考虑企业生产经营与研发诉求，依托高端技术手段，由政府牵头主导，搭建公共实验室等公共技术研发平台，有效融合政校企等多元主体投入，整合多方资源优势，助力企业尤其是单个研发能力不足的中小企业承载更多高层次人才，提高本地区科研创新能力，创新驱动临港产业高质量发展。

结合临港区特点，"软性"引进创新高层次人才。近年来，我国各地持续掀起激烈的"人才大战"，落户政策逐渐宽松甚至零门槛落户，一系列人才优待政策背后实则隐藏着"刚性抢人"的弊端，政策操作粗放，难以实现人力资源的集约型发展。与此对应，临港区可探索建立"柔性引才"模式，不以明文规定的国籍与户籍所在地、人事关系等条款对人才引进施以各种约束限制，而应制定具有弹性、软性、个性特点，充分尊重个人意愿和单位用人自主权的引智方式。当前，与山东省内发展水平相对较高和国内一线城市相比，临港区在生活环境、文化环境、基础设施以及科研环境等方面仍较为落后，吸引高层次人才落户难度较大。针对以上现实情况，政府可以转换思路，将只注重数量多寡的人才"为我所有"引智模式灵活转变为"为我所用"，柔性引进产业发展急需紧缺的高层次高技术人才和团队，在科研立项、成果鉴定与转化、考核评价与激励保障、就业创业政策扶持等方面营造尊才重才的浓厚氛围。

（三）加紧推进三园区建设，打造精品钢铁基地

1. 加强总体化发展原则

（1）坚持创新驱动。坚持把创新摆在产业发展核心位置，把企业作为推动区域经济转型升级的创新主体，产学研深度融合建立产业技术创新联盟，把技术创新作为当下发展重点——钢铁和绿色化工产业可持续发展的核心要素支撑，在非高炉低能耗冶炼以促进节能减排和低碳环保、节能高效轧制、产品生产全流程质量智能检测、生产隐患预报和安全系数诊断等方面加大技术创新力度，优化生产装备等"硬环境"，同时在原理性主导生产技术创新、集成开发技术创新和引进、消化、吸收再创新方面加大科研投入，培育自主知识产权品牌产品，加快破解钢铁化工材料进口、富集和研发难题，加快转变行业发展模式，促进产业发展结构调整与转型升级，建设制度创新"软环境"。

（2）坚持结构调整。按照"高效率、低能耗、优质量、强生产、重环保"的总体布局，不断化解过剩产能、淘汰压缩低端落后产能。以智能制造为重点，针对目前临港钢铁产业市场集中度和技术效率低、规模不经济等结构问题，深化改革扫除桎梏产业发展的体制机制障碍，推进产业转型升级；通过并购重组、淘汰落后、就地改造等手段，发挥市场与政府的纽带作用，坚持需求牵引、创新驱动，把扩大品种、提高质量、增进服务和推进钢材减量化作为结构调整的重点，突破自主创新瓶颈，用科技创新手段促进钢铁产业结构调整。

（3）坚持绿色发展。未来，钢铁产业的发展将面临更多碳排放约束。临港区钢铁产业的发展也必须积极响应国家"碳达峰"与"碳中和"号召，以降低能源消耗、减少污染物排放为目标，以提高碳生产率为核心，大力研发和推广节能减排新技术、新工艺，做到"增产不增污"。同时加强企业"三废"治理管理，增强"环境与企业并存"的绿色发展观念，进行严格细

致的钢铁生产排放排查和监督工作，发展一批示范性"钢铁工业清洁生产环境友好企业"，与银行合作对示范性单位提供奖励性资金支持。

（4）强化区域协调。目前，临港区钢铁工业发展的特征面临"区域集中、产能分散"的发展短板，亟须搭建产能合作生态圈，各产业环节互通有无、互利共赢。为此需落实国家区域发展总体战略和主体功能区战略，系统梳理现有钢铁产业的低、中、高端领域，充分认识产业圈生态链对行业发展的长远作用，统筹考虑各市场主体的经营需求、交通运输等基础设施条件、环境容耐力和资源储备，强化钢铁龙头企业的引领效应，依托工业互联网等技术手段加快上下游行业大数据建设，推动构建更加紧密的产业链共生共荣关系，使临港及关联片区钢铁产业链具备更强的冲击应对能力。

2. 三园区具体发展政策

（1）中日韩智能能源配套服务片区。推动能源革命，创新绿色发展，打造生态城市样本。依托先进信息技术，建设分布式智慧能源站，完善产业链条，开拓氢能等可再生能源运用领域。按照"高品质建设、低影响开发"的理念，以发展前景广阔的氢能应用为重点，在临港试点建设推广"氢能万家共享"智慧能源示范社区，政企合作打造智慧能源产业研究院，并相应配套人才、学术与技术交流中心，不断推广这一可再生能源与智慧能源示范区工程。同时还应充分变革能源利用方式，依托人工智能等高端先进技术，从理念感知、个性服务和技术体验方面使临港市民和企业充分了解智慧能源知识，最终使得"智慧能源"的生活理念走进千家万户，力争将"中日韩智能能源服务中心"打造成为国家级重点智慧能源示范服务区。

积极开展新能源领域的国际交流与合作，谋求"双循环"发展格局下新能源开发国际合作格局。当前"一带一路"建设是临港区"引进来"人才团队与技术并助推优势产业"走出去"的重要机遇，在能源合作方面需全面提升新能源开发领域国际交流层次和开放合作水平，携手龙头央企和业内领军企业，推动能源合作走向纵深。需不断提高临港区在"一带一路"新能源市场的参与度、知名度与市场认可度，在新能源汽车、集成电路、产城融合等领域探索合作空间，积极参与跨境联合研究和咨询，学习智慧能源领域的先进国际经验，创新合作和开发模式，为全球生态系统维护作出临港贡献，提升"中日韩智能能源服务中心"国际影响力，促进中国打造"一带一路"良好的国际形象。

（2）精钢基地下游配套产业园。打造全产业链发展平台。依托"保障上游、做精中游、开拓下游"原则，积极推动龙头企业和重要项目落地，发展壮大精品钢优势产业，逐步形成"生产—销售—服务"的分工合理、协作密切的全产业链条，逐步打造以江鑫、永锋、盛阳、鑫海等规模化钢铁冶炼集团为核心的，以发展汽车装备制造业、机械设备制造业、船舶装备制造业为重点的，产、供、销一条龙，科、工、贸一体化的"全产业链"发展平台。

建设全球化钢铁深加工产业服务中心。坚持"以商招商、以业兴业"，发展精品钢特色优势产业，以精钢产业下游配套产业园重点企业为抓手，以新技术、新业态和新模式为导向，招商聚合精钢加工相关的全球企业、行业组织和技术服务机构，招引知名科研机构入驻，引进核心人才团队，推动精钢基地下游配套园区产业向智能化、集约化、效率化方向发展，积极打造中国先进的全球钢铁深加工相关技术、设备与服务的智能化产业服务中心，为精钢深加工产业提供一站式整合解决方案。

营造国内外企业共发展平台。充分利用经济全球化和"一带一路""双循环"背景下的境内外市场，统筹技术与人才"引进来"与品牌号召"走出去"，不断延伸国际视野，开拓经济技术创新合作领域。争取精钢产业更快进程、更大幅度的对外开放，积极洽谈合作，吸引境外知名精钢企业参股控股，引进先进精钢生产技术入驻临港，将临沂临港精钢基地下游配套产业园打造成国内一流精钢企业的国际化创新平台和国际知名精钢企业的本土化运营平台。

发展产业园物流体系。基于精钢下游配套产业园布局情况，加快发展仓储物流基础建设，大力发展以精钢深加工产品配送、原材料和产成品存储为核心的钢铁物流体系，在开展钢铁贸易、仓储、配送、结算和原材料供应等传统钢铁产品业务的同时，大力开展精钢简单加工等业务，将现代物流业延伸到加工制造领域，促进精钢产业与现代物流业融合发展。

构筑全方位服务体系。以精钢及其下游深加工产业为保障，驱动精钢基地与配套产业园更新，完善全方位服务配套，通过以产兴港、以港聚产，打造钢铁产业发展示范区，倾力为从业创业者在工作生活、职业发展、日常休闲等方面提供全方位服务；为处于创业、立业、成熟等不同阶段的企业提供人才、技术、贸易、营销在内的专业化服务，建设企业成长社区。

推动绿色可持续发展。科学制定精钢基地配套产业园准入门槛，制定严格的绿色生产监管机制，严防压控促进资源节约集约利用。政策与监管结合，科学控制主要工业污染物的排放总量和强度，构筑生态安全屏障。严格遵从企业集中布局、产业集群发展、资源集约利用、服务集中配套、污染集中处理的"五集中"原则，推动精钢基地下游配套产业园绿色可持续发展。

（3）不锈钢基地下游配套产业园。为充分发挥临沂高镍铁资源优势，大力发展临港开发区不锈钢产业，打造不锈钢全产业链条，可以进一步加大对不锈钢制品加工企业的招商力度，集中建设不锈钢下游产业区，实现不锈钢企业集群发展。通过各企业之间的专业协作，从而提高临港区不锈钢产业的整体效益和规模效应。

由于不锈钢制品在建筑装饰、家庭用品、医疗器械等领域具有一定的竞争力，以及相关不锈钢制品市场前景十分广阔，可以重点发展用于建筑装饰、家庭用品、医疗器械等领域的高品质不锈钢品种，引入相关不锈钢制品企业，扩充不锈钢下游市场，发挥产业链协同效应，提升总体竞争力。

在整个不锈钢产业园区内，加大资源整合力度，协调好各种资源的调配，保证不锈钢下游企业的资源需求。对拟引入的不锈钢制造企业进行统一规划，结合临港区冶金产业和企业发展特点，积极进行企业间共性技术的研究，尤其是绿色可循环流程技术，并站在国际前沿角度，进行自己的技术创新，培养专业技术人员，打造自己的高质量品牌，加强全产业链集聚效应。

临港区不锈钢产业发展应立足全国，面向世界，着力打造"原料—冶炼—轧制—精深加工—市场集散"的完整产业链条。使全区精钢、不锈钢产业发展达到世界领先水平，拥有一批独立自主成熟的技术开发团队，力争技术水平达到国际一流，实现智能化、专业化的环保生产管理模式。

（四）着力打造"一带一路"临沂试验区

1. 建设中国特色物流科技城

首先，科技城毗邻当地物流技术研究园，促进物流技术企业发展，支持公司将现代化技术融入物流仓储环节中，利用智能 AI、区块链等信息化手段提高物流效率，提升运输管理技术水平，从而构建出一个具有影响力的区域物流数据中心。

其次，要明确临港区以服务性为导向的重点物流中心，以临沂铁路物流中心、临沂快递物流园等区域配送基地为起点，推进临沂港高水平物流中心、临沂综合保税区等有关物流运输方向的产业发展。加快建设多个运输控制中心和国际陆港，通过铁路运输实现配送一体化线路。

另外，临沂政府应组建覆盖国内外航线的运输公司，积极推进国际航空运输，规划建设国际包裹控制中心，鼓励临沂海关通过青岛国际快递公司和临沂分公司提升国际快件往来的便利性。

2. 打造内外贸融合发展试验区

为支持临沂国际贸易的发展，必须提高国际商贸的交易量，实现交易的泛全球化，开拓中国的外贸供应链和综合服务的新市场，丰富临沂本地产品交易商的交流数据库。推进临沂作为国家外贸试验区，加强基础建设和合作范围，扩大国际承包范围，建设国际工程商品集散地。

成立本地商业交易基地、国际性的交易平台和其他商业投资的载体等，有利于降低进口货物的交易成本，刺激外贸商品的交易量。临沂进出口商品博览会就很好地发挥了这一重要作用。根据对进口肉类的定期监督管理，推进全国进口肉类产品的横向产业集中，加强果蔬进口的安全监测，统一冷冻水产品的监管场所，落实蔬果委托销售政策。建立冷链加工基地和进口货物区域中心。

推进电子商务发展规划，鼓励网络实体双线发展，探索"网上批发、网上销售"的全新商业形式，进行电商直播，网上视频，在多种 App 交易平台上扩展零售批发市场，跟随网红带货经济的潮流，通过与专业网络营销人员的合作，开拓新客户群体，支持以手机影像电子商务形式设立小规模门店，与当地知名零售商、教育机构建立合作关系，建立横向平台，推进垂直电子商务基地建设计划的落地。

市场集聚重组规划，促进了贸易活动的转型升级，促进了商业集中区、上谷区和国际化内需港的多向并进发展，建立了科技、资本、孵化、应用集中化的布局，实施整体定制服务，实现建材、业务开发、原材料等专业市场的开拓，建立国内知名的定制中心，举办"临沂商博会"，打造"商城临沂"城市名牌，采取会展文化经济联合发展模式，从而建设区域性会展中心城市，还要合理因地制宜，以板材等优势产业为基础，建设五金、建材、家具、家具等，培育特色专业会展，打造会展品牌，加强展览主体建设，支持专业市场的临时商店，坚持以展览会引入贸易商，积极举办商务洽谈会、木业交易会、五金交易会、食品交易会、中国物流技术交易会，同时，还要继续做好中国绿色建筑博览会等工作，发挥好城市博览会的交流平台功能，实施"专业市场＋行业协会＋主题展览"的联动经济战略，打造多边共赢的合作体系，强化展览会的经济促进目标。

3. 提供优良的国际营商环境

简化外商来华经营投资流程，防止冗杂手续阻碍外籍友商往来本地经商的积极性，简化部门批准手续，向"证照联办"方向靠拢，放宽外商准入限制和经营门槛。成立周边地区国家的专业沟通合作部门，由工作人员向外商推广 APEC 商务旅行卡等便民产品，代为办理外商入境签证手续、领事认证等涉外事务，同时政府推出类似外籍商友卡等优惠政策，允许来华外籍商人可享受与本地市民同等的权利。

利用包括进口货物的海关收税担保、税收征管、售后监管和免税限制在内的多类进出口商品优惠政策，推进通关流程的便民革新。建立海关双边检疫国际合作平台，在全球领域内将计算标准和同行许可等过关标准进行互联互通。同时，大力推行建设临沂港保税区，并勇于探索期货大宗货品交割仓库的可能性，经济方面，积极为临沂争取更多中国国家开发银行和进出口银行的"一带一路"项目的特别贷款。

4. 建设国际化产能合作基地

提升外商定居和项目投资审批流程图，完成一张表格"证件联合办学"，简单化外商邀请信办理手续，设立外国人来华邀请信公司正脸明细。设立朝向沿岸国家的联系工作部门，创建集申请办理 APEC 商务旅游卡、领事认证代办公司、外国人来华签证办理邀约等多种多样作用于一体的外事办服务项目综合平台，进行临沂市外国籍商友卡现行政策自主创新，获卡人员享有群众工资待遇。探索进行进口产品中国海关税金贷款担保、汇总征税、管控后置摄像头、限制免税政策等进口过关工作扩大开放现行政策自主创新。提升与沿岸国家在认证认可、规范计量检定等层面协作，示范点创建多边中国海关与检验检测国际性合作机构。加强临沂市自贸试验区、临港区、青岛市前湾保税港区和青岛港连动，基本建设海铁联运铁路专用线。探索设立进口大宗商品现货期货交易保税区交割库。

融合自主创新资源，培养发展壮大优势产业，激励食品类、木业加工厂、机械设备、药业等优势产业发展沿岸国家销售市场，基本建设生产制造产业基地，促进优点出口产品。提升与欧美国家、日韩等国家（地域）在智能技术行业的产品研发协作，加速研成果转换，推动产业链转型发展。

5. **搭建国际化人文交流平台**

扩展文旅产业沟通交流方式。连接"古丝绸之路文化展""齐鲁文化丝绸之路行"等重特大主题活动，用国际语言讲好中国好故事。紧紧围绕书法艺术兵学文化艺术、特色农村民俗文化、非遗文化财产等特色行业，举行遮盖大量国别、更高端的展览会、国际论坛。与沿岸国家有关大城市创建友好合作，协同打造出国际性精品旅游路线和旅游商品。适时举行国际性马拉松比赛、沂河体育节、蒙山体育节等主题性比赛活动。

临沂大学提升与"一带一路"沿线国家进行合作办学、学术论坛等，协同临沂商城塑造"一带一路"专业人才，基本建设沿岸国家语言表达教育培训中心。适用临沂市职业教育院校添加省"一带一路"职业教育国际贸易组织，基本建设"一带一路"职业教育合作办学产业基地和国际教育机构研究中心。借助"语言学校"设立羲之书法艺术学馆、战法学馆。开设我国（临沂市）国外发展趋势研究所。激励"一带一路"中国智库子公司落地临沂市。

第三节　临沂临港产业发展政策保障

一、冶金行业发展政策保障

冶金领域是国民经济的关键构成部分，为国民经济的身心健康并然有序发展给予了驱动力，是国民经济发展全过程中的重要一环。2018 年 11

月，山东省省委省政府做出重特大生产主力合理布局，在临港区域合理布局1400万吨级高档不锈钢板和优秀特钢生产能力，临沂市临港区升级为省部级发展战略。依据《山东优秀钢材生产制造产业园区发展整体规划（2018～2025年）》，临沂临港高档不锈钢板与优秀特钢生产制造产业群是山东优秀钢材生产制造产业链"两基地、四群集"中的"四群集"之一（见表11-2）。

表11-2　　　　临沂临港经济开发区"两基地、四集群"战略安排

两基地	四集群	发展定位
日—临沿海先进钢铁制造产业基地	日照先进钢铁制造产业集群	发展高端精品钢、特钢和不锈钢，拉长钢铁产业链，提升产品品质
	临沂临港高端不锈钢与先进特钢制造产业集群	
莱—泰内陆精品钢生产基地	莱芜精品钢和400系不锈钢产业集群	发展特钢、不锈钢等高附加值产品，建设高水平特种钢生产基地，培育骨干企业
	泰安特种建筑用钢产业集群	

我国调节生产主力合理布局的重特大发展战略分配。冶金新材料产业是如皋港开发区两大关键产业链之一，为临港区经济发展的迅速发展充分发挥了关键功效。殊不知，临港区在将其打造成全球一流高档不锈钢板和优秀特钢产业基地的全过程中还存有许多的难题挑战，只有处理好这种难题，才可以破译冶金领域发展的短板，完成临港区经济井然有序的发展。

（一）完善基础设施，强化铁路运输

临港区政府部门在冶金工业区商业用地合理布局和基础设施配套设施上必须考虑到冶金工业园区的产业布局，保证整体规划地区特性清楚，产业链构造合理，商业用地经营规模适当，开店选址科学行得通，设备配套设施有效。基础设施整体规划务必符合实际，能够便捷执行。

钢铁行业对道路运输的依赖感很大，对原料和电力能源的要求较多，因而政府部门要大力发展各种各样方式的交通业和煤炭、电力工程、核电厂、水力发电等能源工业，健全铁路、道路、海洋运输等多种运送方式。尤其是

要高度重视铁路运输的发展趋势，以缓解公路货运工作压力、公司物流成本和路面烟尘颗粒物。钢铁行业的发展趋势必须匹配生产服务业的适用，因而要大力发展朝向钢铁行业的货运物流、风投、租用商业保险、商务咨询等生产服务业。

（二）凝聚公司集群，健全产业链条

把握"临沂市高端不锈钢产业园区"被纳入《山东省新旧动能转换实施规划》的重特大机遇，增大对不锈钢产品生产加工企业的招商幅度，集中化基本建设工业园区，完成公司集群发展趋势，它是提升重化工业、完成工业生产区域性的优良机遇。临港区政府部门必须开展工业土地的有效调节、总体提升，推动各公司中间的技术专业合作，它是提升集团公司的整体效益和规模效益的必需，也是节省商业用地、节省基本建设项目投资、完成市政工程基础设施建设共享资源和生态环境保护的必需。

冶金工业区要健全产业链条，根据建链、补链、强链，产生地铁货运物流—发电量—镍铁合金—高端不锈钢再到中下游不锈钢产品生产加工的详细产业链，将高端不锈钢生产制造及配套设施产业链打造成枣庄市第一个5000亿级产业链集群。发挥好临沂临港地域的区位优势，搞好区港统筹协调，共享资源、移位发展趋势。全力促进内陆地区生产能力向沿海地区迁移，关注高级优质钢、特钢和不锈钢的发展趋势，拉长钢材产业链，提高产品质量。

（三）增加资金投入，培养优秀人才

因为一些钢材基本技术性和重特大关联性技术性具备外部经济，个人项目投资没有主动性，因而必须政府部门开展适度项目投资，以填补个人项目投资的不足。钢铁产业是具备战略的基础行业，塑造自主品牌十分关键。因而，政府部门要采用一些政策优惠，帮扶自主品牌的开发设计。

临港区的钢铁行业转型发展的首要任务便是调构造、稳定增长，推动商品的更新改造和升级，提升科技进步的自主创新，进一步提高竞争力。首先，要提升企业的竞争优势，降低产品成本，提升企业经济效益。对企业开展自身提升，精减资产重组，推行创新管理。其次，开展技术创新。企业转

型发展取得成功取决于技术创新。因此钢铁行业在科技进步层面开展资金投入，也要不断完善自身的产品研发组织，打造出自主创新协作产品研发服务平台，校、政、企三方协作，有着自身的专利权。企业要全力引进急缺创业创新优秀人才。紧紧围绕技术骨干企业要求和产业链转型发展必须引进急缺高端人才。激励适用企业朝向世界各国引进大学毕业生，激励引导驻临高等院校及临港籍大学毕业生回临港创业就业。

（四）加强自主创新，强化循环技术开发

必须制订健全的节水管理方案，钢材行业作为在我国工业生产行业的关键领域和支柱性产业链，为了更好地对其实行切实可行的管理方法，务必以实际的节水管理方案为基本，重视电力能源和资源的节省，从而做到节约水资源、提高钢铁企业节水实际效果的目的。

务必提高管理者的重视度，对于当今钢材行业有关工作人员重视度低的状况，为了更好地降低环境污染率，务必提高众多工作人员的重视度，大力开展和营销推广工业化用水的利用重复率，做到提高水源利用率的目的。有关工作人员要提升对水源利用的监管，对存有的节水难题开展系统地剖析，找寻合理的处理方法。

冶金工业区整体规划基本建设自来水公司，充分考虑冶金工业区低质水使用量很大，低质水在自来水厂中工艺处理简易，解决花费低，自来水厂依据客户对水体的规定采取有效的净化处理工艺处理，选用两个给水管道各自将不一样的水体的水提供不一样的客户。分质供水将为全部工业区节省很多的成本。

二、化工行业发展政策保障

临沂临港开发区化工产业园主要从事化工生产制造和开发设计，以绿色化学为核心理念，关键发展精细化工、石油化工、生物化工、高分子材料化工板块，是临港区关键的主导产业，是山东再次评定的第二批化工园。我们在前边几章剖析了临港区化工制造行业发展遭遇的现状、难点，这部分主要对临港区化工产业发展遭遇的难题提出现行政策建议，以推动科学的整体规划建设，促

进临港区化工产业区港全面地发展。

（一）确定发展目标，落实三化同步

1. 高端化

根据引入的优秀技术或自主研发技术，以精细化工为重点，主要发展石油化工、生物化工和精细化工等三大绿色化工产业。积极主动发展氟光伏材料、特种橡胶和热固性聚氨酯弹性体、聚氨酯材料等化工新材料，加速研发性能卓越、绿色环保的电子化学品等高档专用型化工品，切实打造出循环系统经济的实用重化产业链聚居区。

2. 集群化

借助龙头企业和化工园优点，紧紧围绕主打产品进行传动链条招商合作，加速产生独特、绿色安全性的"产业群"。

3. 市场化

充分运用销售市场功效，促进化工产业关联公司，以财产、资源和知名品牌为桥梁，根据融合、入股、企业并购等方式，协同建立大中型化工厂集团公司，完成产业链互利共赢；紧紧围绕市场的需求，正确引导骨干企业与市外公司协作，共创全产业链条，完成发展壮大的总体目标。

（二）推动转型升级，抓实三个工具

1. 安全方面

再次推进"打非治违"专项整治，全面启动"三评级一点评"工作中，对办理手续不足齐备或者评级较低的公司，执行不一样的处理方式；对企业安全生产层面的管理方法开展提升，对落伍伤害很大的加工工艺完成取代。

2. 环保方面

提升实行项目有关门槛，针对固资低于1亿元的化工品项目不会再开展核准，核准工作中由市之上资本管理单位承担；化工园（集中区）创建环境安全防治管理体系，空气污染物在线检测安装设备率做到100%，突发性自然环境事情应急方案办理备案率做到100%。

3. 节能方面

创建和健全化工行业节能降耗指标值体系、检验体系和考评体系，严控新创建高能耗、高耗能新项目；激励公司选用优秀环保节能技术设备，增加化工废水解决和循环利用；扎扎实实做好能源化工、化肥、染剂等消耗量很大行业及化工原料生产制造和建筑涂料、色浆等领域重金属超标的污染治理，争取化工行业用能总产量和能效指标值做到全国各地优秀水准。

（三）做好规划布局，推进三区同建

依照"科学整体规划、布局调整、总产量操纵"的标准，综合性考虑产业集群、骨干企业、交通出行区位优势等要素，提议对化工产业园区开展适当调节、确立精准定位、归类推动。

1. 凸显"核心区"的推动功能

强化化工产业"核心区"和石油化工设备的主导作用，以生物化工和生物技术为辅助，引入大型企业、变长全产业链。

2. 实现"集中区"的融合功能

临港区政府部门依据本身城镇化发展的本质规定，根据行政手段划到一块地区，集聚各种各样规模经济，在一定的室内空间范畴开展科学融合，提升现代化的聚合抗压强度，凸显产业链特点，提升功能合理布局，使之变成融入市场需求和产业结构升级的智能化产业链分工合作厂区。

3. 发挥"创新区"的孵化功能

激励公司提升与科学研究学校进行产学研合作，同步基本建设国家级别、省部级研发中心等产业园区"自主创新区"；适用北京化工大学等中国重点大学、科研单位来临沂市开设协同试验室、研发中心和化工研究院，提高产业园区高档产品研发、技改项目水准，推动公司"二次创业"。

（四）破解发展瓶颈，用好三项政策

1. 用好鼓励自主创新现行政策

创建"包容不成功、鼓励自主创新"的考评导向性体制，紧紧围绕原油化工、微生物化工和细致化工等关键产业链，完成技术攻关和提升；创建我国、重点学科研究所、试验室评定的化工公司，给予适度资产适用；对有独立专利权的公司，给予关键帮扶。

2. 用好人才引入现行政策

依靠全省"三引一促"发展战略,加快引入拔尖人才、高级运营管理人才和产品研发人才、专业技术人才等急缺的发展战略型人才;对全职的自主创业的高端人才参与的,具有产业链市场前景好、有明显经济发展社会经济效益化工项目,给予项目创业资金。

3. 用好优先选择政策扶持

对合乎土地资源利用整体规划和产业发展的化工项目,对该类项目的商业用地要求展开确保;调节《枣庄市化工产业链商品具体指导文件目录》,适应当地化工公司的发展趋势;鼓励化工龙头企业将特殊生产工艺流程转化为一批系统化配套设施公司,适用中小型企业进到龙头企业供货互联网,提升龙头企业当地配套率。

三、物流行业发展政策保障

(一)完善交通网络,提供优质平台

1. 明确顶层设计导向,开创物流发展新格局

对货运物流发展战略、整体构思、总体布局、模板支撑体系等开展科学研究整体规划。打造货物集疏运中心、自贸试验区货物集疏运中心、空港货物集疏运中心、如皋港货物集疏运中心,建设快捷高效的货物集疏运互联网。

2. 通道布局先行规划,建设物流发展新通道

把握住"一带一路"发展机遇,连接经济开发区,加快执行"3456"立体式经济带工程项目。依照"东接(连接水上古丝绸之路)、西通(连接古丝绸之路城镇群)、南融(融进东盟自贸区)、北进(连接欧亚大陆桥)"发展合理布局,启用临沂市至广州市、乌鲁木齐市、德国汉堡(经停满洲里市)、西宁市、昆明市、成都市、重庆市、库尔勒等10条货运物流国际联运,在全国各地产生铁路物流"临沂市状况"。

3. 园区建设集聚产业,打造物流发展新优势

在产业园区,全力发展现代物流、保税物流、供应链管理整合资源等产

业园区，以培养货运物流行为主体加快发展货运物流业态创新。加快发展多式联运企业、中小物流企业联盟、第四方物流平台①。

4. 信息技术智能支撑，搭建物流发展新平台

应用推广高档信息科技，具体指导公司融合信息资源，基本建设"物流·临沂市"服务平台，关键开发设计"聪慧临沂商城公共文化服务平台"，给予根据云计算技术的 TMS 系统软件及有关硬件配置机器设备，将商城系统物流主干线统一数据标准、收集、插口与各电子商务平台连接，给予物流货运单追踪查看、信用卡账单查账等服务项目。

（二）完善基础设施，打造物流品牌

1. 降低物流运输成本，抓住战略机遇

一是提升公路物流。促进枣庄市物流业从降低成本这个突破点，保持公路运送优点，培养龙头型公司、公路互联网型公司和供应链管理服务型企业，不断提升公路物流可持续性发展的工作能力。

二是全力发展铁路线物流。加快健全铁路线公路网，基本建设一批公铁货运产业园区，自主创新现代物流，提升铁路货运效率。

三是发展航空公司物流。借助临空经济区、临沂机场等现有资源，加快基本建设临沂机场空运物流核心区，发展航道互联网，启用货运物流包机价格、进行客货公航货运，引入航空公司物流发展行为主体，打造出地区航空公司物流核心区。

四是打造出如皋港物流突破点。加快发展现代物流、保税区物流、供应链管理整合资源等业务流程，打造出山东齐鲁江浙大宗商品物资供应的"进出港港口"。

2. 加强物流基本建设，培养骨干企业

一是推动物流仓储规模化。布局调整仓储物流设备，搭建以一般货品库房为主导，医药品库房、冷冻柜库房等技术专业库辅助的多层面物流仓储管理体系；二是推动仓储设备系统化。把握住枣庄市基本建设我国物流信息化

---

① 孙维雁：《临沂市现代交通物流业发展对策研究》，载于《产业与科技论坛》2019 年 3 月 24 日。

示范点城市机会，激励公司增加货运物流武器装备资金投入幅度；三是推动货运物流车子规范化。

3. 转变物流发展方式，扩大经营规模

积极主动引入中国大中型物流企业来临港新区项目投资兴业银行。积极主动推动制造业企业脱离物流业务，建立单独经营、独立核算、具备领域特点的第三方物流企业。加快目前货运物流货运站、运输企业等传统式物流更新改造，发展趋势变成以信息科技为支撑点的当代物流企业，不断扩大当代物流业经营规模。

加快钢材、化工厂、装饰建材、经贸等技术专业物流派送服务点基本建设。加快系统化、社会化、产业化物流企业的发展趋势。激励当地大中型商事主体内部开展物流脱离，根据企业兼并、协作、资产重组、入股、控投等形式多样，促进传统式运送、仓储物流、货代公司、货运、商品流通公司拓宽服务项目作用。

（三）贯彻现代理念，绿色智慧发展

1. 加快物流商圈自主创新，提高多式联运发展水准

一是促进物流行业依据新的市场的需求和将来发展前景，加快发展新起物流行业；二是培养货运物流行为主体加快发展货运物流业态创新；三是加快发展"道路港"型公司，自主创新"多式联运"转站设备和信息管理系统基本建设；四是积极主动培养引入"多式联运"经营主体，持续提升货运物流行业水平。

2. 扩大港口服务项目开放，提高港口综合服务功能

一是积极主动营销推广进出口贸易"单一窗口"专业版试点；二是争得临沂机场航空公司港口早日宣布对外开放；三是在山东齐鲁铁路线物流园区开设多式联运管控中心完成铁路线港口功能；四是健全临沂港港口目前的功能，在提升临沂港港口服务项目功能的基础上，健全临沂港基础设施建设，加快推动进口货品分拨、疏港分离业务流程进行；五是适用临沂市自贸试验区打造出"一区三片"发展模式，搭建"一港口——地区—多个中心和场地"。

3. 创新信息服务管理体系，提高物流供应链发展水平

一方面，激励物流企业引入把握当代物流、供应链金融业、进出口贸易、信息科技的供应链专业人才，广泛运用供应链逻辑思维和技术性，提高服务水平和高效率，积极主动正确引导传统式物流企业向供应链服务项目企业转型升级。另一方面，自主创新物流金融业方式，推进金融企业和诚实守信物流企业的协作，提升物流金融信息服务，扩展物流企业融资方式。

四、智能行业发展政策保障

（一）推动新技术在智能制造业中的深层运用

智能制造要不断将新技术运用到制造业中，与制造业开展深度融合。将物联网技术与云计算技术更为普遍地部署到生产制造领域。为顾客打造出"透明度生产制造、智能化生产车间、智能化工厂"，提升加工厂设备总体合作高效率，同时提升产品品质。

在人工智能层面，开展智能制造技术和人工智能技术深度融合，使生产制造系统软件具有自学能力。在线下运用深度学习技术发掘商品缺点，产生操纵标准；在线上根据增强学习技术和即时意见反馈，操纵生产过程降低商品缺点；另外结合权威专家工作经验，不断完善学习培训结果，从而全方位促进人工智能与制造业的结合。

（二）促进智能制造与生态体系协作发展趋势

智能制造的完成是一个逐步推动的繁杂工程项目，涉及设计方案、生产制造、货运物流、市场销售、服务项目等商品项目生命周期，并涉及实行武器装备层、操纵层、高管、公司层、云服务器层、传输层等公司系统架构图，必须完成横向、竖向和端到端集成化。

（三）加强人工智能建设，提高技术创新水平

一是实施人工智能自主创新小伙伴行动。以人力公司、智能技术公司和运用公司为主体，合作进行产品研发制造，处理技术性难点，推动人工智能

和中国实体经济紧密结合。二是实施人工智能共享资源行动。建设人工智能产业创新中心，健全开源平台管理体系，推进政务服务信息管理系统融合和信息内容共享资源，颁布促进新式基础设施建设发展的实施意见，打造人工智能产业绿色生态。三是实施人工智能对外开放发展行动。推进与世界各地在人工智能技术性、规范、产业、政策法规、伦理道德等行业全方位协作，共谋人工智能整治标准，共创人工智能重点项目，共享资源人工智能发展成效。

另外，要高度重视两项技术：区块链技术和物联网。加速促进区块链技术和产业自主创新发展。针对物联网要产生创新驱动发展、运用牵引带、协作发展趋势、安全可控的物联网发展布局。要以智能制造系统全产业链、自主创新链的重特大要求和重要环节为导向性，关键适用传统制造业执行智能化系统更新改造，适用工业物联网发展趋势，加速智能化硬件、软件等新型产业引育，切实打造出一批样板车间、示范性工厂，持续提升临港区智能科技产业发展水平。

参 考 文 献

[1] 程遥、李渊文、赵民：《陆海统筹视角下的海洋空间规划：欧盟的经验与启示》，载《城市规划学刊》2019 年第 5 期。

[2] 戴俊骋、孙东琪、张欣亮：《中国区域文化产业发展空间格局》，载《经济地理》2018 年第 9 期。

[3] 狄乾斌、高广悦、於哲：《中国海洋经济高质量发展评价与影响因素研究》，载《地理科学》2022 年第 4 期。

[4] 狄乾斌、孟雪：《基于非期望产出的城市发展效率时空差异探讨——以中国东部沿海地区城市为例》，载《地理科学》2017 年第 6 期。

[5] 狄乾斌、徐礼祥：《科技创新对海洋经济发展空间效应的测度——基于多种权重矩阵的实证》，载《科技管理研究》2021 年第 6 期。

[6] 狄乾斌、於哲、徐礼祥：《高质量增长背景下海洋经济发展的时空协调模式研究——基于环渤海地区地级市的实证》，载《地理科学》2019 年第 10 期。

[7] 范树平、项思可、张红梅，等：《中部地区产业结构与用地效益的空间分异及耦合——基于皖江城市带 46 个评价单元的面板数据实证分析》，载《经济地理》2013 年第 9 期。

[8] 傅梦孜、刘兰芬：《全球海洋经济：认知差异、比较研究与中国的机遇》，载《太平洋学报》2022 年第 1 期。

[9] 盖美、何亚宁、柯丽娜：《中国海洋经济发展质量研究》，载《自然资源学报》2022 年第 4 期。

[10] 高晓彤、赵林、曹乃刚：《中国海洋经济高质量发展的空间关联网络结构演变》，载《地域研究与开发》2022 年第 2 期。

［11］高新才、杨芳：《丝绸之路经济带城市经济联系的时空变化分析——基于城市流强度的视角》，载《兰州大学学报（社会科学版）》2015年第1期。

［12］贺灿飞、任永欢、李蕴雄：《产品结构演化的跨界效应研究——基于中国地级市出口产品的实证分析》，载《地理科学》2016年第11期。

［13］黄美霞、侯军岐、张雪娇：《基于模糊层次分析法的种业并购整合风险分析》，载《科研管理》2017年第S1期。

［14］李翀、曲玉玲、钱冠文：《基于广义动态灰关联度窗口的时滞分析模型》，载《系统工程理论与实践》2019年第12期。

［15］李春好、李巍、何娟，等：《目标导向层次分析方法》，载《中国管理科学》2018年第9期。

［16］李加林、沈满洪、马仁锋，等：《海洋生态文明建设背景下的海洋资源经济与海洋战略》，载《自然资源学报》2022年第4期。

［17］李加林、田鹏、李昌达，等：《基于陆海统筹的陆海经济关系及国土空间利用：现状、问题及发展方向》，载《自然资源学报》2022年第4期。

［18］李加林：《助力蓝色国土、美丽中国的知行合一：海洋资源经济与战略的理论与实践——写在专辑刊发之后的话》，载《自然资源学报》2022年第4期。

［19］李瑞、吴殿廷、殷红梅，等：《2000年以来中国东部四大沿海城市群城市旅游业发展效率的综合测度与时空特征》，载《地理研究》2014年第5期。

［20］李旭辉、何金玉、严晗：《中国三大海洋经济圈海洋经济发展区域差异与分布动态及影响因素》，载《自然资源学报》2022年第4期。

［21］林昆勇：《中国海洋科技创新发展的历程、经验及建议》，载《科技导报》2021年第20期。

［22］林香红：《国际海洋经济发展的新动向及建议》，载《太平洋学报》2021年第9期。

［23］刘波、龙如银、朱传耿，等：《江苏省海洋经济高质量发展水平评价》，载《经济地理》2020年第8期。

［24］刘大海、欧阳慧敏、李晓璇，等：《基于人口规模的沿海沿江城市群发展规律及对策研究》，载《中国人口·资源与环境》2016 年第 S2 期。

［25］罗一墩、周怡岑、陈政：《基于 AHP – TOPSIS – POE 组合模型的生态茶园景观质量评价》，载《经济地理》2020 年第 12 期。

［26］马仁锋、季顺伟、马静武，等：《海域"双评价"的实践与应用——以温州为例》，载《经济地理》2022 年第 1 期。

［27］宁凌、宋泽明：《海洋科技创新、海洋全要素生产率与海洋经济发展的动态关系——基于面板向量自回归模型的实证分析》，载《科技管理研究》2020 年第 6 期。

［28］欧阳恩钱：《论海洋灾害的适应：从海洋环境资源保护与灾害应对的法制统筹展开》，载《湘潭大学学报（哲学社会科学版)》2012 年第 1 期。

［29］潘静云、章柳立、李挚萍，等：《陆海统筹背景下我国海洋生态修复制度构建对策研究》，载《海洋湖沼通报》2022 年第 1 期。

［30］秦琳贵、沈体雁：《科技创新促进中国海洋经济高质量发展了吗——基于科技创新对海洋经济绿色全要素生产率影响的实证检验》，载《科技进步与对策》2020 年第 9 期。

［31］秦伟山、张义丰、李世泰：《中国东部沿海城市旅游发展的时空演变》，载《地理研究》2014 年第 10 期。

［32］石意如、陈辉、向鲜花：《海陆统筹视阈下海洋主体功能区生态预算研究》，载《财会月刊》2019 年第 14 期。

［33］宋建军：《统筹陆海资源开发建设海洋经济强国》，载《宏观经济管理》2014 年第 2 期。

［34］孙吉亭、赵玉杰：《我国海洋经济发展中的海陆统筹机制》，载《广东社会科学》2011 年第 5 期。

［35］孙珊、龚岳、李贵才：《中国超大城市流动人口居住分异特征及影响因素研究》，载《城市发展研究》2020 年第 6 期。

［36］谈萧、苏雁：《陆海统筹视野下海洋保护地法律制度研究》，载《中国海洋大学学报（社会科学版)》2021 年第 1 期。

［37］汪永生、李宇航、揭晓蒙，等：《中国海洋科技 – 经济 – 环境系

统耦合协调的时空演化》，载《中国人口·资源与环境》2020 年第 8 期。

[38] 王春娟、王琦、刘大海，等：《基于自回归分布滞后（ARDL）模型的中国海洋科技创新与海洋产业结构转型升级、海洋经济发展协整分析》，载《科技管理研究》2021 年第 24 期。

[39] 王道平、王煦：《基于 AHP/熵值法的钢铁企业绿色供应商选择指标权重研究》，载《软科学》2010 年第 8 期。

[40] 王历荣：《中国建设海洋强国的战略困境与创新选择》，载《当代世界与社会主义》2017 年第 6 期。

[41] 王丽：《陆海统筹发展的成效、问题及展望》，载《宏观经济管理》2013 年第 9 期。

[42] 王铭利、陆峰、蔡幸，等：《中国沿海省域海洋经济与自由贸易试验区耦合协调发展研究》，载《管理评论》2022 年第 7 期。

[43] 王体春、杨爱军、卜良峰：《基于多属性可拓灰关联决策模型的产品方案设计》，载《系统工程理论与实践》2013 年第 9 期。

[44] 卫海英、张蕾、梁彦明，等：《多维互动对服务品牌资产的影响——基于灰关联分析的研究》，载《管理科学学报》2011 年第 10 期。

[45] 吴妤婷、白佳玉：《基于可持续发展目标的海洋资源综合立法》，载《资源科学》2022 年第 2 期。

[46] 桂黄宝：《中国区域创新能力空间差异与变化趋势——基于改进 TOPSIS – Theil 法的省域面板数据分析》，载《经济经纬》2015 年第 6 期。

[47] 许林、赖倩茹、颜诚：《中国海洋经济发展的金融支持效率测算——基于三大海洋经济圈的实证》，载《统计与信息论坛》2019 年第 3 期。

[48] 杨凤华：《陆海统筹与中国海洋经济可持续发展研究——基于循环经济发展视角》，载《科学·经济·社会》2013 年第 1 期。

[49] 姚瑞华、张晓丽、刘静，等：《陆海统筹推动海洋生态环境保护的几点思考》，载《环境保护》2020 年第 7 期。

[50] 姚文捷：《生猪养殖产业集聚演化的环境效应研究——以嘉兴市辖区为例》，载《地理科学》2015 年第 9 期。

[51] 殷翔宇、祝合良、曲明辉：《中国沿海港口港城关系发展及对城

市经济增长作用》，载《地理科学》2022 年第 6 期。

[52] 张磊、王延章：《基于知识元的应急决策知识表示与生成方法》，载《系统工程理论与实践》2017 年第 11 期。

[53] 张黎鸣、赵岩、王红瑞，等：《基于信息熵与灰关联的西安市城市经济与用水结构的耦合度研究》，载《南水北调与水利科技》2017 年第 4 期。

[54] 张同斌、王千、刘敏：《中国高新园区集聚的空间特征与形成机理》，载《科研管理》2013 年第 7 期。

[55] 张晓刚：《习近平关于海洋强国重要论述的建构逻辑》，载《深圳大学学报（人文社会科学版）》2021 年第 5 期。

[56] 赵培红、李庆雯：《沿海城市"港口——产业——城市"协调发展研究——以河北省为例》，载《城市发展研究》2021 年第 9 期。

[57] 赵星、赵仁康、董帮应：《基于 ArcGIS 的我国文化产业集聚的空间分析》，载《江苏社会科学》2014 年第 2 期。

[58] 钟鸣：《新时代中国海洋经济高质量发展问题》，载《山西财经大学学报》2021 年第 S2 期。

[59] 周余义、温政实、胡振宇：《海陆统筹：渤海湾海洋环境污染治理》，载《开放导报》2014 年第 4 期。

[60] 朱高立、饶芳萍、李发志，等：《基于生态足迹的沿海城市可持续发展能力评价及预测分析——以江苏盐城为例》，载《水土保持研究》2021 年第 2 期。

[61] 朱梦菲、陈守明、邵悦心：《基于 AHP - TOPSIS 和 SOM 聚类的区域创新策源能力评价》，载《科研管理》2020 年第 2 期。

[62] Álvarez – Romero J G, 2018, Mills M, Adams V M, et al., Research advances and gaps in marine planning: towards a global database in systematic conservation planning. *Biological conservation*, Vol. 227, pp. 369 – 382.

[63] Aoyama Y, Ratick S J, 2007, Trust, transactions, and information technologies in the US logistics industry. *Economic Geography*, Vol. 83, No. 2, pp. 159 – 180.

[64] Bennett N J, Cisneros-Montemayor A M, Blythe J, et al., 2019,

Towards a sustainable and equitable blue economy. *Nature Sustainability*, Vol. 2, No. 11, pp. 991 – 993.

[65] Börger T, Hooper T L, Austen M C, et al., 2020, Using stated preference valuation in the offshore environment to support marine planning. *Journal of environmental management*, Vol. 265.

[66] Chamberlain D A, Possingham H P, Phinn S R., 2022, Decision-making with ecological process for coastal and marine planning: current literature and future directions. *Aquatic Ecology*, Vol. 56, No. 1, pp. 1 – 19.

[67] Dong J, Qiao D, Yuan B, et al., 2022, Total Factor Productivity of China's Marine Economy: A Meta – Analysis. *Frontiers in Marine Science*.

[68] Gao S, Sun H, Wang J, et al., 2022, Evaluation and Counter-measures of High – Quality Development of China's Marine Economy Based on PSO – SVM. *Sustainability*, Vol. 14, No. 17.

[69] Giuliano G, Kang S, 2018, Spatial dynamics of the logistics industry: Evidence from California. *Journal of Transport Geography*, Vol. 66, pp. 248 – 258.

[70] González – Baheza A, Arizpe O, 2018, Vulnerability assessment for supporting sustainable coastal city development: a case study of La Paz, Mexico. *Climate and Development*, Vol. 10, No. 6, pp. 552 – 565.

[71] Han S, Hao T, Yang X, et al., 2022, Land-sea difference of the planetary boundary layer structure and its influence on PM2. 5—Observation and numerical simulation. *Science of The Total Environment*.

[72] Jin X, Zhou S, Sumaila U R, et al., 2021, Coevolution of Economic and Industrial Linkages within the Land – Sea Industrial Structure of China. *Water*, Vol. 13, No. 23.

[73] Kerr S, Johnson K, Side J C, 2014, Planning at the edge: Integrating across the land sea divide. *Marine Policy*, Vol. 47, pp. 118 – 125.

[74] Kim H C, Son S, Kim Y H, et al., 2017, Remote sensing and water quality indicators in the Korean West coast: Spatio-temporal structures of MODIS-derived chlorophyll-a and total suspended solids. *Marine Pollution Bulletin*,

Vol. 121, No. 1 – 2, pp. 425 – 434.

[75] Kuo Y, Yang T, Huang G W, 2008, The use of grey relational analysis in solving multiple attribute decision-making problems. *Computers & Industrial Engineering*, Vol. 55, No. 1, pp. 80 – 93.

[76] Li L, Ci T, Yang X, et al., 2021, Entropy method of determining the attribute weights of interval numbers based on relative superiority. *Journal of Computational Methods in Sciences and Engineering*, Vol. 21, No. 5, pp. 1105 – 1112.

[77] Liang Y, Zhang S, Li J, et al., 2022, Research on Financial Support, Technological Improvement and Marine Economic Development for China's Coastal Regions. *Water*, Vol. 14, No. 17.

[78] Liu, D., Xing, W, 2019, Analysis of China's coastal zone management reform based on land-sea integration. *Marine Economics and Management*, Vol. 2, No. 1, pp. 39 – 49.

[79] Liu W, Zuo H, Wang J, et al., 2021, The production and application of hydrogen in steel industry. *International Journal of Hydrogen Energy*, Vol. 46, No. 17, pp. 10548 – 10569.

[80] Manea E, Bianchelli S, Fanelli E, et al., 2020, Towards an ecosystem-based marine spatial planning in the deep Mediterranean Sea. *Science of the Total Environment*, Vol. 715.

[81] O'Hagan A M, Paterson S, Le Tissier M, 2020, Addressing the tangled web of governance mechanisms for land-sea interactions: Assessing implementation challenges across scales. *Marine Policy*, Vol. 112.

[82] Parris T M, Kates R W, 2003, Characterizing and measuring sustainable development. *Annual Review of Environment and Resources*, Vol. 28, No. 1, pp. 559 – 586.

[83] Shabtay A, Portman M E, Carmel Y, 2018, Contributions of marine infrastructures to marine planning and protected area networking. *Aquatic Conservation: Marine and Freshwater Ecosystems*, Vol. 28, No. 4, pp. 830 – 839.

[84] Shao Q, 2020, Nonlinear effects of marine economic growth and tech-

nological innovation on marine pollution: panel threshold analysis for China's 11 coastal regions. *Marine Policy*, Vol. 121.

［85］Singh R K, Murty H R, Gupta S K, et al. , 2007, Development of composite sustainability performance index for steel industry. *Ecological Indicators*, Vol. 7, No. 3, pp. 565 – 588.

［86］Song W, Guo J, Wang Y, et al. , 2021, An evaluation of the development of the Ocean Economy in China using an Ocean Economic Development Index. *Marine Policy*, Vol. 132.

［87］Stojanovic T, Gee K, 2020, Governance as a framework to theorise and evaluate marine planning. *Marine Policy*, Vol. 120.

［88］Sun C, Li X, Zou W, et al. , 2018, Chinese marine economy development: dynamic evolution and spatial difference. *Chinese Geographical Science*, Vol. 28, No. 1, pp. 111 – 126.

［89］Sun W, Wang Q, Zhou Y, et al. , 2020, Material and energy flows of the iron and steel industry: Status quo, challenges and perspectives. *Applied Energy*, Vol. 268.

［90］To W M, Lee P K C. , 2018, China's maritime economic development: A review, the future trend, and sustainability implications. *Sustainability*, Vol. 10, No. 12.

［91］Wang C, Chen J, Li Z, et al. , 2019, An indicator system for evaluating the development of land-sea coordination systems: A case study of Lianyungang port. *Ecological Indicators*, Vol. 98.

［92］Wang L, Li M, 2022, Evaluation of the Efficiency of Marine Science and Technology, Green Efficiency of the Marine Economy, and Comprehensive Efficiency in China. *Mathematical Problems in Engineering*.

［93］Wang Y, Wang N, 2019, The role of the marine industry in China's national economy: An input-output analysis. *Marine Policy*, Vol. 99, pp. 42 – 49.

［94］Wu D, 2018, Impact of green total factor productivity in marine economy based on entropy method. *Polish Maritime Research*.

［95］Wu D, 2019, Study on the Construction of New Port Area under the

Background of National Marine Economic Development Demonstration Zone. *Journal of Coastal Research*, Vol. 98, No. SI, pp. 159 – 162.

[96] Wu F, Wang X, Liu T, 2020, An empirical analysis of high-quality marine economic development driven by marine technological innovation. *Journal of Coastal Research*, Vol. 115, No. SI, pp. 465 – 468.

[97] Xia K, Guo J, Han Z, et al. , 2019, Analysis of the scientific and technological innovation efficiency and regional differences of the land-sea coordination in China's coastal areas. *Ocean & Coastal Management*, Vol. 172, pp. 157 – 165.

[98] Yin K, Xu Y, Li X, et al. , 2018, Sectoral relationship analysis on China's marine-land economy based on a novel grey periodic relational model. *Journal of Cleaner Production*, Vol. 197, pp. 815 – 826.

[99] Yu J, Bi W, 2019, Evolution of marine environmental governance policy in China. *Sustainability*, Vol. 11, No. 18.

[100] Zhang Q, 2020, Regional Marine Economic Development and Gray Prediction Based on Comprehensive Evaluation System. *Journal of Coastal Research*, Vol. 112, No. SI, pp. 191 – 194.

[101] Zhang X, Jiang Y, Qian P, 2021, Research on Ordering and Transportation Strategy of Supply Chain Enterprises Based on AHP Analytic Hierarchy Process and Entropy Weight Method. *Academic Journal of Computing & Information Science*, Vol. 4, No. 6, pp. 54 – 58.